本书获得大理大学民族学重点学科经费资助

李东红◎主编

南诏大理
文化艺术论
NANZHAO DALI
WENHUA YISHULUN

云南大学出版社
YUNNAN UNIVERSITY PRESS

图书在版编目（CIP）数据

南诏大理文化艺术论 / 李东红主编. —— 昆明：云
南大学出版社，2023
ISBN 978-7-5482-4933-7

Ⅰ．①南… Ⅱ．①李… Ⅲ．①南诏—民族文化—文化
史—大理白族自治州 Ⅳ．①K289

中国国家版本馆CIP数据核字(2023)第092328号

组稿编辑：赵红梅
责任编辑：蒋丽杰
封面设计：史　古

南诏大理
文化艺术论

NANZHAO DALI
WENHUA YISHULUN

李东红◎主编

出版发行：云南大学出版社
印　　装：昆明理煜印务有限公司
开　　本：787mm×1092mm　1/16
印　　张：16.25
字　　数：310千字
版　　次：2023年11月第1版
印　　次：2023年11月第1次印刷
书　　号：ISBN 978-7-5482-4933-7
定　　价：68.00元

社　　址：云南省昆明市一二一大街182号（云南大学东陆校区英华园内）
邮　　编：650091
电　　话：（0871）65033244　65031071
网　　址：http://www. ynup. com
E-mail：market@ynup. com

若发现本书有印装质量问题，请与印厂联系调换，联系电话：0871-64167045。

建设南诏大理学　铸牢中华民族共同体意识（代序）

李东红

一

中国历史上的边疆民族政权，其实都是包括汉族在内的各民族共同建立的。汉魏以来，匈奴、乌丸、鲜卑、氐、羌等北方族群大规模向内地迁移，使河西、关中成为各民族大杂居之地。《晋书》说："北地、西河、太原、冯翊、安定、上郡尽为狄庭矣！"[①]"关中之人百余万口，率其少多，戎狄居半。"[②]这就是后来五胡十六国政权绝大部分立国中原及关中地区的社会基础。如果我们深刻理解上述史料，则其中的另一层含义，就是五胡十六国亦是多民族杂居，其中戎、汉族人口各居其半。因此，十六国和南北朝时期，汉人除南渡，亦大量扩散于西北、东北和西南等少数民族地区，其中有相当数量的汉人逐渐充实或融入当地民族之中。[③]

五胡十六国多从《史记》等历史典籍，寻找汉族祖源依据，[④]重用汉人，尊孔重儒，譬如北魏孝文帝，"听览政事，从善如流……雅好读书，手不释卷。《五经》之义，览之便讲。学不受师，探其精奥，史传百家，无不该涉。善谈庄、老，尤精释义。才藻富赡，好为文章，诗赋铭颂，在兴而作。有大文笔，马上口授，及其成也，不改一字。"[⑤]他所崇尚的是汉文化，奉行的是内地礼俗。胡汉融合、汉化在十六国北朝的表现，犹如永嘉之乱"衣冠南渡"之北方汉族与南方夷、越的融合一样，共同成就了中国历史上民族大迁徙、大融合，文化大发展的一个时代。

①　房玄龄等撰.晋书：卷九七匈奴传［M］.北京：中华书局，1974：2549.

②　房玄龄等撰.晋书：卷五六江统传［M］.北京：中华书局，1974：1533.

③　石硕.从汉族与少数民族的历史关系认识"中华民族共同体"的共同性［J］.中华民族共同体研究，2023（01）：73-88，172-173.

④　邓乐群.北魏统一中原前十六国政权的汉化先声［J］.清华大学学报（哲学社会科学版），2006（02）：55-62.

⑤　李延寿撰.北史：卷三　魏本纪第三［M］.北京：中华书局，1974：121.

南诏大理国是唐宋时期中国历史上重要的地方民族政权,虽然是以西南土著为主建立的政权,但与各民族共同发展的祖国历史是分不开的。[①] 在中华民族共同体视域下,唐、吐蕃、回纥、渤海、南诏、宋、辽、金、西夏、大理,体现的是唐宋时期各民族共同开拓祖国疆域,共同书写中国历史的整体性特征。建设南诏大理学,就是要说清楚中华民族与中华民族共同体意识在西南边疆从自在到自觉的历史过程,铸牢中华民族共同体意识。

二

南诏大理研究,是中国西南研究的传统之一。清高宗敕修《四库全书》时,从《永乐大典》中辑出《蛮书》,以聚珍版印行。清代有卢文弨、沈曾植校本,这是南诏大理研究之始。1930年代,徐嘉瑞、方国瑜、夏光南、范义田、罗庸、凌纯声、陶云逵、许烺光,均专著、专文论述南诏大理。1950—1960年代,向达发表《南诏史略论——南诏史上若干问题的试探》之后,又出版《蛮书校注》。此后出版的著作有:马长寿《南诏国内的部族组成和奴隶制度》,王忠《新唐书·南诏传笺证》,李霖灿《南诏大理国新资料的综合研究》,徐嘉瑞主编《云南白族的起源与形成论文集》,宋伯胤《记剑川石窟》,王吉林《唐代南诏与李唐关系研究》,林旅之《南诏大理国史》等一系列的成果。方国瑜先生在《中国社会科学》《历史研究》等刊物上发表的系列论文,譬如《唐代后期云南安抚司(南诏)地理考说》《试论"大理图志"诸问题》《有关南诏史史料的几个问题》,等等,把南诏大理国研究提升到前所未有的高度。

1980—1990年代,南诏大理国的成果不断出版,譬如赵吕甫《云南志校释》,木芹《云南志补注》,林超民译《南诏国与唐代的西南边疆》,李昆声《南诏史话》与《南诏大理石刻艺术》,张永康《南诏大理文物》,杨延福《剑川石宝山考释》,王海涛《云南佛教史》,赵鸿昌《南诏编年史稿》,张增祺、王明达、田怀清、段鼎周、熊元正等人均有关于南诏大理国的专著出版。《南诏文化论》与《云南大理佛教论文集》集一时之选,[②] 中国唐史研究会,亦发表了潘京京《南诏、大理国的宗教与大理风俗》与武建国《南诏国汲取和融汇唐文化概

---

① 王忠.新唐书·南诏传笺证[M].北京:中华书局,1963:1.林超民.汉族移民与云南统一[J].云南民族大学学报(哲学社会科学版),2005(03).

② 杨仲录、张福三、张楠主编.南诏文化论[M].昆明:云南人民出版社,1991年.蓝吉富主编.云南大理佛教论文集[M].台湾:台湾佛光出版社,1992.

论》等论文。^①赵鸿昌则对这一时期的南诏大理研究，作了学术史梳理与评述。^②

这一时期，几代学人同台献力，其中以马曜、王叔武、尤中、木芹、黄惠焜、林超民、张旭、周祜、杨延福、古正美、王吉林、邱宣充、王海涛、张锡禄、李玉珉、赵心愚、方铁、王文光、段玉明、黄德荣、段伶诸先生贡献突出。进入 21 世纪，年轻世代的博士、硕士研究生、青年学者不断加入南诏大理研究，近二十年来，人数之多，议题之广泛，成果之丰硕，不可同日而语了。研究领域除了传统上的文献史料整理、南诏王室族属讨论、南诏大理历史与地理研究、交通研究、民族关系研究之外，考古与文化遗产研究、文物艺术品研究、海外文物研究、佛教研究、城市研究、社会生活研究渐成主流。而侯冲、连瑞枝诸君，即为此阶段的先进工作者。借用方国瑜先生的话，"昔日冷门寂静之学科，已渐有繁荣景象"。^③南诏大理国研究，正在成为费孝通、方国瑜、李霖灿诸先生所愿的"南诏大理之学"。

南诏大理国研究的专门机构相继成立，譬如 2007 年，云南省文科重点研究基地"南诏大理国历史文化研究基地"成立。2021 年，"南诏大理研究创新团队"获准成为省级哲学社会科学创新团队。进入 21 世纪，我们召开了一系列有关南诏大理研究的国际学术研讨会，譬如 2002 年召开的"南诏大理历史文化国际学术讨论会"。^④2019 年，"南诏大理历史文化国际研究中心"成立以来，^⑤已经就南诏大理文物艺术品研究、海外南诏大理文物研究、南诏大理学学科建设等召开过三次学术会议，^⑥《南诏大理研究集刊》《南诏大理文化艺术论》等学术成果正在编辑出版之中。

早在 20 世纪初，南诏大理研究就受到西方探险家、传教士、学术者的关注。譬如伯希和《印度交趾两道考》，^⑦查尔斯·马克斯《南诏国与唐代的西南

① 中国唐史学会编.中国唐史学会论文集［M］.西安：三秦出版社，1993.
② 赵鸿昌.南诏史研究述略［J］.云南社会科学，1990（04）：80-86.
③ 方国瑜.略述治学经历［M］//方国瑜著；林超民编.方国瑜文集 第一辑.昆明：云南教育出版社，2001：4.
④ 李东红.南诏大理历史文化国际学术讨论会综述［J］.思想战线，2002（06）：136-138.
⑤ 南诏大理历史文化国际研究中心成立［N/OL］.云南日报，2019-12-05. https://www.yndaily.com/html/2019/wenti_1205/115043.html.
⑥ 南诏大理历史文化与文物艺术研讨会在大理召开［J］.大理大学学报，2022（01）：2.
⑦ 伯希和.郑和下西洋考 交广印度两道考［M］.冯承钧，译.上海：上海古籍出版社，2014.

边疆》，海伦·查平《云南的观音像》等学术著作①。1980 年代以来，新加坡学者古正美发表《南诏大理国的佛教建国信仰》，日本学者白鸟芳郎发表《南诏大理民族、遗民》《白子国与六诏》，林谦一郎以《白族的形成及其对周围民族的影响》获得博士学位，关口正之、横山广子、立石谦次等人的论著，均涉及南诏大理国研究。美国学者郝瑞（Stevan Harrell）、那培斯（Beth E. Notar）、马克瑞（John R. MaRac）都有与南诏大理相关的研究成果。在南诏大理学建设发展中，我们强调国际学术交流合作，并积极推动相关工作，但对于那些缺少科学证据、带着明显偏见与险恶政治目的的歪理邪说，譬如某些西方学者在资料很不充分的情况下提出的"南诏是泰族建立的国家"的泛泰主义假说，将时刻保持警惕，随时予以揭露与批驳。

三

在科学研究中，学科建设可以将平台与团队建设、学术资源中心建设、科学研究、人才培养、社会服务、文化传承创新、国际学术交流诸要素集合起来，形成学术创新的高地，发掘传统，守正创新。在中华民族共同体视域下，开展边疆民族政权研究，以及各民族交往交流交融研究，要克服两个模糊的认识，一是将其视为学术禁区，不触碰、不讨论；二是不理解中华文化的统一性特征与中国历史的整体性发展规律的研究。我们的观点是：历史上中国边疆民族政权，是中国历史的重要组成部分，中华民族共同体视域下，各民族多元一体发展是各民族交往交流交融的现实。把这个过程说清楚，讲明白，是中国学者的时代责任与担当。

旗帜鲜明地研究、讨论、阐明各民族共同开拓祖国疆域、共同书写中国历史，各民族共创中华文化、共育中华民族伟大精神的历史事实与发展逻辑，就是当代民族学研究的核心任务。正如习近平总书记指出的那样，中华民族的存在与发展，经历了从自在到自觉的过程；中华民族共同体意识，同样地经历了自在与自觉的过程。把自在的过程梳理清楚，道理讲清楚，那么铸牢中华民族共同体意识，就成为自觉的追求与使命担当。

2023 年 10 月 20 日

---

① 查尔斯·巴克斯.南诏国与唐代的西南边疆［M］.林超民，译.昆明：云南人民出版社，1986.海伦·查平.云南的观音像［M］.林超民，译.昆明：云南人民出版社，1986.

目 录

南诏大理国时期的谱牒文化浅析 ①

何俊伟 ②

唐宋时期是中国家谱由"官修、私修"逐渐向"私修家谱"转型和家谱体例的变革时期。唐代官修谱牒和私修家谱都得到迅猛发展，家谱修撰以"别选举、定婚姻、明贵贱"为目的；宋代则倡导私人修谱，以达到"尊祖、敬宗、收族"的道德教化目的。欧阳修、苏洵创立了家谱新的体例——"欧苏体例"，形成了"五代世系图"，则奠定了后世修谱的基本格局。③ 而这一时期中原的谱牒文化也对南诏大理国社会产生了深刻影响，虽然至今未发现南诏大理国时期修撰的谱牒实物，但从《西洱河风土记》《蛮书》《南诏图传》《大理国渊公塔之碑铭并序》等文献记述中也可窥见南诏大理国时期的谱牒文化踪影。

一、血缘关系

血缘关系是因婚姻或生育而形成的一种社会关系，其中重要的有"氏族、宗族、家族"等关系。血缘关系在中国传统社会发展中发挥着重要的作用，至今在广大农村，家族、宗族关系仍十分浓厚。从唐宋时期的文献记述来看，洱海流域的血缘关系也有"氏族→宗族→家族"关系的演进，即由虚构祖先（始祖神）到真正祖先（发祥始祖）之间血缘关系的构建。

（一）氏族

美国人类学家摩尔根（Lewis H. Morgan）在《古代社会》一书中言道："氏族就是一个由共同祖先传下来的血亲所组成的团体，这个团体有氏族的专名以资区别，它是按血缘关系结合起来的。"④ 氏族、宗族、家族是构成早期国家和民

---

① 本文为国家社科基金项目"云南少数民族碑谱整理与研究"（项目批准号：21BTQ014）成果之一。

② 何俊伟，大理大学南诏大理文献研究所研究馆员，硕士生导师。

③ 王鹤鸣.中国家谱通论［M］.上海：上海古籍出版社，2010：14-15.

④ 唐代兴.生境伦理的制度规训［M］.上海：上海三联书店，2014：59.

族的最基本的单位，氏族是以某一具有神格色彩的始祖神作为虚构祖先的若干宗族的结合体。尤中教授曾说过："大概是在新石器时代晚期，云南境内已经是一个多民族共同杂居区。各个不同的民族群体，各自有一个基本的共同分布区域；但也由于氏族、部落仍然在流动，以致使分布区域形成互相交错的现象。"①

唐初云南本地文献亦见以中原"氏族"为始祖的记述。唐武则天圣历元年（698）《大周故河东州刺史之碑》载：

> 君讳仁求，安宁郡人也。其胄山于太原，因迁播而在焉，十有余世。氏族之孙，肇命王子，著显之美，称高汾晋，若忠节义气，祖缵于家风。②

"氏族之孙"意指王姓，源出黄帝之姬姓、为周灵王太子晋之孙。说明唐初的云南之地大姓仍以中原"氏族"统称共同祖先传下来的血亲所组成的团体。

同时，也出现了一个具有神格色彩的女性始祖神和她的子女及其女性后代的子女组成的氏族。唐代樊绰的《蛮书》就载：

> 蒙舍，一诏也。……姓蒙。……贞元年中，献书于剑南节度使韦皋，自言本永昌沙壶（沙壹）之源也。③

蒙氏自言"永昌沙壶之源"，"沙壶"也记为"沙壹"，即为虚构的女性祖先，其源于东汉杨终的《哀牢传》"九隆神话"，《后汉书》"哀牢传"有唐李贤旁注的"九隆氏"谱系。新石器时代晚期"北至剑川、鹤庆，南至祥云、宾川"④的洱海流域形成了互为交错的氏族群体，而"九隆神话"则成为了"南中诸夷，与昆明夷，自汉季世，即以哀牢为共通之祖先，亦以九隆神话为其共通之神话"⑤。"九隆神话"自汉及明又有不同内容的表述。⑥而明杨慎的《南诏野史》所载"九隆神话"也演变为白族"董、洪、段、施、何、王、张、杨、李、赵"十大姓，⑦白族大姓的墓志记述中也多言为"九隆族之裔"。氏族群体的形

① 尤中.云南民族史［M］.昆明：云南大学出版社，1994：11.
② 张树芳，等.大理丛书·金石篇：卷一［M］.昆明：云南民族出版社，2010：17.
③ 樊绰撰；向达校注.蛮书［M］.北京：中国书店，1992.
④ 汪宁生.云南考古（增订本）［M］.昆明：云南人民出版社，1992：15.
⑤ 徐嘉瑞.大理古代文化史［M］.昆明：云南人民出版社，2005：111.
⑥ 侯冲.元明云南地方史料中的九隆神话［J］.学术探索，2002（06）：127–130.
⑦ 和生弟，王水乔.大理丛书·史籍篇：卷三［M］.昆明：云南民族出版社，2012：23–24.

成和发展，也为以后宗族（家族）的形成发展和谱牒的修撰创造了条件。

（二）宗族（家族）

冯尔康教授在《中国宗族制度与谱牒编纂》一书中指出："谱牒学是伴随宗族及其制度的存在而产生的，同时，谱牒学又影响着宗族和宗族制度的演变。"①

宗族是有男系血缘关系的人的组织，是一种社会群体，②也就是拥有共同祖先且具有父系血缘关系的若干家族组成的社会群体；而家族则是指具有父系血缘关系的五代之内的直系血亲的社会群体，也是构成社会的最基本的单位。故东汉班固的《白虎通·宗族》认为"上凑高祖，下至元孙，一家有吉，百家聚之，合而为亲，生相亲爱，死相哀痛"③，形成一种以血缘为核心的"长幼相携，团结和睦，生而相亲，死而同哀"的社会互助群体。

根据宗族的大小，冯尔康教授将其分为三种类型："人口较小宗族，其结构为：家庭—宗族；规模较大的宗族，其结构为：家庭—家族—宗族；规模庞大的宗族，其结构为：家庭—家族—支族—宗族"④，家庭是宗族的最小单位，同宗个体家庭聚集而居形成宗族，⑤随着宗族的繁衍裂变和迁徙，从而形成更大的宗族或迁居外地而形成新的宗族。在唐宋南诏大理国时期的文献中也有有关洱海流域姓氏"宗族"的描述。

1. 人口较小宗族

唐贞观二十二年（648）梁建芳的《西洱河风土记》⑥载：

> 西洱河从巂州西千五百里，其地有数十百部落，大者五六百户，小者二三百户。无大君长，有数十姓，以杨、李、赵、董为名家。各据山川，不相役属。自云其先本汉人。⑦

① 冯尔康.中国宗族制度与谱牒编纂［M］.天津：天津古籍出版社，2011：1.
② 钱杭.中国宗族史研究入门［M］.上海：复旦大学出版社，2009：8.
③ 班固.白虎通（二）［M］.上海：商务印书馆，1936：219.
④ 冯尔康.中国宗族制度与谱牒编纂［M］.天津：天津古籍出版社，2011：2-3.
⑤ 钱杭.中国宗族史研究入门［M］.上海：复旦大学出版社，2009：66.
⑥ 史料收录于《通典》《新唐书》《册府元龟》诸书之中，方国瑜先生定名为《西洱河风土记》。
⑦ 梁建芳.西洱河风土记［M］//方国瑜主编；徐文德、木芹、郑志惠纂录校订.云南史料丛刊（第2卷）.昆明：云南大学出版社，1998：218.

"名家"一词连瑞芝认为是"可能是小君长家族组织的总称"①，也说明唐初洱海流域已形成了以"杨、李、赵、董"为代表的家族组织，从其"大者五六百户，小者二三百户"的记述来看，部落人口不多，其结构即为冯尔康教授所说的"人口较小宗族"，即由个体"家庭"构成的"宗族"，即家族。

2. 规模较大的宗族

唐贞观二十二年（648）梁建芳的《西洱河风土记》载：

> 不跨有夫女子之衣，若奸淫之人，其族强者，输金银请和，妻则弃之。其两杀者死。家族即报复，力不能敌则援其部落举兵相攻之。②

唐懿宗咸通三年（862）樊绰的《云南志》亦载：

> 施浪一诏也。诏主施望欠。……施望欠众溃，仅以家族之半，西走永昌。③

唐咸通三年（862）樊绰的《蛮书》又载：

> 渠敛赵，本河东州也。……大族有王、杨、李、赵四姓，皆白蛮也。④

唐代中原人士对洱海流域"部落组织"亲历亲闻的记述，其中有"家族、大族"的记述，家族是以"父、己、子"为核心构成的"祖父—父—己—子—孙"具有父系血缘关系的五代之内的直系亲属。而从这三条史料记述的"家族、大族"来看，当时洱海流域的"家族"应属冯尔康教授所说的"规模较大的宗族"，即由"家族"构成的"宗族"。

宋代大理国时期的碑刻中也有"宗族"姓氏的描述。

段正严保天六年（1134）《提意墓碑》载：

---

① 连瑞枝.隐藏的祖先：妙香古国的传说和社会［M］.北京：生活·读书·新知三联书店，2007：78.

② 梁建芳.西洱河风土记［M］//方国瑜主编；徐文德、木芹、郑志惠纂录校订.云南史料丛刊（第2卷）.昆明：云南大学出版社，1998：219.

③ 樊绰著；赵吕甫校释.云南志校释［M］.北京：中国社会科学出版社，1985：107.

④ 樊绰撰；向达原校；木芹补注.云南志补注［M］.昆明：云南人民出版社，1995：75.

彰四德以调和于九族[①]。

《提意墓碑》全名为"弘濃娇女落阳贤妇禅提意之碑",碑文提到"九族",即"高曾祖,父而身。身而子,子而孙。自子孙,至元曾"[②]构成了"高曾祖父—己—子孙曾玄"九族,而"调和于九族"的目的就是"宗族和睦",这也正是家谱修纂的目的——"尊宗睦族"。

段正兴龙兴二年(1158)《护法明公德运碑赞摩崖》也载:

宗族同一心,四海为一家[③]。

碑文歌颂了宋代大理国国相高量成。文中使用了"宗族"一词,彰显了高氏"人才济济",所以该碑又载"济济有众,此之谓也"[④]。

大理国时期的《大理国佛弟子议事布燮袁豆光敬造佛顶尊胜宝幢记》亦载:

常读八索之书,非学六邪之典,净边过寇,定远殄奸。东海浪澄于惊波,楚天霄净于谗雾。君臣一德,州圄一心,只智喆才能,乃神媒圣运者,则袁氏祖列之义也[⑤]。

此碑为大理国布燮"袁豆光"为超度郡善侯"高观音"之子"高明"而建造,碑文中提到的"袁氏祖列"即"袁氏列祖",指的就是"袁氏历代祖先",说明宋代大理国时期大姓普遍已有家族或宗族的观念。

段智祥天开十六年(1220)《大理国渊公塔之碑铭并序》载:

我渊公随缘白地,诞粹于高氏之族。[⑥]

该碑谓高氏为"高氏之族",即指"高氏宗族或家族"。

元代碑刻中出现的"宗族"则大都是"家族"的概念,即"规模较大的宗族"。

至元二十九年(1292)《陈氏墓碑铭并序》载:

① 张树芳,等.大理丛书·金石篇:卷五[M].昆明:云南民族出版社,2010:2362.

② 王应麟著;王相训诂.三字经训诂[M].北京:中国书店,1991:18-20.

③ 张树芳,等.大理丛书·金石篇:卷一[M].昆明:云南民族出版社,2010:68.

④ 张树芳,等.大理丛书·金石篇:卷一[M].昆明:云南民族出版社,2010:68.

⑤ 张树芳,等.大理丛书·金石篇:卷一[M].昆明:云南民族出版社,2010:53.

⑥ 张树芳,等.大理丛书·金石篇:卷一[M].昆明:云南民族出版社,2010:86.

有家谱云，其先自陈霸先……其孙陈善铎当蒙国孝桓王之朝德宗也……其子孙世为金师，一族以每相婚娶以为荣显，不顾他族，吾国之俗唯陈氏而已。昔察英贤君子，儒学之徒，悉集其府，商榷议论，以制国法，正风俗而理纲纪，别族类而定美……其初乃□彦贲满载之五世孙也……每与家族子弟交，□皆称□□王公贵人。①

该碑记述了"一族、他族、别族、家族、宗族"等术语，说明元代有关"家族（或宗族）"的概念已在云南社会生活中广泛运用，也说明陈氏自南诏异牟寻至元初已发展成一个具有影响力的"规模较大的宗族"。

而"规模庞大的宗族"是否也在元代以前出现，因缺乏家族谱牒等资料的佐证，较难作出判断。而从明代中后期据白族家谱世系记载来看，已有"规模庞大的宗族"的形成，如明万历三十二年（1604）二十八世孙杨继元续修《弘农杨氏统宗世系族谱》时已形成了"十七支宗子"世系的庞大家族，而明代也是白族宗族形成与发展的重要时期。

二、大姓郡望

"姓"指家族名称，而"氏"则为家族"姓"的分支。②秦汉时期"姓与氏"开始并称，而"姓氏之称，混而为一"③始自司马迁撰写的《史记》，"姓氏"也成为标示宗族血缘关系的符号。

（一）名家大姓

云南刻有姓氏的实物最早出现于西晋时期。1938年在祥云县高官铺，1986年在大理喜洲沧浪峰分别清理出刻有"大康十年王氏作"和"大康六年正月赵氏作吉羊"的墓砖铭文。④

大康即太康，为西晋武帝司马炎年号，太康六年为公元285年，太康十年为公元289年，墓砖铭文中出现的"王氏"和"赵氏"，也成为洱海流域标示"家族血缘关系姓氏"的最早记载；此后唐贞观二十二年（648年）梁建芳的《西洱

① 张树芳，等.大理丛书·金石篇：卷一［M］.昆明：云南民族出版社，2010：102.
② 张金平，昝风华.中国传统文化十六讲［M］.济南：山东人民出版社，2015：216.
③ 顾炎武.日知录［M］.兰州：甘肃民族出版社，1997：991.
④ 李云晋.洱海区域汉晋砖室墓葬及族属考述［J］.大理学院学报，2007，6（9）：5-8.

河风土记》记述了"杨、李、赵、董"名家大姓。

唐贞观二十二年（648）梁建芳的《西洱河风土记》[①]记载：

> 西洱河……有数十姓，以杨、李、赵、董为名家。各据山川，不相
> 役属。自云其先本汉人。[②]

《西洱河风土记》记述的白蛮姓氏有"数十姓"，张锡禄先生研究也认为"白族姓氏有数十种，主要有'杨、赵、李、董、段、高、张、王、尹、何、杜、苏'，千余年来大体如此，十分稳定。"[③]1993年张旭先生对南诏高级官员姓氏进行了统计，有"杨、段、赵、李、张、王、杜、尹、董、洪、爨、高、施、何、蒙、罗、刘、喻、郑、邓、范、和、孙、唐、周、石、姜、姚、黑"等三十多个姓氏。[④]

宋代大理国碑刻中出现了大量标示"家族血缘关系"的"姓氏"符号。

袁氏，段正严广运时期（1138—1147）《大理国佛弟子议事布燮袁豆光敬造佛顶尊胜宝幢记》载：

> 常读八索之书，非学六邪之典，净边过寇，定远殄奸。东海浪澄于
> 惊波，楚天霄净于谗雾。君臣一德，州圆一心，只智喆才能，乃神媒圣
> 运者，则袁氏祖列之义也。由乃尊卑相承，上下相继。协和四海，媲同
> 亲而相知；道握九州，讶连枝而得意。承斯锋锐不起饥荒无名。钟鼓义
> 而明明，玉帛埋而穆穆。可谓求人而得人，亦袁氏之德也。……忠不可
> 以无主，至孝不可以无亲。[⑤]

《大理国佛弟子议事布燮袁豆光敬造佛顶尊胜宝幢记》（也称《造幢记》），刻于"大理国经幢"[⑥]的幢基之上。"大理国经幢"为超度鄯阐侯高明

---

① 史料收录于《通典》《新唐书》《册府元龟》诸书之中，方国瑜先生定名为《西洱河风土记》。

② 梁建芳.西洱河风土记［M］//方国瑜主编；徐文德、木芹、郑志惠纂录校订.云南史料丛刊（第2卷）.昆明：云南大学出版社，1998：218.

③ 张锡禄.南诏国王蒙氏与白族古代姓名制度研究［M］//张锡禄.南诏与白族文化.北京：华夏出版社，1992：20.

④ 张旭.南诏西洱河蛮大姓及其子孙［M］//张锡禄.张旭文存.昆明：云南人民出版社，2012：86–92.

⑤ 张树芳，等.大理丛书·金石篇：卷一［M］.昆明：云南民族出版社，2010：53.

⑥ 今存云南昆明地藏寺，为全国重点文物保护单位。

生而造,但未载建造的具体时间,而据高氏谱系"高明生、高明量"同辈,故从"高明量子高量成"于宋高宗绍兴十一年(1141)继任大理国相国,号"中国公"^①的时间来判断,"大理国经幢"建造的时间可能也在宋高宗绍兴十一年(1141)前后。"袁豆光"时任大理国布燮(清平官),该碑也通过对"袁氏祖列之义、袁氏之德"的褒扬,彰显了袁氏家族在大理国时期的影响力。

溪氏,段祥兴道隆时期(1239—1251)的《故溪氏谥曰襄行宜德履戒大师墓志并叙》载:

> 溪氏当矣。溪其姓,智其名,厥先出自长和之世。^②

"溪氏"先祖来源于"长和国(902—928)"时期,从长和国(902—928)至大理国段祥兴道隆时期(1239—1251)的"溪智"有三百余年的历史,若以每代二十五年计,则至"溪智"时"溪氏"已传承十三代,该碑也载"溪氏"以行医为业。

高氏,段智祥天开十六年(1220)《大理国渊公塔之碑铭并序》载:

> 我渊公随缘白地,诞粹于高氏之族。^③

"高皎渊"俗名"高成宗",为"高量成"之子,为祥云水目山三祖之一,号"皎渊禅师"。

段智祥仁寿四年(1230)《忠节克明果行义帝墓志并序》载:

> 公姓高氏,讳生福……。^④

"高生福"为"高成生"之子。

段智祥仁寿五年(1231)《大理圀故高姬墓铭并序》载:

> 姬,大高氏,讳金仙贵。^⑤

"高姬"为"大高氏"高妙音护之女。

宋元时期碑刻中"大理国高氏"常自称为"大高氏"。公元1094年"高升

---

① 林超民.大理高氏考略[J].云南民族学院学报(哲学社会科学版),1993(03):55.

② 张树芳,等.大理丛书·金石篇:卷一[M].昆明:云南民族出版社,2010:97.

③ 张树芳,等.大理丛书·金石篇:卷一[M].昆明:云南民族出版社,2010:86.

④ 张树芳,等.大理丛书·金石篇:卷一[M].昆明:云南民族出版社,2010:91.

⑤ 张树芳,等.大理丛书·金石篇:卷一[M].昆明:云南民族出版社,2010:95.

泰"夺段氏位建立"大中国",后其子虽还政与段氏,但高氏仍世为大理国国相,后嗣被分封于云南"八镇四郡","高氏"也是对大理国后期的发展具有重要影响力的"名家大姓"。

施氏,段智祥天开十六年(1220)《大理国渊公塔之碑铭并序》载:

> 自观音传于施氏,施氏传于道悟国师……①

《万历云南通志》卷十三"寺观、仙释"载:"施头陀因禅得悟,不废礼诵,宗家以为得观音圆通心印,施传道悟,再传玄凝。"②据此有学者认为"施头陀"即此"施氏"③,而"施氏、道悟、玄凝"皆为大理国时期崇圣寺高僧。

陈氏,元至元二十九年(1292)《陈氏墓碑铭并序》载:

> 有家谱云,其先自陈霸先……其孙陈善铎当蒙国孝桓王之朝德宗也……其子孙世为金师,一族以每相婚娶以为荣显,不顾他族,吾国之俗唯陈氏而已。④

"陈氏"自称为南朝时期陈国王室之后裔,南诏异牟寻时期有"陈善铎",至元代"一族以每相婚娶以为荣显,不顾他族,吾国之俗唯陈氏而已",陈氏已成为较有影响力的家族。

白氏,元大德三年(1299)《故大师白氏墓碑铭并序》载:

> 大师姓白氏,讳长善,大师白兴智□□□□□□□□国师张汝祐之女。其家世勋行,具有谱录,其宗出自于楚平□□□□□□□□□胜封于白,是为白公,由此为氏。⑤

"白氏"先祖"白和"于宋皇佑四年(1052)随"侬智高……降於大理"⑥,至元大德三年(1299)八世孙"白长善"落籍大理时已有270余年的历史,"白

---

① 张树芳,等.大理丛书·金石篇:卷一[M].昆明:云南民族出版社,2010:88.
② 杨世钰,等.大理丛书·方志篇:卷一[M].北京:民族出版社,2007:503.
③ 杨延福.祥云水目山《渊公碑》略述[J].大理师专学报,1998(01):74.
④ 张树芳,等.大理丛书·金石篇:卷一[M].昆明:云南民族出版社,2010:102.
⑤ 张树芳,等.大理丛书·金石篇:卷一[M].昆明:云南民族出版社,2010:110-111.
⑥ 张树芳,等.大理丛书·金石篇:卷一[M].昆明:云南民族出版社,2010:110.

和、白长善"皆以"医药为业"。

南诏大理国的姓氏中以"蒙、郑、赵、杨、段、高"六姓为强，元郭松年《大理行记》就载"故大理之民，数百年之间五姓守故"①，五姓以云南为中心先后建立了"南诏、长和、天兴、义宁、大理"五个少数民族地方政权，几与唐宋王朝相始终。

（二）郡望②

郡望指一郡的名门望族。魏晋南北朝时期一些大族在姓名前面标出家族所在地，以显示与其他大姓的区别和标榜自己的高贵身份。到了隋唐时期，这种标示郡望的做法更成为一种社会风气，甚至影响到官修文献对人物籍贯的记录的真实性。③宋代随着宗族的繁衍和迁徙，一些姓氏为了攀附高门而伪造郡姓，"姓望"日益兴起④，形成"以一房之郡望代替一姓之郡望"⑤，"言王必琅琊，言李必陇西……其所祖何人，迁徙何自，概置弗问"⑥的社会风气，而这种社会风气也影响到大理国对"姓氏来源"的描述。通海出土的大理国时期的火葬墓志中就标记了大量的姓望。

天水氏，郡望为天水郡，主要姓氏为"赵"。《元史·地理志》载"赵州……皮罗阁置赵郡，阁罗凤改为州，段氏改天水郡。"赵州即今之大理凤仪。

宋大理国段素隆明通元年（1022）《真恒墓碑》，段正明建安九年（1091）《斤囡墓碑》，段正明建安九年（1091）《九斤盛墓碑》，段正淳日新二年（1109）《垃□奴墓碑》，段正严文治四年（1113）《师贞墓碑》⑦，段正严保天七年（1135）《女珠、常辕（？）合葬墓碑》⑧火葬墓志中记述的姓望均为"天水"。

---

① 王叔武校注.大理行记校注.云南志略辑校［M］.昆明：云南民族出版社，1986：20.

② 本节资料据《大理丛书·金石篇》第五卷整理.

③ 罗晓帆.中国姓氏［M］.合肥：安徽教育出版社，2002：68-69.

④ 赵耀文.宋代"郡望"的消亡与"姓望"的始兴——以赵宋得名"天水朝"为视角［J］.天水师范学院学报，2016，36（01）：92.

⑤ 张国刚.中国社会历史评论：第三卷［M］.北京：中华书局，2001：246.

⑥ 钱大昕.十驾斋养新录［M］.上海：上海书店，1983：268.

⑦ 张树芳，等.大理丛书·金石篇：卷一［M］.昆明：云南民族出版社，2010：2356.墓志为"□水氏"，带"水"的郡望只有"天水郡"，故此.

⑧ 张树芳，等.大理丛书·金石篇：卷一［M］.昆明：云南民族出版社，2010：2364.

弘浓氏，郡望为弘浓郡，主要姓氏为"杨"。

宋大理国段正严保天六年（1134）《提意墓碑》，段正淳文安五年（1108）《女好墓碑》《弘浓氏□□墓碑》①火葬墓志中记述的姓望均为"弘浓"。

琅琊氏，郡望为琅琊郡，主要姓氏为"王"。

宋大理国段思廉保安三年（1047）《琅琊氏幼□□墓碑》，段正明天祐二年（1093）《琅琊氏女□□墓碑》火葬墓志中记述的姓望均为"琅琊"。

陇西氏，郡望陇西郡，主要姓氏为"李"。

宋大理国段正淳明开七年（1103）《戒明墓碑》，段正严文治四年（1113）《李青爱墓碑》②，段正严文治七年（1116）《真浔、芳保合葬墓碑》，段正严保天九年（1137）《陇西氏慈母□□墓碑》《智诚墓碑》③《珠□墓碑》④火葬墓志中记述的姓望均为"陇西"。

清河氏，郡望清河郡，主要姓氏为"张"。

宋大理国段正淳文安二年（1105）《罗胜禾墓碑》，段正严文治十一年（1120）《圆贵墓碑》火葬墓志中记述的姓望均为"清河"。

口兴氏，郡望应为吴兴郡，主要姓氏有"沈、姚、施"等。

宋大理国段正严文治二年（1111）《文治二年墓碑》载"口興氏慈孝□□□"⑤，姓望中缺一字"口兴"，经考证应为"吴兴"⑥，但墓志未言明为何姓氏。

南阳氏，郡望为南阳郡，主要姓氏有"邓、韩、叶、白、翟、张"等。

---

① 张树芳，等．大理丛书·金石篇：卷一［M］．昆明：云南民族出版社，2010：2374．墓志年代不详。

② 张树芳，等．大理丛书·金石篇：卷一［M］．昆明：云南民族出版社，2010：2354．墓志为"□□氏"，墓主人姓名为"李青爱"，李氏最为显赫的郡望为"陇西郡、赵郡"，而根据郡望的地点判断"陇西郡"可能性大一些，故此。

③ 张树芳，等．大理丛书·金石篇：卷一［M］．昆明：云南民族出版社，2010：2372．墓志年代不详。

④ 张树芳，等．大理丛书·金石篇：卷一［M］．昆明：云南民族出版社，2010：2388．墓志年代不详。

⑤ 张树芳，等．大理丛书·金石篇：卷一［M］．昆明：云南民族出版社，2010：2350．

⑥ 张树芳，等．大理丛书·金石篇：卷一［M］．昆明：云南民族出版社，2010：2350．查带"兴"的郡望有"吴兴郡、始兴郡"，而"始兴郡"主要姓氏为"阴姓"，因"阴姓"在白族中较少，故排除"始兴郡"，笔者倾向于"吴兴郡"。

宋大理国段正严广运四年（1141）《青飒墓碑》载"南阳氏幼男青飒之碑"①，姓望为"南阳"，但墓志未言明为何姓氏。

京林氏，郡望不详，主要姓氏不详。②

宋大理国段正兴永贞二年（1149）《京林氏女□□墓碑》载"京林氏女□□□□之碑"③，姓望为"京林"，而"京林氏"或为"京兆氏"。

落阳氏，郡望不详，主要姓氏不详。④

宋大理国时期《枲全墓碑》载"落阳氏慈孝枲全之碑"⑤，姓望为"落阳"，而"落阳氏"或为"洛阳氏"。

宋代大理国时期通海郡墓志中出现的"天水氏、弘浓氏、琅琊氏、陇西氏、清河氏、吴兴氏、南阳氏"等"中原姓望"，说明宋代内地的"姓望"对大理国"姓氏来源"的描述影响是较大的，也说明大理国与中原王朝一直保持着民间文化的交流、民族的融合，同时也是对中原文化的认同。

宋代"姓望"社会风气也对白族元代以后的墓志及明清家谱中"姓氏来源"的描述产生了深远的影响，如元代有元统元年（1333）《京兆郡夫人墓志铭》（段氏），至正二十二年（1362）《弘农氏故千户护碑》（杨氏）；明代有永乐十一年（1413）《大理府太和县弘圭乡下阳溪弘农氏杨公墓志铭》（杨氏），宣德二年（1427）《天水郡故慈考赵公墓志碑铭序》（赵氏），正统元年（1436）《渤海郡恭人范氏之墓碑》（范氏），正统九年（1444）《故考天水郡赵公墓志碑铭序》（赵氏），正统十二年（1447）《处士陇西郡李氏讳士公禾墓志》（李氏），景泰四年（1453）《太原郡卜筮王公墓志》（王氏）等，仍宣称为"中原姓望"；明初的《绎年运志》亦载"段氏之先为武威郡白人"，故后世著述及家谱多言"大理国段氏为武威郡人"，这些元明时期白族文献中的"弘浓氏、京兆郡、天水郡、渤海郡、陇西郡、太原郡、武威郡"等姓望（郡望）的称呼，无疑

---

① 张树芳，等.大理丛书·金石篇：卷一［M］.昆明：云南民族出版社，2010：2368.

② 郡望中并无"京林"之说，疑是"京兆"。

③ 张树芳，等.大理丛书·金石篇：卷一［M］.昆明：云南民族出版社，2010：2370.

④ 王叔武.云南古佚书钞［M］.昆明：云南人民出版社，1979：2386.郡望中有"洛阳郡"而墓志载"落阳"，是否书写错误，待考。

⑤ 张树芳，等.大理丛书·金石篇：卷一［M］.昆明：云南民族出版社，2010：2386.

也受宋代大理国以来"中原姓望（郡望）"社会风气的影响。

"大姓和姓望"的记载，说明"大理国后期至元初"南诏大理国的名家大姓都有了不同程度的发展，这也为家谱的修撰创造了条件，且有的大姓碑刻中也有了家谱修纂的记载。

三、宗法制度

《南诏图传》是南诏中兴二年（899）忍爽张顺和王奉宗绘制，分"文字卷"和"图画卷"，其中"文字卷"是对"图画卷"的题记和说明。而在"文字卷"中也记载了一些有关"宗法制度"的术语，如"宗祧、昭穆、宗子"等，这些术语在南诏文献中出现，说明南诏"仿唐学汉"及唐朝的"赠书习诗……传周公之礼仪，习孔子之史书"，自周代以来的中原宗法制度已深深影响到南诏社会，并成为南诏王"蒙氏"维护其统治的社会基础。

（一）宗祧、昭穆

"宗祧"，宗，宗庙；祧，远祖之庙，也指家族相传的世系。《周礼·冢人》载"先王之葬居中，以昭穆为左右"[1]，昭穆是宗庙祭祀中宗族辈分的排序。昭穆者别父子远近长幼亲疏之序而无乱也。

《南诏图传》"时中兴二年戊午岁三月十四日谨记"载：

> 聿兴文德，爰立典章。叙宗祧之昭穆，启龙女之轨仪。[2]

史料中记载了"宗祧、昭穆"，表明南诏王室蒙氏已经仿照汉地宗法制度制定了祭祀祖先的制度，建立有"宗庙"，并有相应的"典章和礼仪"。据《巍山彝族简史》载：巍宝山的"巡山殿系南诏第三代王盛逻皮所建，内祀始祖细奴逻"[3]，若如此，则巍宝山巡山庙应是南诏王室宗庙之一。南诏国和大理国国王大都有"年号、谥号"，有的甚至有"庙号"，[4] 说明南诏大理国的宗法制度与中原内地的宗法制度有着紧密的联系性和共通性。

---

① 《十三经注疏》整理委员会.十三经注疏·周礼注疏［M］.北京：北京大学出版社，1991：567.

② 李霖灿.南诏大理国新资料的综合研究［M］.台北：精华印书馆，1967：44.

③ 杨平侠.巍山彝族简史［M］.昆明：云南民族出版社，2006：112.

④ 王文光.南诏国国王世系考释——以历史人类学的视角［J］.中央民族大学学报（哲学社会科学版），2018（04）；李艳峰.大理国国王世系及相关问题研究［J］.玉溪师范学院学报，2018（09）.

（二）宗子

大宗的嫡长子谓之宗子，同一始祖的嫡系长房继承系统为大宗、余子为小宗。南诏时期蒙氏施行严格的宗法制度，即大宗嫡长子继承制。

《南诏图传》"时中兴二年戊年岁三月十四日谨记"载：

> 乃于保和昭德皇帝绍兴三宝，广济四生，乃拾双南之鱼金，仍铸三部之声众。雕金卷付掌御书巍丰郡长，封开南各张傍，监副大军将宗子蒙玄宗等，遵崇敬仰，号曰建国圣源阿嵯耶观音。①

"昭德皇帝"即南诏第十代王"劝丰佑"②。《南诏野史》载"昭威王，名晟丰佑，石刻名劝丰佑，唐长庆四年（824）即位，年十六岁改元保和。"③"宗子蒙玄宗"，按中国"古宗法制度，嫡长承继人宗，为族人兄弟所共尊，故称宗子。"④"宗子"即嫡长子继承制，而南诏王的继承也以嫡长子继承制为主。⑤而"蒙玄宗"即为"昭德皇帝劝丰佑"之宗子。《新唐书·南诏下》卷二百二十二中载："是时，丰祐亦死，坦绰酋龙立，恚朝廷不吊恤；又诏书乃赐故王……遂僭称皇帝，建元建极，自号大礼国。懿宗以其名近玄宗嫌讳，绝朝贡。"⑥《南诏野史》亦载："景庄皇帝，名世隆，唐大中十三年即位，改元建极……昭成王怒扰边，子酋隆立，犯唐玄宗讳，唐不册，隆自称皇帝，改元大礼"⑦，这两条史料都说明"劝丰祐"子即为"蒙世隆"。"蒙世隆"于唐宣宗大中十三年（859）至唐僖宗乾符四年（877）间为南诏第十一代王，而《南诏图传》所载"劝丰祐"宗子"蒙玄宗"即为"蒙世隆"。另《新唐书·南诏下》亦载"丰祐亦死，坦绰酋龙立"，说明"蒙世隆"曾担任过"清平官"之职，而《南诏图传》所载"蒙玄宗"所担任的正是"监副大军将"之职。

---

① 李霖灿.南诏大理国新资料的综合研究［M］.台北：精华印书馆，1967：44.
② 《新唐书·南诏下》载为"劝丰祐"。
③ 和生弟，王水乔.大理丛书·史籍篇：卷三［M］.昆明：云南民族出版社，2010：41.
④ 刘超班.中华亲属辞典［M］.武汉：武汉出版社，1991：274.
⑤ 罗家云.南诏王的选任和继承制度［J］.广西民族大学学报（哲学社会科学版），2006，28（z2）：191–192.
⑥ 欧阳修，宋祁.新唐书：卷二百二十二（中）［M］.北京：中华书局，1975：6281.
⑦ 和生弟，王水乔.大理丛书·史籍篇：卷三［M］.昆明：云南民族出版社，2010：44–45.

按唐代的避讳制度，《新唐书·南诏下》将"世隆"记为"酋龙"，当避讳"唐太宗讳世民、唐玄宗讳隆基"，而南诏王劝丰佑"丰佑趫敢，善用其下，慕中国，不肯连父名。"①这里就有一种可能：南诏第十代王"劝丰祐"效仿中原取名方式为其子取名"蒙世隆，字玄宗"，"蒙玄宗"之名或也受唐代史学家刘子玄"名知几，以玄宗讳嫌，故以字行"②之影响，遂存在"蒙玄宗"也"名世隆，字玄宗，以玄宗讳嫌，而以字行"的可能，而"蒙玄宗"以字行的时间应在唐咸通二年（861）后。《新唐书·南诏下》载："杜悰当国，为帝谋，遣使者吊祭示恩信，并诏骠信以名嫌，册命未可举，必易名乃得封。帝乃命左司郎中孟穆持节往，会南诏陷巂州，穆不行。"③唐咸通二年（861）杜悰当国后，唐朝曾派左司郎中孟穆持节前往南诏，准备商讨册封事宜，而此时"蒙世隆"或已将其名更为"蒙玄宗"，这也是"蒙世隆"更名的第二种可能。但终因孟穆未能成行而成为憾事，此后至唐僖宗乾符四年（877）"世隆"卒期间，南诏与唐朝的关系总是处在战和交织之中，册封之事不再提及；且更名为"蒙玄宗"的只能是"蒙世隆"自己，其孙南诏王"舜化贞"不可能篡改其祖父名讳，故南诏舜化贞中兴二年（898）官修文献《南诏图传》中才如实记录"蒙世隆"名讳为"蒙玄宗"，因尚需其他材料的佐证，姑且推测之，有待进一步考证。

四、亲属称谓

亲属称谓是对有血缘关系的本族和非血缘姻亲关系异族的称呼。亲属称谓表明了人与人之间的亲疏远近。而亲属称谓也多见于南诏大理国时期的文献之中。

（一）六亲称谓

大理国时期的墓志中有"六亲"的记述。

《大理国通海郡丁卯墓碑》载：

位敦三宝六亲忠□□□□□。④

---

① 欧阳修，宋祁.新唐书：卷二百二十二（中）［M］.北京：中华书局，1975：6281.

② 欧阳修，宋祁.新唐书：卷一百三十二［M］.北京：中华书局，1975：4519.

③ 欧阳修，宋祁.新唐书：卷二百二十二（中）［M］.北京：中华书局，1975：6282.

④ 张树芳，等.大理丛书·金石篇：卷五［M］.昆明：云南民族出版社，2010：2378.

段正严保天六年（1134）《提意墓碑》也载：

> 三从以孝顺于六亲。①

"六亲"据《现代汉语词典》解释为"指父、母、兄、弟、妻、子，泛指亲属"②，对"六亲"的理解历代说法不一，但都认同是具有血缘和婚姻关系的最亲近的人，其可分为"直系亲属称谓"和"旁系亲属称谓"。

1. 直系亲属称谓

南诏大理国时期的文献记述了"直系亲属称谓"。

《新唐书·南诏传》载：

> 曾祖有宠先帝，后嗣率蒙袭王，人知礼乐，本唐风化。③

"曾祖"为父系血缘直系亲属称谓。该史料是南诏第六代王"异牟寻"在给唐剑南节度使"韦皋"的帛书中的自称，也是现存南诏时期最早有关"亲属称谓"的记载。"异牟寻"直系亲属世系为"皮逻阁—阁罗凤—凤伽异—异牟寻"，而"异牟寻"所称的"曾祖"即为"皮逻阁"。

南诏舜化贞中兴二年（898）《南诏图传》"第七化"也载：

> 乃有石门邑主罗和李忙求奏云："自祖父以来，吾界中山上，有白子影像一驱，甚有灵异……"④

"祖父"为父系血缘直系亲属称谓。《尔雅·释亲》载："父之考为王父"⑤，王父即祖父，"自祖父以来"说明石门邑主至罗和李忙求时已是三代，即"祖父、父亲、子"三代直系亲属。

大理国段正兴龙兴三年（1158）《护法明公德运碑赞摩崖》载：

> 大理圀高相圀公仲子之孙讳日量成……⑥

———————

① 张树芳，等.大理丛书·金石篇：卷五［M］.昆明：云南民族出版社，2010：2378.

② 中国社会科学院语言研究所词典编辑室.现代汉语词典6版［M］.北京：商务印书馆，2012：835.

③ 欧阳修，宋祁.新唐书：卷二百二十二（上）［M］.北京：中华书局，1975：6273.

④ 李霖灿.南诏大理国新资料的综合研究［M］.台北：精华印书馆，1967：43.

⑤ 胡奇光，方环海.尔雅译注［M］.上海：上海古籍出版社，2004：198.

⑥ 张树芳，等.大理丛书·金石篇：卷一［M］.昆明：云南民族出版社，2010：68.

"孙"为父系血缘直系亲属称谓，"高量成"为大理国高相国高泰明之孙，高明量之子。

段智兴元亨二年（1186）《兴宝寺德化铭并序》载：

> 有公子高踰城光者，曾祖相圁明公高泰明，祖定远将军高明清，己备圁史。考牧公高踰城生者，定远将军之长子也。①

该史料记述了"高踰城光"之"曾祖、祖父、父亲、己"四代直系亲属称谓。

段智祥天开十六年（1220）《大理国渊公塔之碑铭并序》载：

> 我渊公随缘白地，诞粹于高氏之族。故相国高太明之曾孙，政国公明量之孙，护法公量成之子也。②

"高太明"即"高泰明"，该史料记述了高氏"子、孙、曾孙"三代直系亲属称谓。

段智祥仁寿四年（1230）《忠节克明果行义帝墓志并序》也载：

> 公姓高氏，讳生福，太祖邦安贤帝高智升，高祖善阐岳侯高升祥，曾祖□□□牧高祥坚，祖高坚成，考高成生。公幼有昂霄耸壑之姿，拔萃出类之材，杀身成仁之志，颖锐常作□□天下太平。③

该史料记述了高氏"太祖、高祖、曾祖、祖、父亲、子"六代直系亲属称谓。

2. 旁系亲属称谓

唐乾符五年（878）徐云虔出使南诏所撰《南诏录》，其中记述了徐云虔与骠信臣的对话：

> 己巳，骠信使慈双羽、杨宗就馆谓云虔曰：'贵府牒，欲使骠信称臣，奉表贡方物。骠信已遣人自西川入唐，与唐约为兄弟，不则舅甥。夫兄弟舅甥，书币而已，何表贡之有？'云虔曰：'骠信既欲为弟、为甥，骠信，景庄之子，景庄岂无兄弟，于骠信为诸父；骠信为君，则诸父皆称臣，况弟与甥乎？且骠信之先，由大唐之命，得合六诏为一，恩德深厚；中间小忿，罪在边鄙。今骠信欲修旧好，岂可违祖宗之故事

---

① 张树芳，等. 大理丛书·金石篇：卷一 [M] 昆明：云南民族出版社，2010：71.
② 张树芳，等. 大理丛书·金石篇：卷一 [M]. 昆明：云南民族出版社，2010：86.
③ 张树芳，等. 大理丛书·金石篇：卷一 [M]. 昆明：云南民族出版社，2010：91.

乎？顺祖考，孝也；事大国，义也；息战争，仁也；审名分，礼也。四者，皆令德也，可不勉乎！'骠信待云虔甚厚。①

该史料提到亲属称谓"祖宗、祖考、父、子"，同时提及"兄、弟、舅、甥"等旁系亲属称谓。徐云虔是在与南诏王隆舜的大臣谈话中提及相关亲属称谓的，且彼此并没有交流的隔阂，且南诏王隆舜听后"待云虔甚厚"，说明中原的亲属称谓已经根植于南诏上层社会生活之中。

（二）先祖称谓

唐代中原文献中记述了南诏蒙氏先祖"＊代祖"的称谓。

唐懿宗咸通三年（862）樊绰《蛮书》载：

> 南诏八代祖蒙舍龙。②

《蛮书》记述了南诏蒙氏八代祖为"蒙舍龙"，"蒙舍龙"生"龙家罗"，亦名"细奴逻"，即为南诏"九代祖"。

元代云南少数民族墓志中对先祖的称谓逐渐增多，至元十一年（1274）《故大理路杨氏躬节仁义道济大师墓碑铭并序》载有"从祖"称谓：

> 公姓杨，讳公。曾祖大师讳圆慧，建德皇帝尊为师。祖智天大师，讳慧升。从祖戒辩大师，讳慧福。父释号智明，讳升宗。③

"建德皇帝"即大理国段正兴，"从祖"指"智天大师"的兄弟，属旁系亲属称谓。此外元代还出现了"＊代祖、世祖、鼻祖"等称谓。明清时期白族家谱世系中则普遍以"＊世祖"称谓。

（三）后嗣称谓

后嗣称谓有"后昆"，即"后世子孙"，又常记为"垂裕后昆"，即为造福后代之意。在明清墓志及碑谱记述中较为常见。

大理国段正兴龙兴三年（1158）《护法明公德运碑赞摩崖》载：

> 其如公者，百之一二耳，尚未尽善也。后之高氏，如有聪明俊杰，

① 王叔武.云南古佚书钞［M］.昆明：云南人民出版社，1979：38-39.

② 樊绰著；赵吕南校释.云南志校释［M］.北京：中国社会科学出版社，1985：110.

③ 张树芳，等.大理丛书·金石篇：卷一［M］.昆明：云南民族出版社，2010：201.

克己复礼，能命父□□□□公□□□□□□□善成功，亦高氏世世之荣也与。①

"高氏世世之荣"也表达了"垂裕后昆"之意。

段智祥天开十六年（1220）《大理国渊公塔之碑铭并序》也载：

真个光昭先觉，可谓不忝后昆。②

宋大理国碑刻中记述的"后昆"一词，其意即"垂裕后昆"，不有愧于后世子孙，只不过这里说的是佛门子弟。

段祥兴道隆时期（1239—1251）《故溪氏谥曰襄行宜德履戒大师墓志并叙》载"德裕后昆"：

溪其姓，智其名，厥先出自长和之世。安圄之时，撰口百药，为医疗济成业。洞究仙丹神述，名显德归。术著脉决要书，布行后代。时安圄遭公主之疾，命疗应愈，勤立功，大赉，褒财物之□焉。继补阇梨之职，□可切熙宜□，德裕后昆。③

"溪智"以"行医济世"为业，并著有《脉决要书》，而"德裕后昆"意即"造福后世"。

五、家族谱系

谱系是家谱的核心，唐宋时期的文献也记载了有关洱海流域早期的家族谱系。

（一）唐代文献记载的谱系

唐代文献中有关南诏家族谱系的记载逐渐增多，特别是亲历南诏的袁滋《南诏录》、樊绰《云南志》（又名《蛮书》）等，将其在南诏的所见所闻及当时收集的资料录于著述之中。④而《云南志》则较为详细记载了唐初"六诏谱系"，"六诏谱系"的记载说明南诏时期反映"家族与家庭的血缘关系的谱系"在上层氏族中已普遍存在。

1. 两爨谱系

① 张树芳，等.大理丛书·金石篇：卷一［M］.昆明：云南民族出版社，2010：69.
② 张树芳，等.大理丛书·金石篇：卷一［M］.昆明：云南民族出版社，2010：87.
③ 张树芳，等.大理丛书·金石篇：卷一［M］.昆明：云南民族出版社，2010：97.
④ 方国瑜主编；徐文德、木芹、郑志惠纂录校订.云南史料丛刊（第2卷）［M］.昆明：云南大学出版社，1998：218.

《蛮书》载：

> 西爨，白蛮也，东爨，乌蛮也……在石城、昆川、曲轭、晋宁、喻献、安宁至龙和城，谓之西爨，在曲靖州、弥鹿州，升麻川，南至步头，谓之东爨。①

《蛮书》记载了"爨摩涩"一支谱系，而唐贞元二年（786）《爨公墓志铭》则详细记载了"爨归王"一支世系：

> （南宁郡）王名子华，字守忠……曾祖荣宗……大父仁弘……烈考归王，皇左金吾卫大将军……王即金吾之家子也。……嗣子冲貌……②

"爨守忠"为"爨归王"子。综合两条史料列爨氏谱系，见图1。

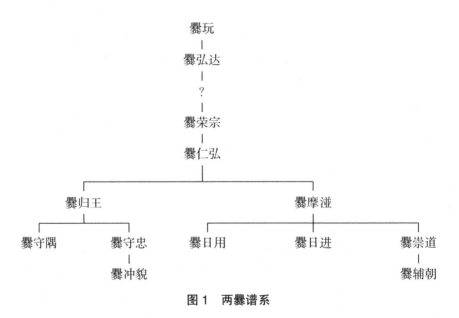

图1　两爨谱系

爨为云南大姓，自东晋至唐天宝七年（748）爨氏统治云南达四百余年间，创造了"爨文化"，现仍存东晋元亨四年（405）《爨宝子碑》和南北朝刘宋大明二年（458）《爨龙颜碑》。唐天宝七年（748）"爨氏"被南诏皮逻阁所灭，

---

① 樊绰著；赵吕甫校释.云南志校释［M］.北京：中国社会科学出版社，1985：127.

② 吴钢.全唐文补遗：第八辑［M］.西安：三秦出版社，2005：94.

后一部分"爨姓"改姓为"寸"。鹤庆《寸氏墓碑志》就载"故寸氏讳升,其鼻祖爨深者;晋武时为兴古太守,爨氏之名始此。厥后支裔蕃盛于八逻四镇,至爨龙颜又为宋晋宁州刺史,世代渐远而讹曰寸也"[①]。腾冲和顺"寸氏"也自称为大理国"爨判"后裔。

2.蒙巂诏谱系

《蛮书》载:

> 蒙巂一诏最大,初,巂辅首卒,无子,弟佉阳照立,佉阳照死,子照源立,丧明。子源罗弱,置于南诏。[②]

据此列蒙巂诏谱系,见图2。

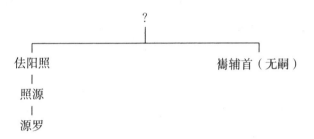

图2 蒙巂诏谱系

"蒙巂诏"无姓氏,施行"父子连名制",其中"佉阳照"谱系连名三代"佉阳照—照源—源罗"。

3.浪穹诏谱系

《蛮书》载:

> 浪穹,一诏也。诏主丰时、丰咩兄弟俱在浪穹。……丰时卒,子时罗铎立。时罗铎卒,子铎罗望立,为浪穹州刺史。与南诏战败,以部落退保剑川,故盛称剑浪。卒,子望罗偏立。望罗偏卒,子偏罗矣立。偏罗矣卒,子矣罗君立。贞元十年,南诏击破剑州,俘矣罗君,徙永昌。[③]

"浪穹诏"无姓氏,施行"父子连名制",其中"丰时"一支谱系连名五代

---

① 云南省编辑组.白族社会历史调查·四[M].北京:民族出版社,2009:145.

② 樊绰著;赵吕甫校释.云南志校释[M].北京:中国社会科学出版社,1985:96.

③ 樊绰著;赵吕甫校释.云南志校释[M].北京:中国社会科学出版社,1985:102.

"丰时—时罗铎—铎罗望—望罗偏—偏罗矣",其谱系图见图3。

4. 邆赕诏谱系

《蛮书》载:

邆赕,一诏也。主丰咩,初袭邆赕,御史李知古领诏出问罪,其子咩罗皮,后为邆赕州刺史,与蒙归义同伐洱河蛮,遂分据大厘城。咩罗皮乃归义之甥也,弱而无谋。归义袭其城,夺之。……咩罗皮卒,子皮罗邆立。皮罗邆卒,子邆罗颠立。邆罗颠卒,子颠之托立。南诏既破剑川,收野共,俘颠之托,徙永昌。[①]

"邆赕诏"无姓氏,施行"父子连名制"取名,其中"丰咩"一支谱系连名五代"丰咩—咩罗皮—皮罗邆—邆罗颠—颠之托","邆赕诏主丰咩"与"浪穹诏主丰时"为兄弟,其谱系见图3。

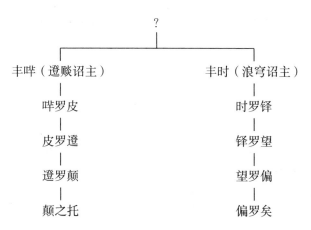

图3 浪穹诏、邆赕诏谱系

5. 施浪诏谱系

《蛮书》载:

施浪一诏也。诏主施望欠。……望欠遂渡兰沧江,终于蒙舍。……望欠弟望千,当矣苴和城初败之时,北走吐蕃。吐蕃立为诏,归于剑川,为众数万。望千生千傍,千傍生傍罗颠。南诏既破剑川,尽获施浪

①　樊绰著;赵吕甫校释.云南志校释 [M].北京:中国社会科学出版社,1985:104-105.

部落。傍罗颠脱身走泸北。①

其谱系见图 4。

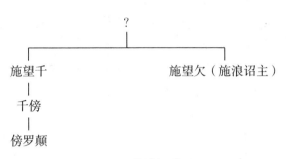

图 4　施浪诏谱系

"施浪诏"无姓氏，施行"父子连名制"，其中"施望千"一支谱系连名三代"施望千—千傍—傍罗颠"。

6. 南诏谱系

唐代文献对南诏谱系的记载，以唐懿宗咸通三年（862）樊绰所撰《蛮书》的南诏蒙氏谱系的记载最为详细，且有"八代祖蒙舍龙"②的描述，其记载的形式与明清白族家谱序言的记述类似，内容包括了"姓氏来源、历代祖先人物及其事迹"等。此外唐咸通年间定边军节度使窦滂所撰的《云南别录》也记载了南诏蒙氏四代世系"细奴逻生逻盛，逻盛生盛逻皮，盛逻皮生皮逻阁。"③而后晋刘昫《旧唐书·南诏蛮》和北宋欧阳修《新唐书·南诏》所载资料也采用了这些文献。另南诏舜化贞中兴二年（898）《南诏图传》（文字卷）也载"蒙细奴逻—逻盛、蒙劝丰佑—世隆—隆舜—舜化贞"④六位南诏王的事迹。《新唐书·南诏传》亦载"王蒙氏，父子以名相属。自舍龙以来，有谱次可考……"⑤"谱次"即"谱系"。此外，记载有关南诏王蒙氏谱系的文献还有（后晋）刘昫《旧唐

---

①　樊绰著；赵吕甫校释.云南志校释［M］.北京：中国社会科学出版社，1985：108-109.

②　樊绰著；赵吕甫校释.云南志校释［M］.北京：中国社会科学出版社，1985：110.

③　王叔武.云南古佚书钞［M］.昆明：云南人民出版社，1979：27.

④　李霖灿.南诏大理国新资料的综合研究［M］.台北：精华印书馆，1967：41-44.

⑤　欧阳修，宋祁.新唐书：卷二百二十二（上）［M］.北京：中华书局，1975：6270.

书·南诏蛮》、（北宋）司马光《资治通鉴》、（南宋）郭允蹈《蜀鉴》^①、（元）李京《云南志略》、（明）倪辂《南诏野史》、（明）蒋彬《南诏源流纪要》、（清）佚名《僰古通纪浅述》^②等。

据《蛮书》^③《南诏图传》《新唐书·南诏传》^④整理的南诏蒙氏谱系见图5。

南诏以"蒙"为姓，施行"冠姓父子连名制"。从谱系看，南诏王蒙氏还实行"冠姓双名制"，如"蒙细奴逻、蒙逻盛炎、蒙盛逻皮、蒙皮逻阁、蒙阁逻凤、蒙凤伽异、蒙异牟寻、蒙寻阁劝、蒙劝龙晟"等都是"冠姓双名制"。《蛮书》对南诏蒙氏世系的记载主要以南诏王"宗子世系"为主，而对其"旁系世系"的记载较为简略，如皮逻阁生三子，长男阁罗凤，次男诚节，三男成进，记载较完整；而阁罗凤"长男凤伽异"，凤伽异"长男异牟寻"，仅有长男的记载；寻梦凑生三子，因先后继承王位，故都有记载。从中可看出南诏施行的是以嫡长子为主的继承制，在南诏的官方文献记载^⑤中也以继承王位的"宗子"记述为主，而也只有嫡长子（宗子）才施行"父子连名制"。

———————

① 载"西南夷本末（下）".

② 载"蒙氏世家谱".

③ 樊绰著；赵吕甫校释.云南志校释［M］.赵吕甫，校释.北京：中国社会科学出版社，1985：110–117.

④ 欧阳修，宋祁.新唐书：卷二百二十二（中）［M］.北京：中华书局1975：6281–6293.

⑤ 《南诏德化碑》《南诏图传》等.

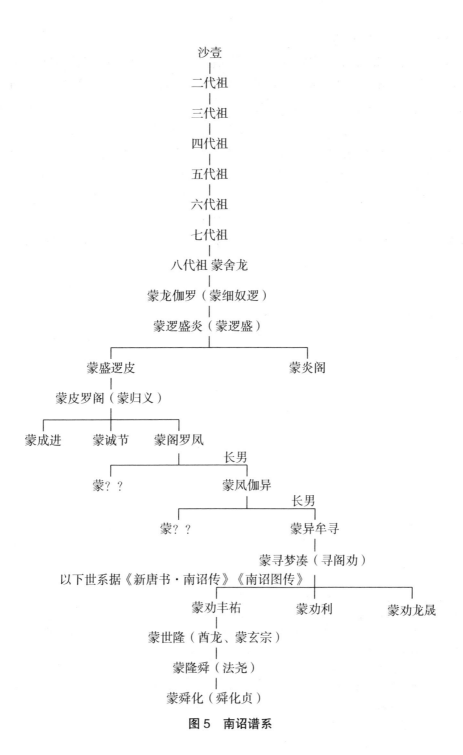

图 5　南诏谱系

（二）宋代文献记载的谱系

宋代文献记载的谱系主要有"高氏"谱系，且以碑刻为主，有大理国段正兴龙兴三年（1158）《护法明公德运碑赞摩崖》；大理国段智兴元亨二年（1186）《兴宝寺德化铭并序》；大理国段智祥天开十六年（1220）《大理国渊公塔之碑铭并序》；大理国段智祥仁寿四年（1230）《忠节克明果行义帝墓志并序》等。方国瑜先生《大理高氏世袭事迹》①、林超民先生《大理高氏考略》②都对高氏事迹进行了考证；而木芹《南诏野史会证》③、连瑞枝《隐藏的祖先：妙香古国的传说和社会》④也对高氏进行了研究，这些研究成果都列出了"高氏世系"，但都不尽完整。故笔者据大理国时期的高氏碑刻、《姚郡世守高氏宗谱》⑤，并参考方国瑜、林超民、木芹、连瑞枝四位学者的研究列出较为完整的大理国高氏世谱系，并结合"碑刻、家谱"分析，见图6。

---

① 方国瑜.云南民族史讲义［M］.昆明：云南人民出版社，2013：710.

② 林超民.大理高氏考略［J］.云南民族学院学报（哲学社会科学版），1993（03）：57–58.

③ 木芹.南诏野史会证［M］.昆明：云南人民出版社，1990：266.

④ 连瑞枝.隐藏的祖先：妙香古国的传说和社会［M］.北京：生活·读书·新知三联出版社，2007：125.

⑤ 张树芳，等.大理丛书·金石篇：卷五［M］.昆明：云南民族出版社，2010：2565–2566.

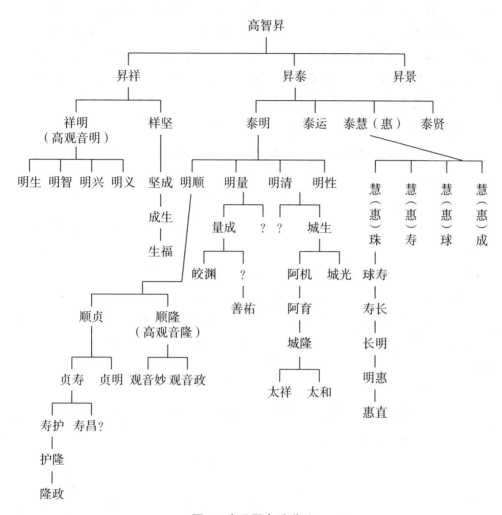

图 6   大理国高氏谱系

1. 高昇（升）祥支系，生二子，高祥明、高祥坚。

① 高祥明一支。

大理国时期的《大理国佛弟子议事布燮袁豆光敬造佛顶尊胜宝幢记》载：

> 高明生，则大将军高观音明之中子也。①

① 张树芳，等.大理丛书·金石篇：卷一［M］.昆明：云南民族出版社，2010：56.

"观音"为高氏称号，①"高观音明"即"高祥明"。《姚郡世守高氏宗谱》载高祥明生四子"长明生、次明智、次明兴、次明义"，②该谱载"明生"为长子，而《大理国佛弟子议事布燮袁豆光敬造佛顶尊胜宝幢记》则载"明生"为"中子"，即"仲子"，为第二子，两者对"高明生"的记述还是有所不同的。

②高祥坚一支，生一子，高坚成。

大理国段智祥仁寿四年（1230）《忠节克明果行义帝墓志并序》载：

> 公姓高氏，讳生福，太祖邦安贤帝高智升，高祖善阐岳侯高升祥，曾祖□□□牧高祥坚，祖高坚成，考高成生。公幼有昂霄耸壑之姿，拔萃出类之材，杀身成仁之志，颖锐常作□□天下太平。③

碑文记载了"高祥坚"一支世系（太祖）高智升—（高祖）高升祥—（曾祖）高祥坚—（祖）高坚成—（父）高成生—（子）高生福，"高氏"行"冠姓父子连名制"，而《姚郡世守高氏宗谱》未载"高祥坚世系"，碑刻所载可补家谱记载的不足。

2.高昇（升）泰支系，生四子，高泰明、高泰运、高泰惠、高泰贤。④大理国碑刻中载"高泰明"一支世系，生四子，高明顺、高明量、高明清、高明性。

①高明顺一支，生二子，高顺贞、高顺隆。⑤

大理国段智祥天开十六年（1220）《大理国渊公塔之碑铭并序》载：

> 故俾公弟高观音政检校措意。⑥

① 林超民.大理高氏考略［J］.云南民族学院学报（哲学社会科学版），1993（03）：57.

② 云保华，等.大理丛书·族谱篇：卷五［M］.昆明：云南民族出版社，2008：2566.

③ 张树芳，等.大理丛书·金石篇：卷一［M］.昆明：云南民族出版社，2010：91.

④ 鹤庆高氏历代履历宗谱［M］//云保华，等.大理丛书·族谱篇：卷五［M］.昆明：云南民族出版社，2008：2569.

⑤ 姚郡世守高氏宗谱［M］//云保华，等.大理丛书·族谱篇：卷五［M］.昆明：云南民族出版社，2008：2566.

⑥ 张树芳，等.大理丛书·金石篇：卷一［M］.昆明：云南民族出版社，2010：86-88.

可知高渊弟（或堂弟）名为"高观音政"，而"观音"称号即为"高顺隆（高观音隆）—高观音妙、高观音政"一支，以"观音"连名者，居善阐。①

② 高明量一支，生二子，碑刻仅载"高量成"。

大理国段正兴龙兴三年（1158）《护法明公德运碑赞摩崖》载：

> 大理圈高相圈公仲子之孙讳曰量成……②

"高量成"为"高泰明"之孙，为"高明量"之第二子，而"高明量"的长子姓名未见载。

大理国段智祥天开十六年（1220）《大理国渊公塔之碑铭并序》载：

> 姪高善祐……

据此推断，"高善祐"应为"高渊"的兄弟之子，或为"高量成"长兄之孙，或为"高观音政"之子。

大理国段智祥天开十六年（1220）《大理国渊公塔之碑铭并序》又载：

> 我渊公随缘白地，诞粹于高氏之族。故相国高太（泰）明之曾孙，政国公明量之孙，护法公量成之子也。……故俾公弟高观音政检校措意，如公弟扶危抚弱，防巢之义深者，因申奏上闻，琢石立碑。③

可知，"渊公"为"高量成"之子，而《姚郡世守高氏宗谱》所载"渊公即为高量成"④是错误的。"渊公"弟（或堂弟）为"高观音政"，据"高观音妙，为高观音隆之子，高氏支派以观音连名者，居善阐"⑤来推断，"高观音政"应为"高渊"堂弟，即"高观音妙"之兄弟。

《大理国渊公塔之碑铭并序》又载：

① 林超民.大理高氏考略［J］.云南民族学院学报（哲学社会科学版），1993（03）：55.

② 张树芳，等.大理丛书·金石篇：卷一［M］.昆明：云南民族出版社，2010：68.

③ 张树芳，等.大理丛书·金石篇：卷一［M］.昆明：云南民族出版社，2010：86-88.

④ 云保华，等.大理丛书·族谱篇：卷五［M］.昆明：云南民族出版社，2008：2566.

⑤ 林超民.大理高氏考略［J］.云南民族学院学报（哲学社会科学版），1993（03）：55.

孙高明生，姪高善祐，虽妙年而义诱其衷，谓开国以来一人而已，可以将示来者。故俾公弟高观音政检校措意……①

按《大理国佛弟子议事布燮袁豆光敬造佛顶尊胜宝幢记》载"高明生"为"高祥明"之中子，而《大理国渊公塔之碑铭并序》载其为"渊公"之孙。据（图1.6 大理国高氏谱系）所列世系可看出，"渊公"应为"高明生"之孙，而非"高明生"为"渊公"之孙，从高氏连名制取名来看，也不可能出现同名者，对此，方国瑜先生也言"明生为渊公祖辈，撰宗谱者不辩至此，可悯矣"②。确实如此，《南诏野史会证》中所列"高氏世系表"也将"高明生"列为高渊之孙，③谬也。

林超民先生《大理高氏考略》载：

宋淳熙元年（1174），高观音隆夺寿昌位，而与姪贞明。十一月，阿机起兵入国都，夺贞明位还寿昌……宋淳熙三年（1176）高观音妙自白崖破河尾关入国，夺寿昌位。④

"贞明、寿昌"在《姚郡世守高氏宗谱》未见记载，而从连名制"顺贞—贞寿—寿护"及高观音隆的姪子为"贞明"分析，顺贞一支世系的"连名制"或为"顺贞—贞寿、贞明—寿护、寿昌"，"贞寿、贞明"为兄弟，而"贞明"一支缺载，"贞寿"一支在《姚郡世守高氏宗谱》有载，其"连名"为"顺贞—贞寿—寿护—护隆—隆政"，"寿护、寿昌"或为兄弟，"寿昌"一支世系缺载。若以"顺贞—贞明"连名或以"寿昌—护隆—隆政"连名，都不符合"连名制"的特点，也无法做出合理解释。

③高明清一支。

大理国段智兴元享二年（1186）《兴宝寺德化铭并序》载：

有公子高踰城光者，曾祖相圆明公高泰明，祖定远将军高明清，已备圆史。考牧公高踰城生者，定远将军之长子也。⑤

---

① 张树芳，等.大理丛书·金石篇：卷一［M］.昆明：云南民族出版社，2010：88.

② 方国瑜.云南民族史讲义［M］.昆明：云南人民出版社，2013：728

③ 木芹.南诏野史会证［M］.昆明：云南人民出版社，1990：266.

④ 林超民.大理高氏考略［J］.云南民族学院学报（哲学社会科学版），1993（03）：55.

⑤ 张树芳，等.大理丛书·金石篇：卷一［M］昆明：云南民族出版社，2010：71.

"兴宝寺"为"高踰城光"所建。碑文记载了"高踰城光"一支世系"高泰明—高明清—高踰城生—高踰城光",而"踰城"也被方国瑜先生誉为"踰城支派","高阿机,高阿育"即属"踰城支派"。

> 宋淳熙元年(1174),高观音隆夺寿昌位,而与侄贞明。十一月,阿机起兵入国都,夺贞明位还寿昌……①

"高阿机"方国瑜先生考证曰"高阿机者,或谓踰城光之兄"②,而"高阿育"方先生又言"阿育,或即踰城光之兄子"③,由此说明高阿机与高阿育为父子关系。

另宋代大理国国王"段氏"谱系的记载较早的文献为元代李京的《云南志略》。而后有明初的《绎年运志》,方国瑜先生考识曰"后世的《滇载记》《南诏野史》诸书之段氏事迹,大都出于此"④ 等,此不详述。

六、谱牒修纂

据《南诏图传》载,南诏时期已有"巍山起因、铁柱庙、西洱河、张氏国史"⑤ 等书,而《张氏国史》一书也有可能是南诏时期记述张氏及南诏细奴逻、逻盛事迹的一部官修国史,犹如中原的正史,其中有"张氏谱系"的记载。张锡禄教授也从后世记载的张氏世系推测《张氏国史》是"已知最早最长的白族家谱"⑥,而笔者认为《张氏国史》或许是南诏时期"修撰的官修家谱"更为恰当。

宋代大理国时期有"《白史》《国史》,都已失传,仅《白史》片断散见于明代碑文中"。⑦ 王叔武先生指出"景泰元年《三灵庙记》所引'白史',似述段氏源流;而明永乐十七年(1419)《鹤庆路军民总管高侯墓碑志》称其先世事

---

① 林超民.大理高氏考略[J].云南民族学院学报(哲学社会科学版),1993(03):55.

② 方国瑜主编;徐文德、木芹、郑志惠纂录校订.云南史料丛刊(第2卷)[M].昆明:云南大学出版社,1998:465.

③ 方国瑜.云南民族史讲义[M].昆明:云南人民出版社,2013:718.

④ 方国瑜主编;徐文德、木芹、郑志惠纂录校订.云南史料丛刊(第3卷)[M].昆明:云南大学出版社,1998:743.

⑤ 李霖灿.南诏大理国新资料的综合研究[M].台北:精华印书馆,1967:48.

⑥ 张锡禄.白族家谱及其研究价值[J].思想战线,1990(04):61.

⑦ 马曜.马曜文集·第3卷[M].昆明:云南人民出版社,2008:230.

迹说：'具载祖白史'。则此所谓'祖白史'，当为高氏家乘，故称'祖'，与记载段氏源流者，显非一书。如此，则'白史'一名，乃白文史乘之通称。"①《国史》为大理国段氏所修的"史书"，在宋代大理国碑刻中也常见事备"国史"的描述。

大理国段智兴元亨二年（1186）《兴宝寺德化铭并序》载：

> 有公子高踰城光者，曾祖相圈明公高泰明，祖定远将军高明清，已备圈史。②

"圈"即"国"，《国史》为宋大理国时期修的"史书"，或兼有官修家谱的性质。

大理国时期的文献中也有了"家谱"修纂记载。

段智祥天开十六年（1220）《大理国渊公塔之碑铭并序》载：

> 其家谱宗系者，自观音传于施氏，施氏传于道悟国师，道悟传于玄凝，玄凝传公。公之族子有慧辩，追踪景行，唯嗅檐卜而尝醍醐者，公器之，因传焉。③

"高皎渊"是大理国"高泰明"曾孙，"高量成"之子，为祥云水目山三祖，法号"智玄禅师"。《大理国渊公塔之碑铭并序》即为"高皎渊"之碑铭，碑文中首次提到的"家谱"，虽然记述的是佛教名山水目山法嗣谱系，但碑文为大理国官员楚州（今祥云楚场）赵佑撰，④从中也可见看出大理国后期的一些白族大姓对"家谱"概念有清晰的认识，或已有"家谱"的修纂，且内容主要以"世系"为主。

段祥兴道隆时期（1239—1251）《故溪氏谥曰襄行宜德履戒大师墓志并叙》亦载：

> 家牒行状，乃杨文伯明俊之述词。⑤

碑文中有"家碟"的记载，家碟内容为"杨文明俊"口述，"家碟行状"记

---

① 王叔武.云南古佚书钞［M］.昆明：云南人民出版社，1979：52.

② 张树芳，等.大理丛书·金石篇：卷一［M］.昆明：云南民族出版社，2010：71.

③ 张树芳，等.大理丛书·金石篇：卷一［M］.昆明：云南民族出版社，2010：88.

④ 杨延福.祥云水目山《渊公碑》略述［J］.大理师专学报，1998（1）：74.

⑤ 张树芳，等.大理丛书·金石篇：卷一［M］.昆明：云南民族出版社，2010：97.

述的是"溪氏自大长和国（902—928）至大理国段智兴（1172—1200）时期的家族谱系"，说明大理国后期白族大姓的"家碟"以家族"谱系"为主。

结　论

综上所述，唐宋时期的修谱风尚已深深影响南诏大理国社会，到宋大理国后期已有以家族"谱系"为主的"家碟"修纂，而元代云南不仅有了少数民族纸质家谱的修撰，也出现了一定数量刻录于石质上的家族世系（也称碑谱）。喜洲《赵氏族谱》"清光绪二十五年（1899）赵甲南序"就载"赵氏家谱，自宋已失，后获《元故相副官墓碑》，颠末[①] 备具于上"，[②] 元代碑刻谱系也成为明代云南少数民族家谱修撰的主要资料来源。

南诏大理国时期的谱牒文化体现了中国谱牒文化的基本特征，同时也具有自身鲜明的特色，也为后世特别是明清时期云南少数民族谱牒的大量修撰奠定了基础。由于明初社会的变迁，致使大理国时期的文献存世较少，至今也未见相关的谱牒实物。但通过唐宋时期文献零星记述的南诏大理国谱牒文化的梳理和研究，一方面展现了各民族共同开拓祖国疆域、共铸中华民族共同体意识的历史叙事；另一方面，也反映了中华民族历史上"你来我往、我来你往、我中有你、你中有我"的融合过程，更凸显了中国各民族特别是少数民族谱牒文化对于中华民族命运共同体建设的重要意义。

---

① 颠末，始末。

② 云保华，等 . 大理丛书·族谱篇：卷四，昆明：云南民族出版社，2008：1889.

云南巍山彝族左氏土司家族文化研究①

黄正良　刘　杰　王　麒②

巍山县位于大理白族自治州南部，北接大理，东接弥渡，南接南涧、凤庆，西连漾濞、昌宁，属云岭横断山脉的南延部分，地处哀牢山和无量山北段，县城距下关 51 公里。巍山是南诏国的发祥地、茶马古道重镇和彝族寻根祭祖圣地，拥有文献名邦、国家历史文化名城、中华彝族祭祖圣地、中国彝族打歌之乡、中国民间扎染艺术之乡、中国名小吃之乡、中国最佳旅游魅力名县等多项殊荣。巍山彝族左氏土司崛起于元朝晚期，兴盛于明清两朝，是文献记载云南土官中统治时间最长、辖境较广、势力较强的土司之一。

一、巍山彝族左氏土司的兴起和文化遗存

巍山左氏土司是在南诏灭亡近 500 年后，在大理地区崛起的又一彝族统治势力。左氏土司是南诏王族蒙氏的后裔，南诏灭亡时，他的祖先为了免遭郑买嗣集团的杀害，将"蒙"姓改为左、茶、字、余等姓。据传"茶、字"二姓有不忘祖的意思，因二字保留了"蒙"字的上部草头和宝盖。"余、左"二姓是为免遭杀害而蒙改汉姓。到元朝后期，巍山的彝族又兴盛起来，左土司的先祖左政子先后在大理、曲靖任过武官，其子左天与任过蒙化州土同州，孙子左青罗任过顺宁府（今临沧地区）的同知（知府助理），左青罗的儿子左禾成为添摩牙九部火头（首领）。土官辖境曾包括今巍山县全境和南涧、漾濞、弥渡县的大部分地区。左土司从元朝开始至清道光年间共 21 代，其中元代 3 世 3 人，明代 10 世 11 人，清代 7 世 7 人。清末至民国年间，左氏虽然没有继续承袭土官制度，但仍然管理

---

①　国家社科基金项目"云南佛教碑文治理研究"（项目批准号：14BZJ018）、国家社科基金项目"云南少数民族碑谱整理与研究"（项目批准号：21BTQ014）阶段性研究成果。
②　黄正良，大理大学民族文化研究院研究员，硕士研究生导师。刘杰，大理大学民族文化研究院 2019 级研究生。王麒，大理大学民族文化研究院 2019 级研究生。

着蒙城、新兴、安远三乡的广大地盘，还有一定的实权。民国初年，国民党政府将蒙城、新兴、安远三乡裁归流官管理，仅留隆城邑、左三村、谷波罗、枫木桥、左家村等村由左家管理。[1]

左氏土司虽然已淹没于历史的长河中多年，但今巍山县城依然留下不少左氏土司的文化遗产，如左氏主持或参与修建的书院、寺观、亭、塔、桥梁等，乾隆年间修撰的《蒙化左族家谱》《蒙化左土官记事抄本》，以及历代左氏土司家族留下的诗文、碑记。这些文化遗产对于研究左氏土司家族史，以及西南边疆民族史具有十分重要的价值和意义。

二、巍山彝族左氏土司家族文化的研究现状

巍山左氏土司家族历史悠久，文化内涵丰富，对元末至明清西南边疆民族民族史研究具有十分重要的参考价值。1986 年巍山县原县志办主任薛琳相继发现《蒙化左族家谱》（清乾隆木刻本）和《蒙化左土官记事抄本》（乾隆年间）。2008 年杨世钰、赵寅松主编《大理丛书·族谱篇》全文收录了《蒙化左族家谱》和《蒙化左土官记事抄本》，以及薛琳对《族谱》和《抄本》的研究文章，由此引起学界对巍山左氏土司家族文化的关注和研究。2013 年张晗撰《"中华民族多元一体格局"视阈下的土司制度初探——兼评云南巍山蒙化彝族左氏土司的"武功"与"文治"》（湖北民族学院学报）一文，通过对巍山彝族左氏土司"武功"和"文治"的研究，探析了左氏土司在中华民族一体化发展过程中的历史贡献。2020 年纳张元、纳文洁撰《云南彝族左氏土司家族诗文述论》（民族文学研究）一文，从亲近山水、歆慕田园、悠然出尘、醉心禅趣、乐观豁达等审美角度探析了左氏家族的诗文内容和特色。就目前看，学界关于左氏土司的研究主要集中在左氏土司的历史、土司传承制度等方面，而从家族文化研究民族关系的成果还较少，还有很大的研究空间。本文拟以乾隆《蒙化左族家谱》和《蒙化左土官记事抄本》和相关碑刻资料为研究对象，对巍山左氏土司家族文化与西南边疆民族关系作一探讨，就教于方家。

三、巍山彝族左氏土司家族文化的内涵和特点

巍山彝族左氏土司家族之所以能够不断壮大，历时五百多年，原因何在？笔者认为是与左氏重视家教、自强不息、思利及人、与时俱进、家国同构意识等分不开的。具体表现在以下几方面。

（一）通过修宗谱、定族规，继承祖脉，弘扬家风，巩固族权

左氏土司后裔自获得世袭土官开始，就把修家谱当做家事和国事来认真对待，并于嘉靖十九年（1540），左东朝开始主修家谱，可惜已失传。乾隆五十八年（1793）左熙俊纂修《蒙化左族家谱》，族谱分为以下几部分：第一部分是谱序。第一篇谱序为苏霖渤所写。苏霖渤（1694～1771）为弥渡进士，曾任贵州开泰知县、刑部主事、江西道监察御史、主讲五华书院，为官清廉，秉公办事，治学严谨，育材甚众。请这样的大家写序，必然使家谱蓬荜生辉。第二部分为"蒙化左氏宗族谱"，内容包括谱辨、谱规和人物三个部分，其中谱辨对"左氏卫""左氏鼻祖源流""祖齐、祖卫源流"进行了介绍说明。谱规列左氏土司族规十条。人物部分简述了从元代蒙化开祖左政子到十六世左麟奇左氏人物的学籍、官位和要籍，彰显了左氏人文炳蔚、科甲蝉联、驰名乡里的社会地位。第三部分是各朝皇帝或朝廷给蒙化左氏的诰轴，记载了元、明、清三朝对蒙化土知府、父母、妻子的封令敕文，内容丰富翔实，从中可以了解左氏家族和各代王朝之间的臣属关系。第四部分为左氏受姓前，有丹阳珥陵左氏源流和"左氏受姓源流图"及说明两个部分，从中可以了解从蒙化左氏族谱之前，左氏受之祖齐公子到二十二世郪逢桥始祖的受姓情况。第五部分"蒙化左氏宗族世系谱总图"，详细介绍了从蒙化开祖左政子到十七世左元生各世的子孙和分支情况。这部分较为翔实，它既是左氏嗣续繁昌再现，又是明清王朝监督左氏世袭土官的重要依据。第六部分"左氏祠堂规制、仪节、世翰"，内容丰富，从中可以知左氏家族在祠堂修建、崇祖、祭祖等方面都具有严格的规制和仪式。

族谱是一个家族的发展史。一个家族要发展壮大，除需要雄厚的物质条件外，还需要足以"强宗固族"的精神条件，而良好家风的形成，正是这种精神条件的基础和内容之一。在家规、家训中，左氏以"敦孝友、励廉耻、谨婚姻、世先业、矢忠义、省先茔、时祭祀、崇节俭、禁非议、开自新"十训作为族规，来加强左氏家族的内部管理。在左氏族规中，伦理纲常礼教作为其理论基础占有中心地位，三纲五常、孝悌忠信的内容占全部内容的大半，这是中国家谱的共性。但族谱中的"谨婚姻"要求族人"按旧谱，婚姻必择门第相等，声气攸同。吾宗先世嫁娶皆故家右族，不苟慕富贵而厌贫贱也。盖夫妇人伦之首，一有不慎，贻玷不小，勖我同宗，尚知所择哉。"这一族规对于封建社会的名门望族是不容易做到的，因为在中国古代社会，婚姻问题都讲门当户对，即不仅要求年龄、相貌、生辰之类的大致相符，更强调男女家族之间经济地位、社会地位、文化地位的大致相当。而作为名门望族的左氏土司，不仅将"谨婚姻"列入族规，而且还

身体力行，实属不易。

还有族规"崇节俭"条载："夫财，本于耕附于工商，而裕于节缩。按先世诗书之外，惟工惟口，家用日给，吾宗其反朴还淳，约财省费，勤业务本，用康乃家而后可。"节俭是中华民族的传统美德，左氏族规将节俭具体化，有效促进了左氏经济实力提升。族规"禁非议"条载："夫族以故家称者，非以人类之繁也，以其能蹈仁守义，范己黜污。比贵显如桧，知者羞以为祖；富厚如陶，谈者不多其族。於戏，彼以富贵而有不义，犹不免君子之口，则夫贫贱之为奸宄，为盗窃者，其何齿于人哉！谱成矣，吾宗其澡思浴德，毋为兹谱之玷。"要求族人不要责备、指责别人，说他人长短。这一要求，不仅可以少树敌，还可避免不必要的麻烦，减少内部矛盾。族规"开自新"条载："夫谱之修，凡不义既大书以黜，而子孙苟力於为善，以仰盖前人愆，如栾盈之能善于黡，则史岂以父之不善而遽弃子孙哉。"这条族规要求左氏族人不要满足于现状，不要吃老本，要自强不息，每天都要有新发展。

（二）严守土官承袭制度

明清两朝对于土官的承袭制定了严格而完备的制度。其承袭顺序是"嫡子嫡孙承袭，无嫡子嫡孙，则以庶子庶孙承袭，无子孙则以弟或其族人承袭；其土官之妻或婿有为土民所服者，亦准承袭。蒙化左氏土司承袭是：左青罗—左禾（子）—左伽（子）—左刚（子）—左琳（子）—左瑛（弟）—左铭（子）—左正（子）—左文臣（子）—左柱石（子）—左近嵩（子）—左星海（子）—左世瑞（子）—左嘉谟（子）—左麟奇（子）—左元生（子）—左长泰（子）—左长安（弟）—左荫曾（左长泰子），左土官共承袭18代，19人，除第五世土官左瑛、十七世土官左长安兄弟相袭外，其余皆为父子相传，可见，嫡长子继承制是左氏土司家族承袭中严格遵守的法则。族谱中《蒙化左氏宗族世系谱总图》载："此世系谱派，特就刚、晏二公子孙亲支嫡派顺次而书，合为世系总图。此外有同姓不同宗者，概不收录，防乱宗也。至于十七世子孙，尚有年幼未娶妻，年幼未生子者，今但即已经受室胪列三十余人，其余俟长成婚娶，子孙繁衍，陆续增补。谱成编号发给。须知修谱之意，原是要子孙存好心，行好事，忠孝友弟，做好人。前列谱规，原当遵守，后列教条，尤宣谨戒，不得倚势越次而乱伦，不得借口让官而滋讼，如有犯此二件及违悖谱规，许合族鸣鼓而攻，叫至祠堂，重责不贷，儆不肖也。凡我同宗，凛之慎之。"[2]从文中我们可以看到左氏土司在土官承袭过程中，不仅遵守国家的律令，而且家族内部也有较为严格的要求。

（三）多种措施扩大左氏土司的权威和影响力

左氏土司族规中第十条"开自新"要求族人不断奋发有为，为家族发展做贡献，为社会做贡献。族人做到了吗？如果做到，他们又是怎么做呢？《蒙化左族家谱》和相关碑刻为我们提供了答案。

1. 修建宏大的土司衙门，以此提高左氏的地位和权威

左氏土官建有规模宏大的衙门，是其权力的象征。土官衙署既是土官处理军政事务的场所，也是土官亲属家眷居住生活之地。洪武二十三年（1390），明王朝在蒙化设卫置城后，左禾就在蒙化卫城北门西面开始兴建土官府，后经历代土官修建完善，民间称为左衙。左衙占地七十余亩，建筑规模宏大，设施齐全。清咸丰年间，左衙遭兵燹，据说左衙被烧时，大火一直烧了三天三夜。[3]可以想见其规模之大。

2. 支持文化建设，促进人才发展

自明以来，伴随移民戍边政策的推行，大量汉民迁入巍山，儒家文化在当地文化中逐渐占据主导地位，汉文化成为左氏土司家族文化发展的主要趋向。更重要的是，以儒家思想为核心的汉文化是历代封建王朝统治的精神支柱和思想基础，作为少数民族首领的左氏土司，要巩固地位，赢得中央王朝的信任和倚重，表明自己忠于朝廷的向化之心，必须主动接纳汉族文化。因此，左氏土司在家族和区域治理中，充分利用儒家思想推进家族和区域文化发展，积极参与文化教育事业建设。如明成化年间巡抚周洪谟撰《重修文庙记》载："蒙化学在府治东，国朝洪武中创置。旧规东向，今南京国子助教吴宪，天顺中为是学教授时，捐俸市地，以拓旧规，易以南向。高大其门，门之外树垣，表题曰泮宫，大成殿庑卑隘且圮，宪与前土官知府左琳、巡检左晏，蒙化指挥使葛升、杨杲、杨能，同知张武、施瑞，佥事周辅，镇抚百户冯福、周清，及诸耆老高旻、王诊各出资相事，以葺礼殿，棂星门旧为民居所碍，乃世居增置，东庑为官廨所侵，宪又移檄以达，当道者移廨建庑，殿庑既备，并缮厨库及饰先圣四配像位。成化九年冬，今土官知府左瑛偕训导贺游杨遇兴，重修明伦堂、兴贤、育才二斋廨舍。并饰十哲两庑像。十六年瑛又与通判姜永赐、经历何孟浚重修明伦后堂，甃前月台。数十年间，赖诸君子时加葺理，以致完美。"[4]文中左晏是巍山左氏第五世土官左伽的嫡子，喜好诗书，不骄于富，尤好老子，因号守元，正统间，率兵参加王骥三征征麓川，以功授浪沧江巡检，敕授登仕郎。左琳是巍山左氏第七世土官，明天顺年，世袭蒙化府知府，诰授中宪大夫。左瑛于明成化年世袭蒙化府知府，诰授中宪大夫。明弘治三年（1490），蒙化土

知府左铭又在巍山城北边创建了"崇正书院",为县内第一所书院。在左氏土司大力支持下,巍山文化教育事业得到了大发展,明清两朝人才辈出。据《蒙化志稿》记载,巍山地区明清两朝共出进士23人,举人220人。而左土司家族就有进士3人,举人8人。[5]由此可见,左氏土司不仅重视家族文化教育,也重视辖境内的文化发展。

3. 支持佛道寺观建设,促进区域社会和谐

左氏土司除了利用军权和族权加强地方管理外,还特别重视利用宗教的影响来巩固土司统治。在宗教建设方面,他们或自建寺观庙宇,或成为当地寺观的大施主,有效推动所辖区域的宗庙宫观建设。如永乐戊戌年土官左伽出巨资修建等觉寺。万历三十五年乡进士王执中撰《重修等觉寺碑记》载:"开南郡古蒙诏地郡治东隅,名等觉寺,始建狮象殿,为始规制未弘。迨皇明永乐戊戌,有僧无用自应天溧水来,存心觉路,谋诸土守左公伽,卫帅葛公升暨大族善缘助金辟地,聚材鸠工。前为山门天王殿,中为大雄宝殿,后为诸天殿,又后为苦行佛殿,左右为斋堂禅室,庖湢咸备。至正统丁巳始,庄严金身,宝像绀宇,香基巍乎,与山川相映。"[6]从碑文可知,左氏土司崇信佛教,于永乐戊戌(1418)积极支持应天府溧水县来的无用禅师创建等觉寺。

明成化元年(1465)土官知府左琳又出巨资修建等觉寺东西二塔(今南诏博物馆东西二塔)。成化元年六月大理府儒学教读陈清撰《等觉寺东塔碑记》载:"等觉寺双宝塔者,亚中大夫蒙化府土官知府左侯琳之所造也。侯在幼冲之年席祖宗之职,以德礼道济于民,民俗丕变,安且乐矣。侯之母夫人张氏,贤德而好善。一日,私谓侯曰:'汝未生之初,吾与尔父祈诞贤胤,当许建造宝塔,果应,所祷辄感娠生汝及弟瑛。汝父蚤世,今而汝之长成,得以叨享禄位,世膺荣怀,虽曰承先世之余庆,荷圣上之洪恩,亦莫非竟皇慈荫之庇佑也。汝当继志以述其事,口独以答佛天感应之机,抑且不负汝先人之盟也。'侯遂遵母命,爰小地于本寺四天王殿中门之左右,鸠匠建造二大宝塔,高五丈许,纵广丈余,其规模制度坚且丽焉。塔之顶冠以金莲宝盖,四面风檐金铃和鸣,经始于成化纪元正月之甲寅,告毕于是岁六月之己未,所费万缗皆出侯之私资,不劳民力之毫末也。于是,闻者见者莫不稽首而赞曰:大哉贤守!母子之行善有如是哉!"[7]从碑文可知,左琳在任土官期间,不仅以儒学、道学来教化民众,而且还以佛教熏陶民众,提高民众的向心力。就修二塔而言,左氏不给人民增加负担,而是自己出全资修建,此举不仅体现了左氏土司的经济实力、社会地位,而且还为地方民众提供了一个精神的归宿。特别左琳母亲的一席话,在民众中自然形成了左氏

土司世袭不仅来源于国家的封赏，还源于"神"的护佑，形成"君权神授"的意识。在科技不发达的封建社会，左氏土司利用宗教思想促进区域和谐和凝聚民心，无疑是一种有效的方法。

左氏土司不仅信仰佛教，也崇信道教，还大力支持道观建设。明宣德年间撰《玄珠观记》载："蒙城之东山数里许，旧有玄珠观基，蒙□□□□也。旧之创始无考，相传唐之中叶……仲玄乃市材鸠工，谋于今太守左侯禛之祖，即古观基构尊礼玉皇之殿，铸其像则，他门廊庑舍，凡观之所宜有者，豪右之家，亦多义而助之，不数年间，巨细毕举，又构数屋，集郡中学老氏者居之，以奉其祀，扁曰玄珠，还其旧也。"[8]

由上可以看出左氏土司在治理蒙化府过程中，不仅重视儒学教育，而且还充分利用佛教和道教的教化功能，以此促进区域文化发展和社会和谐。

（四）左氏土司的忠君爱国思想

巍山彝族左氏土司历经元明清三朝而不衰，不仅得益于家族治理的成功，更得益于每一任土官都能审时度势，与时俱进，积极拥护每一王朝的统治。关于这一点，在《蒙化左土官记事抄本》和"蒙化左氏簪缨人物图""蒙化左氏历代诰轴"中记述较多。如明洪武十五年（1382）傅友德、沐英、蓝玉三位将军统率明军挺进云南平定大理时，明军采取归顺者重用、负隅顽抗者进行打击的政策，巍山彝族左氏家族抓住机会，左禾率部归附明军，协助明军平复巍山，随后又到红岩招谕了段氏高天惠部下的"蒙化罗罗人"瓦解了高天惠的部队，为明军收复大理立下了大功，受到明军的嘉奖。明代《土官底簿·云南土司》记载左禾归附时说："蒙化府知府左禾，大理府蒙化州罗罗人，系本州火头，洪武十五年大军克服，仍充添摩牙等村火头，十六年正月投首复业，总兵官拟充蒙化州判官。十七年实授，续该西平侯奏，据里长张保等告保，左禾授任二十余年，夷民信服，乞将升任。永乐三年，奉圣旨，他做判官二十余年，不犯法度，好生志诚，升做著他封印，流官知州不动，还掌印，钦此。"以上史籍说明，左氏家族不仅帮助明军打击了当时的段氏总管，收复了大理，而且左禾还趁机发展了自己的势力，在明王朝的加封下开始了对所辖区域的全面统治。

明永乐十三年（1415），左禾的儿子左伽承袭蒙化州土知州，因为屡立大功，受到明王朝提拔升迁，将蒙化土官制度推向极盛时期。明正统六年（1441），左氏土司参加了明军"三征麓州"之役，左伽自带粮饷和兵器，率蒙化兵马一千余众，先后战于大侯（今云县）、猛痛、镇康等地，屡败傣族土司思任法的军队，收复大批失地，战功卓著，受到蒋贵、王骥的嘉奖。明正德《云南志·左伽传》载："永乐间袭父职，从征大侯、麓川等处，屡立功，又捐己资助军饷，升临安府同知，寻升大理府知府，仍掌蒙化州事。正统间，升州为府，遂以伽为知府。"正统十三年（1448）六月，升蒙化州为府，编户三十五里，升左伽为蒙化府知府，官从三品，诰授中宪大夫。左伽任职，是蒙化左土官鼎盛时期，从左伽起，左氏扶摇直上，平步青云，世代承袭蒙化土知府，受到明王朝的重用和保护。又如八世祖左文臣、九世祖左柱石先后被征调参加征伐武定（今楚雄彝族自治州属县）凤朝文和凤继祖两代土官的战斗，因平叛有功，分别受到统兵副使周金事和总兵官沐的的贴嘉奖。左柱石于嘉靖四十五年（1566）八月精选部兵三百名，派其叔父左文器统兵追凤继祖至会理州（今川西南凉山彝族自治州会理县），斩获凤继祖并余党首级。蒙化左土官奉令出征次费频繁，每任土官少则五六次，多则十多次。如十世祖左近嵩在任职期内，从明万历十一年至万历四十七年的三十多年中，抄本就记录他奉令出征十六次，屡立战功，巡抚赠送给他匾额一块，上书"英勇"二字。抄本对左土官的文治情况也作了如实记录，如十世祖左近嵩劝勉族人左重、左宸、左壁勤学应试，节中乡科，蒙抚院陈给匾"睦族崇文"，又蒙巡抚按李给匾"爱士兴文"。[9]

从上可见巍山左氏土司在处理家族与国家关系上是独具慧眼的，具体表现在：一是在王朝更替过程中，不"愚忠"，能观时变，与时俱进，没有让家族走向末路，这是需要一种大智慧和勇气的。二是对新的王朝能"尽忠"，顾全大局，坚决拥护朝廷的权威，尽职尽责发展生产，保一方平安。三是左氏土司武治与文治两手都硬，无论是区域社会秩序的维护，还是在国内外的平安治理中，只要国家需要，都能英勇善战，屡立战功。如元至正五年（1345）到明弘治十五年（1502），左氏家族为了提高自身实力，拥护明王朝平定大理和维护边疆稳定，重心放在武治上。这个时期左氏袭替的土知府都善于征战，以武功出名，如四世祖左禾、五世祖左伽、六世祖左刚、七世祖左琳和左瑛、八世祖左铭曾多次被明王朝征调，参与保卫云南边疆的战争，以武功治政而显赫朝野，得到了明王朝的封赏，大大提高了左氏土司的社会地位和影响力。[10]和平时期，左氏土司将重心放在文治。如从明弘治十六年（1503）到清光绪二十三年（1897），左氏家族主要以文治著称，世袭土官左正、左文臣、左柱石、左近嵩、左星海、左世瑞、左嘉谟、左麟哥、左元生、左长泰、左荫曾11位都偏重于文才，以文治政。正德年间，左正主动把蒙化府大印交给流官掌握，和流官共同治理巍山，他主要管民，流官主要管军户和武装，深得流官和明王朝的好评。他广纳人才，任人唯贤。当时在蒙化府做官的一班官员，多数是一些有知识有才能的人，这与他的选

南诏大理文化艺术论

拔任用分不开，从左正开始，进入左氏家族文化极盛时期，左氏门宗有不少贵族子弟从科举场步入官场，分散在全国各地。如果左氏土司自身缺乏文治武功，是不可能达到五百多年长盛不衰的。[11]当然，如果左氏土司不能正确处理好家族利益与国家利益的关系，无论家族多么强盛，也必然早衰。

（五）通过联姻，促进民族团结

在左氏统治蒙化地区的五百多年中，为维护体制和社会生活的需要，左土官及其家族成员始终与明、清各王朝及其流官、周边各地土官、郡内名流等保持着较为密切、和谐的联系和交往。左土司家族及其成员还通过联姻等途径，与周边地区土官、地方绅士、富豪和平民百姓保持着正常的交往，少有摩擦和纷争。

明清时期，左氏先后与丽江、景东、永胜、云龙、南华、大姚、邓川等地的彝族、白族、纳西族、傣族土官联姻，结成血亲关系，经济上相互往来，政治上互为依靠。九世土知府左正的正妻木氏就是云南丽江木土官的独生女。乾隆"蒙化左氏历代诰轴"载："云南蒙化府土知府左正妻木氏，恪遵妇仪，善相父子，修职奉贡，久而益虔，爰举彝章，用光闺壶，兹特封尔为恭人。"[12]十世土知府左文臣的正妻是云南县令（今祥云县）杨训的长女。十三世土知府左星海娶十二长官司李祚昌的女儿为妻，并将自己的三个亲生女儿分别许配给北胜州（今云南永胜县）土官知州高志、姚安府土官同知高映、云龙州土官州判字世曼为妻。左禾之妻为适姓之女适海，左伽之妻为谢氏，左晏之妻为施氏，左重之妻为黄氏，左星海之妻为李氏，左世瑞、左嘉谟之妻均出自高氏。《邓川州土官知州阿氏墓表》载：阿氏第四代知州阿昭的二女儿妙清嫁给了蒙化府土舍左相为妻。[13]万历年间的蒙化文化名人左承恩（左禾八世孙）的正妻周氏是大理卫千户周庶之女。明清时期，蒙化的豪门望族如范姓、姚姓、陈姓、刘姓、李姓等都和左家有过婚姻往来。其下属官佐也与改姓后的支庶通婚，据巍山大仓镇甸中村委会有食村字氏祖庙《碑记》记载："祖琮娶祖母，曰李氏讳适……敕封蒙化世袭土官把事李白溪之女也。"[14]

在家族与朝廷关系上，明清两朝，左氏土官一直和朝廷保持着政治上互相依靠、经济上往来不断的紧密关系。中央王朝通过不断支持左氏土官，实现了统治蒙化地区各族人民的目的，保持了这一地区的长期稳定，使蒙化真正成为巩固滇西南边疆的前沿和据点。同时，左土司及其家族成员与朝廷派至蒙化任职的历任官员都保持了团结共事、和睦相处的关系。而左氏家族通过联姻，既密切了相互之间的联系，促进民族团结，也加强了左土官的封建领主地位。

（六）通过文教扩大左氏土司的社会影响

蒙化彝族左氏土司能在云南历史上传承五百多年时间，主要得益于左氏土司家族成于武功，守于文治的策略。家族成员中文人比比皆是，多洛肯、朱明霞所撰《明清彝族文学家族谫论》曾将左氏科第之盛以表格的形式总结梳理，而诸彝族文学家族中，蒙化左氏是科举之最。据现存作品看，所写诗作内蕴丰富，志趣高雅，文采飞扬，可读可赏性较强。如左明理，明庠生，左正族叔，康熙《蒙化府志》中说左明理"究心诗学，不辞功苦，题咏甚富"。[15]左正，字龙图，号三鹤，云南蒙化土知府，能文工诗，尤长于画，有魏晋风，好尚高洁。[16]左文臣，字黄山，生于正德八年，于嘉靖十六年（1537）承袭土知府，征战时阵亡授"中宪大夫"。康熙《蒙化府志》云其"有老莱之风，喜晋书，抚彝民不受货馈，民甚德之。"[17]左文象，明庠生，深受其父影响，喜欢诗词，工于文翰，韵致清逸，不事铅华，其诗选入《滇南文略》卷五。[18]左世瑞，字辑乡，清康熙二十三年（1684），承袭土知府职，诰赠中宪大夫。在职期间，"持躬雅洁，好士崇文，兼工书画，与张退庵、彭心符一时唱和，艺林称之"。[19]左熙俊，中乾隆己卯副榜，选平彝教谕，所著有《省身集》《晓堂诗》。[20]左章照，嘉庆壬戌（1802）进士，官丽江府教授，著有《玉溪诗集》。还有左元生、左长泰、左荫曾等，可以说每一任土官都偏重文，以文治政。左氏土司家族成员文学成就的斐然，不仅赢得了文化界的尊重和敬仰，而且也为区域社会治理储备了智囊团。

余 论

土官制度是中原王朝在祖国西南边疆少数民族地区实行羁縻政策的产物，它是封建国家政体的重要组成部分，对维护国家统一、边疆稳定和民族团结进步起过重要作用。崛起于元朝晚期，兴盛于明清的巍山彝族左氏土官，是史籍记载云南土官中统治时间最长、辖境最广、势力最强的三大土府之一。巍山左氏土司历经元明清三朝，时长五百多年。在这漫长的历程中，左氏土官创造了辉煌的成就，为西南边疆的稳定与发展，民族交流和交融做出了不可磨灭的贡献。那么左氏的这些成就来源于什么呢？笔者认为主要有几方面。

一是重视家教。家族文化是一个家族的灵魂，是一个家族"软实力"的体现。巍山彝族左氏土司通过不遗余力地强化家族教育，来维系和提升整个家族力量。在承袭土官制度、祭祖、修谱等方面都严守族规，取得了较好的效果。左氏把共同的家族文化内化为家族成员的自觉意识，从而建构和巩固了家族的权力文化网，获得了家族成员对家族的认同感和归属感。通过这种认同感和归属感从而将家族成员紧紧地团结起来，推动左氏土司家族的繁盛。

二是与时俱进，忠而不愚。左氏土司独具慧眼，审时度势，在王朝更替过程中，不愚忠，能与时俱进，让族人平稳过渡。在王朝更替之后，又能尽心尽力为当朝效忠，让左氏家族不断走向辉煌。

三是武治与文治的有机结合。左氏土官在区域治理过程中，非常重视文治与武治的协调统一，仅只在不同时期不同环境有所侧重。如在王朝更替时期和外族侵略时偏重于武治，在和平时期偏重于文治，但总的来说左氏家族历朝历代都能将二者有机协调统一。

四是重视文化教育。左氏土司不仅重视自身文化修养，而且还想尽办法改善民众教育条件。如扩建学宫，建学堂，让民众接受儒学教育，鼓励民众参加科举考试，外出做官。在左氏土官的倡导和支持下，明清时期，巍山崇儒习文，人文蔚起，人才辈出，构建了一个强大的治家、治国人才队伍。

五是关注民生。巍山左氏土官想人民之所想，急人民之所急，全心全意为地方民众服务，赢得了广大民众的拥护和爱戴。如土知府左世瑞多次兴修水利，重农积粟，每年捐输稻谷 10 石，存常平仓备赈。境内人民遭饥馑瘟疫，多困离散，他多方抚集，捐给牛种、衣食、医药等，使人民安居乐业。修复文庙，鼎建成贤士、养士两坊，捐资办学，礼士崇文，发展教育文化事业。是政绩卓著的土官之一，备受人民尊敬和爱戴。再如左嘉谟，康熙四十二年（1703）二月袭任土知府，在位期间，善于安抚属民，重视农桑事，常督修水利，政绩较佳。这些措施，让民众真正得到好处和实惠，有效提高了民众的向心力。

六是重视民族团结。各民族交往交流交融是中华民族形成、发展和繁荣的内在动力。巍山左氏土司不仅重视家族内部的团结和所辖区域内的民族团结，更重视以通婚、物流等形式处理好与其他民族的友好关系，为区域和平稳定创造了条件。

七是家国情怀。家国情怀，是中国优秀传统文化的基本内涵之一，是主体对共同体的一种认同，并促使其发展的思想和理念。其基本内涵包括家国同构、共同体意识和仁爱之情；其实现路径强调个人修身、重视亲情、心怀天下。它既与行孝尽忠、民族精神、爱国主义、乡土观念、天下为公等传统文化有重要联系，又是对这些传统文化的超越。"家国情怀"在增强民族凝聚力、建设幸福家庭、提高公民意识等方面都有重要的时代价值。巍山左氏历任土官对"家"与"国"之间的关系认识很到位，并身体力行。如在和平时期，修身、齐家、造福百姓。

在国家发生社会动乱时，左氏土官都能服从朝廷安排，勇于担当、奉命征战、剿匪、戡乱，不惜一切代价，为朝廷效忠，屡立战功，每一任土官都受过朝廷的封赏，不仅国家得到稳定发展，家族也得到繁荣昌盛。可以说，巍山彝族左氏土司五百多年的家族史演绎的就是一部家国同构的历史，于今依然值得认真玩味和借鉴。

参考文献

［1］（乾隆）《蒙化左族家谱》，刻本.

［2］（乾隆）《蒙化左族家谱》，刻本.

［3］李早华.文化大理巍山［M］.昆明：云南人民出版社，2016：12–13.

［4］蒋旭.康熙蒙化府志［M］//云南大理文史资料选辑.大理：大理白族自治州文化局，1983：218.

［5］李泽.中国彝族谱牒选编：大理卷［M］.昆明：云南民族出版社，2008.

［6］政协巍山彝族回族自治县委员会.巍山金石录［M］.内部资料，2021，12：74.

［7］政协巍山彝族回族自治县委员会.巍山金石录［M］.内部资料，2021，12：76.

［8］蒋旭.康熙蒙化府志［M］//云南大理文史资料选辑.大理：大理白族自治州文化局，1983：171–172.

［9］（乾隆）《蒙化左土官记事抄本》，抄本.

［10］云南省民族事务委员会.彝族文化大观［M］.昆明：云南民族出版社，2013：576–577.

［11］云南省民族事务委员会.彝族文化大观［M］.昆明：云南民族出版社，2013：578–579.

［12］（乾隆）《蒙化左族家谱》，刻本.

［13］赵敏，王伟.大理洱源县碑刻辑录［M］.昆明：云南大学出版社，2017：19.

［14］杨普旺.云南彝族土司史研究［M］.昆明：云南人民出版社，2017：193.

［15］巍山彝族回族自治县地方志办公室，档案局，档案馆.蒙化诗词

［M］.昆明：云南人民出版社，2014：44.

　　［16］谢崇锟.云南书画家约传［M］.云南省昭通报社印刷厂印刷，1992：7.

　　［17］蒋旭.康熙蒙化府志［M］.中国地方志集成云南府县志辑（79）。南京：凤凰出版社.2009：120.

　　［18］陶应昌.云南历代各族作家［M］.昆明：云南民族出版社，1996.

　　［19］薛琳.新编大理风物志［M］.昆明：云南人民出版社，1999：287.

　　［20］张秀芬，等.新纂云南通志［M］.昆明：云南人民出版社，2007：187.

"以汉化夷"与"因俗而治"

——清代云南改土归流地区两种文化治理方略及其关系①

廖国强②

何为文化治理,学术界有不同看法。李艳丰认为:

> 文化治理作为一个极具现代性意味的理论范畴,最早产生于西方资本主义的政治文化语境,它标志着文化开始进入意识形态的生产与治理领地,体现出政治权力运作范式的革新。……在传统君主制的专制主义与极权主义统治下不存在文化治理,只有文化管理或意识形态管控。③

说"在传统君主制的专制主义与极权主义统治下不存在文化治理",其实也就是否认了包括清朝在内的中国帝制时代存在文化治理。笔者认为,在关于中国帝制时代是否存在文化治理的讨论中,如何理解"文化治理"这一概念是个关键。

在文化治理研究领域享誉全球的英国学者本尼特对"文化"与"治理"的关系作了精辟的论述:

> 文化被构建为既是治理的对象又是治理的工具:就对象或目标而言,术语指涉着下层社会阶级的道德、礼仪和生活方式,就工具而言,狭义文化(艺术和智性活动的范围)成为对道德、礼仪和行为符码等领域的管理干预和调节的手段。④

刘莉认为:

---

① 云南省哲学社会科学规划项目"清代云南文化治理与文化发展研究"(项目编号:YB2018047)阶段性研究成果。

② 廖国强,云南大学《思想战线》编辑部编审,研究方向为云南历史文化。

③ 李艳丰.走向文化治理:托尼·本尼特文化研究理论范式的转型 [J].华南师范大学学报(社会科学版),2017,(3).

④ 托尼·本尼特.文化与社会 [M].王杰,等,译.桂林:广西师范大学出版社,2007:162–163.

一切社会管理活动莫不是文化活动，但并非所有的治理都是文化治理，只有文化在其中发挥了表征、建构、调节、协商等作用，并将之展布于一系列符号技术性系统之中的治理才可称为文化治理。①

她在回顾了文化治理研究后总结道：

在中文语境中，"文化治理"作为一个名词，大陆和台湾地区的学者们都进行了不同层面的理论探索。总的来说，中文语境中的"文化治理"可以分为两个面向：一是将文化视为与政治、经济、社会、生态文明并列而且独立的一个领域，对其进行治理；二是将"文化治理"视为一个偏正短语，核心是治理，文化是一种治理的手段。②

笔者认为，从领域的角度看，在中国帝制时代，由于文化在专制和集权的挤压下沦为政治的附庸，并未成为一个独立的领域，因而上述引文中的第一种"文化治理"，即将文化视为一个独立的领域对其进行的"文化治理"是零星的、分散的，并未体系化和制度化。从这个意义上，说中国帝制时代不存在文化治理未尝不可。③然而，从上述引文中的第二种"文化治理"去理解，则在中国帝制时代，文化既是"治理的对象"，又是一种重要的"治理的工具"或"治理的手段"。例如，汉代以后，许多王朝将儒家文化作为"治理的工具"或"治理的手段"，去"管理干预和调节"或曰治理"下层社会阶级的道德、礼仪和生活方式"这样的底层文化，使其儒家化。这里，"下层社会阶级的道德、礼仪和生活方式"这样的底层文化是"治理的对象"，儒家文化则是"治理的工具"或"治理的手段"。中国历代王朝都十分重视文化在治国理政中的重要作用，将文化治理视为国家治理体系的有机组成部分，将文化治理能力视为重要的"软实力"。因而，在中国帝制时代，文化治理不仅存在，而且有制度层面的设计和具体的实践。清代云南改土归流地区的文化治理恰恰就是一个生动的案例。

---

① 刘莉.治理文化抑或文化治理？——文化治理研究的回顾与展望［J］.浙江社会科学，2016，（9）．

② 刘莉.治理文化抑或文化治理？——文化治理研究的回顾与展望［J］.浙江社会科学，2016，（9）．

③ 目前大陆学界对文化治理的研究，大多数是从"将文化视为一个独立的领域对其治理"的意义上展开的。详见刘莉《治理文化抑或文化治理？——文化治理研究的回顾与展望》.浙江社会科学，2016，（9）。其现实的原因是，在现代社会，文化不仅是一个独立的领域，而且越来越重要。这与中国帝制时代迥然有别。

迄今为止，学界尚缺乏对清代云南改土归流地区的文化治理进行全面深入研究的成果，对全国性的或其他地区的研究也主要是从"因俗而治"的视角展开。① 突破这种单一视角的研究成果并不多见，其代表性成果是陈跃《"因俗而治"与边疆内地一体化——中国古代王朝治边政策的双重变奏》一文。陈跃认为，"因俗而治"与边疆内地一体化是"既互相矛盾又相辅相成的两种治理模式"，"这两种治理政策始终贯穿中国古代历史发展的全过程"，"基本上没有舍它而独存，而是互为参用"。② 本文也持类似的双重视角。笔者认为，对清代云南改土归流地区"以汉化夷"与"因俗而治"两种文化治理方略及其关系进行探讨，有助于我们加深对云南"多元一体"地域文化的认识。

一、文化治理方略之一——"以汉化夷"

清代前期，在云南土司统治地区，主要沿袭"以夷治夷"的治理方略。所谓"以夷治夷"，其核心是通过少数民族治理少数民族，来达到在边疆民族地区实现统治的目的。"以夷治夷"是中原王朝沿袭甚久的治边方略，唐宋时期的羁縻制度、元明清时期的土司制度便是这种治边方略指导下的典型产物。③ 这种治边方略是建立在传统的华夷观基础上的。华夷观发端于殷周时期，那时的华夷观按地域和血缘的近远亲疏，由近而远、由亲而疏，将各族群作了"华夏"与"夷狄"的划分，所谓的"内其国而外诸夏，内诸夏而外夷狄"（《春秋公羊传》）。当时"华夏"与"夷狄"的划分，"不过表述了一种由近及远的层级亲疏关系，其本身并不像后人理解的那样带有强烈的价值判断意味"。④ 但在以后的历史演进过程中，华夷观逐渐被赋予了种族主义的色彩。

---

① 赵云田，成崇德.略论清代前期的"因俗而治"［J］.青海民族学院学报，1983，（2）；周竞红."因俗而治"型政区：中国历史上"一体"与"多元"的空间互动［J］.中央民族大学学报（哲学社会科学版），2006，（5）；杨顺清.从"因俗而治"到"五族共和"——中国民族治理模式的近代嬗变［J］.贵州民族学院学报（哲学社会科学版），2011，（6）；李蓉.从"因俗而治"到"民族区域自治"——兼论西藏实行民族区域自治的历史由来［J］.西藏研究，2015，（5）；马经.民族区域自治与因俗而治［J］.云南社会科学，2016，（5）；李良品，谈建成."因俗而治"：明清时期土司地区的国家治理政策［J］.西南民族大学学报（人文社会科学版），2017，（9）；等等。

② 陈跃."因俗而治"与边疆内地一体化——中国古代王朝治边政策的双重变奏［J］.云南师范大学学报（哲学社会科学版），2012，（2）.

③ 李世愉.清前期治边思想的新变化［J］.中国边疆史地研究，2002，（1）.

④ 罗志田.夷夏之辨的开放与封闭［J］.中国文化，1996，（2）.

这种"以夷制夷"的土司制度具有封闭性和割据性等特征，与清统治者所致力追求的"大一统"和长治久安的政治目标并不契合。康熙时云贵总督蔡毓荣在《筹滇十疏》第二疏"制土人"中便指出，在土司制度下，"土人知有土官而不知有国法久矣"；"土官以世系承袭，不由选举，其祖父势利相传，其子弟恣睢相尚，不知诗书礼义为何物，罔上虐下，有由然矣"。①雍正帝即位之初，就明确谕示：

> 朕闻各处土司鲜知法纪，每于所属土民多端科派，较之有司征收正供，不啻倍蓰，甚至取其马牛，夺其子女，生杀任情。土民受其鱼肉，敢怒而不敢言。②

说土民受土司鱼肉，自然有出于政治需求的夸大成分，说土司"鲜知法纪"，导致政治上的分离与割据，才是问题的本质。

雍正年间，西南少数民族地区开始大规模改土归流。雍正四年（1726），云贵总督鄂尔泰奏言："云南大患，无如苗蛮。欲安民必先制夷，欲制夷必先改土归流……若不铲蔓塞源，纵兵邢财赋事事整理，皆非治本。"③在雍正帝的支持下，鄂尔泰在云南开展了大规模改土归流。"雍正废土司设郡县，首次将郡县制推行到了西南边疆，解决了千百年来该地区悬而未决的统一问题。尽管在改土归流过程中部分地区出现了激烈的对抗和冲突，但从清代民族大一统的进程看，雍正推行改土归流是顺应历史发展趋势的，应给予充分的肯定。"④

改土归流实现了政治上的一体化，急需实现文化上的一体化与之相适应。故鄂尔泰明确提出"以汉化夷"⑤的指导思想："臣愚以为，抚夷之法，须以汉化夷。"⑥鄂尔泰这里所说的"以汉化夷"主要是就文化层面而言的。就改土归流的过程而言，他主张"恩威并用"，而改土归流后，他主张"以汉化夷"，认为

---

① 蔡毓荣.筹滇十疏［A］//方国瑜主编；徐文德、木芹、郑志惠纂录校订.云南史料丛刊（第8卷）.昆明：云南大学出版社，2001：426-427.

② 世宗实录（卷二〇）［A］//清实录（第7册）.北京：中华书局，1985：326.

③ 李文海，等.清史编年·雍正朝［M］.北京：中国人民大学出版社，2000：187.

④ 衣长春.论雍正帝边疆民族"大一统"观及政治实践［J］.云南师范大学学报（哲学社会科学版），2012，（2）.

⑤ 清代官方文献中，有"以汉化夷""用夏变夷""以夏变夷"等多种表述，其意思本质上是一致的，只不过"以汉化夷"更侧重于文化层面，而"用夏变夷""以夏变夷"则是政治、经济、文化的全方位变革。

⑥ 《朱批谕旨》［M］，雍正五年三月十二日鄂尔泰奏.

这才是最为稳定而持久的"抚夷之法"。这不禁让人联想到为何攻心联是出自清晚期一位云南人——赵藩之手。①

所谓"以汉化夷",是指清政府借助公权力,用以儒家文化为核心的汉文化去教化或改造少数民族,将"夷人"变为"华人",将少数民族文化纳入华夏文化圈。这种文化方略是建立在新的华夷观基础上的。传统的华夷观尊崇中原地区由华夏诸族融合而来的汉族,歧视、贬抑周边的少数民族,带有明显的种族主义色彩,甚至将"'华夷'之'夷'说成是与人类相对的'禽兽',充其量是介于人与非人之间的'匪类'"。②这种传统华夷观在相当一部分治滇官员的观念中程度不一地保留着,甚至清后期云南巡抚张凯嵩还这样认为:

> 滇省汉夷杂处,种类纷繁,犷悍桀骜,犬羊成性。臣到任切谕地方官吏,整齐团练,抚谕蛮夷,加意钤束羁縻,稍加敛戢。③

新的华夷观不以种族、血缘、地缘立论,而以文化作为辨识"华""夷"的最高标准。"这个文化在当时就是以儒家思想为主体的汉文化。符合这个文化规范的是'华夏',不符合这个文化规范的是'夷狄';'夷狄'可进而为'华夏','华夏'亦可能退而为'夷狄'。"④关于这个问题,雍正时云南布政使陈宏谋从人性本善的角度论述道:"人性皆善,无不可化海之人;汉夷一体,无不可转移之俗。"⑤尹继善也明确指出:"夷人慕学,则夷可进而为汉;汉人失学,则汉亦将变而为夷。"⑥他所说的"学"是指以传授儒家文化为主要内容的"汉学"。

在这种新的华夷观的指导下,清代云南许多汉族流官都拥有一种责无旁贷

① 攻心联是云南剑川人赵藩于光绪二十八年(1902)撰书于成都武侯祠内的一副对联。联文是:"能攻心则反侧自消,从古知兵非好战;不审势即宽严皆误,后来治蜀要深思。"
② 刘泽华.中国传统政治哲学与社会整合[M].北京:中国社会科学出版社,2000:133-134.
③ 张凯嵩.抚滇奏议[M].台北:文海出版社,1966:69.
④ 刘正寅."大一统"思想与中国古代疆域的形成[J].中国边疆史地研究,2010,(2).
⑤ (雍正)云南通志(卷二十九之七)·艺文[M]//国家清史编纂委员会.文津阁四库全书清史资料汇刊"史部"第59册.北京:商务印书馆,2006:545.
⑥ 尹继善.义学汇记序[A]//王昶.湖海文传(卷二九).清道光丁酉(1837)经训堂刻本.

的、神圣的文化使命感，即"以汉化夷"，致力于提升少数民族地区汉文化的普及程度。

改土归流既可视为"以汉化夷"治边方略指导下的重要产物，又为"以汉化夷"的顺利、全面实施提供了政治保障。清代云南大规模的改土归流有两次，一次在清代初期，一次在雍正时期，雍正时期掀起了一次改土归流的高潮。"清政府废除了土司的世袭制，改土司区为州、县，中央王朝直接委派州县官员，加强军事管制，设兵防、建铺递、分乡里、编保甲、查户口，在原土司统治地区建立了一整套完善的政权机制，将其纳入到帝国一统的政治体系中。"[①]事实上，"改土归流绝非仅仅只是实现政治体制上的变革，实际上也为该民族地区政治、经济、文化全方位的社会变迁创造了条件。"[②]"改土归流，使云南的政治制度、经济结构、社会生活、文化教育都归入中华民族共同发展的主流。"[③]

改土归流从制度上根除了"夷夏大防"的文化隔离政策，清王朝的教育制度、赋税制度、文化规范等可在原土司辖区逐步推行，促进了当地少数民族对中央王朝和汉文化的认同，从而为"以汉化夷"提供了重要的政治保障。或者说，改土归流不是目的，而是实现"以汉化夷"这一目标的一种重要手段。对此，昭通改土归流后任昭通镇总兵官的徐成贞在《昭通书院碑记》中作了深刻而全面的论述：之所以建昭通书院，是为了让当地少数民族"使知我公（指云贵总督鄂尔泰）改土归流之意，盖去其椎髻，易以衣冠；去其巢窟，易以室庐；去其戈矛，易以揖让；去其剽掠，易以讴吟。诚千万世型仁讲让之勋，非仅一时除残禁暴之绩也。"[④]他的这段论述带有鲜明的汉文化中心论的色彩，不仅从政治上、军事上将改土归流说成是一种"除残禁暴"的正义行为，竭力为清统治者大肆的杀戮暴行[⑤]辩护，而且还从文化上将改土归流说成是可以为以"先进"汉文化代替

① 赵旭峰.文化认同视域下的国家统一观念构建——以清代前中期云南地区为例[J].云南民族大学学报（哲学社会科学版），2012，（2）.

② 王文光，龙晓燕，李晓斌.云南近现代民族发展史纲要[M].昆明：云南大学出版社，2009：101.

③ 林超民.汉族移民与云南统一[J].云南民族大学学报（哲学社会科学版），2005，（3）.

④ （雍正）云南通志（卷二十九之六）·艺文[M]//国家清史编纂委员会.文津阁四库全书清史资料汇刊"史部"第59册.北京：商务印书馆，2006：518.

⑤ 指清军屠戮米贴数万彝民的残暴行为，详见王文光，龙晓燕，李晓斌.云南近现代民族发展史纲要[M].昆明：云南大学出版社，2009：77.

"落后"土著文化（即"以汉化夷"）奠定基础的仁义之举，即所谓"千万世型仁讲让之勋"。

"以汉化夷"是一项系统而复杂的文化工程，是一个持续推进的历史过程，具有鲜明的地域性特征。对于那些很早就被纳入中央王朝版图、汉化程度较深的地区，"以汉化夷"的任务基本完成；对于那些仍然实行土司制度的地区，"以汉化夷"当然不可能成为土官（土司）崇奉的治理方略。因而"以汉化夷"的主阵地是改土归流地区。具体而言，主要包括这样一些地区：广南府（顺治十八年即1661年改流）、开化府（康熙六年即1667年改流）、东川府（康熙三十八年即1699年改流）、丽江府（雍正元年即1723年改流）、昭通府（雍正五年即1727年乌蒙、镇雄二府改流。雍正九年改名昭通府）、普洱府（雍正七年即1729年改流）、镇沅直隶厅（雍正五年即1727年改流）、缅宁厅（乾隆十二年即1747年以猛缅长官司改置，属顺宁府）等。

在许多流官看来，"以汉化夷"既是一种施政方略，也是一项神圣的文化使命。他们主要从两个方面推进"以汉化夷"进程，一是兴学重教，二是移风易俗。

（一）兴学重教："以汉化夷"的重要举措

清初统治者承袭明代的做法，继续在云南土司统治地区推行儒学教育。《新纂云南通志》载："顺治十八年题准：云南省土司应袭子弟，令各该学立课教训，俾知礼义，俟父兄谢事之日，回籍袭职。其余子弟并令课读。该地方官择文理稍通者开送提学，考取入学应试。"①明文规定土司子弟必须接受学校教育，参加各级科举考试，否则不得沿袭土司之职。清廷希望土司上层接受更多的汉文化教育，进而承担起传播汉文化、教化夷民的职责。但这种教育体制，使儒学教育局限于少数民族上层集团，不能广泛渗透到各族下层民众之中。

而在改土归流地区，清统治者大多把"兴学校，渐风化"当做他们为政的重要使命，致力于推广儒学教育。以下主要参引《新纂云南通志》，以府、直隶厅为单位逐一简述之。

广南府。据道光《广南府志》载，康熙四十三年（1704）任知府的茹仪凤"因时制宜，请开学校，捐建黉宫，设义学"；乾隆二十七年（1762）王显绪任广南知府，后于乾隆二十九年（1764）"建青莲书院，亲为课读，分俸以资膏火。每夜巡行闾巷，闻读书声即扣扉入，奖励训诲，贫者给米油，有荒惰者，委

① 周钟岳，李春龙，文明元，王珏.新纂云南通志（卷一百三十三）·学制考三[M].昆明：云南人民出版社，2007：510.

曲开悟，并谕文勉令力学。请诸大吏，以名进士朱公阳为县令，蔡公馨为教授，同心培养，由是文教渐开，四民乐业"；乾隆五十九年（1794）任知府的傅应奎"初莅任即捐修大成殿。新建仓圣、名宦、节孝三祠与莲峰书院，延师教读，时为之讲贯，孜孜不倦"。① 又据《新纂云南通志》载，嘉庆十八年（1813）任知府的何愚"建'培风书院'，为之置产延师，设膏火，定章程。每大比年，聚诸生于署，以乡场例课之，由是科第渐盛"。②

开化府。嘉庆二十一年（1816）任安平厅同知的周炳"复增修文庙，建奎阁，修开元书院，设义学膏火，置义渡以济行人"；咸丰元年（1851）任文山知县的冯峻"讲学爱民，士习民风为之丕变"。③

东川府。康熙六十一年（1722）任知府的任俊昉"留心教养，建学宫，乐育士人"；雍正九年（1731）任知府的崔乃镛"在任筑城、建署、修堤、设书院、兴举废坠，尤留心教士。离任后，犹附书至东川，谆谆训勉诸生不倦"；乾隆十六年（1751）任会泽县知县的执谦"复捐置书院膏火田，作养人材，士林称颂"；乾隆十八年（1753）任知府的义宁"捐建书院，增置膏火"；乾隆五十七年（1792）任知府的萧文言"课士爱民，以作育人材为己任"；嘉庆、道光年间3次担任会泽县知县的郭安龄"训士若师，每课试，尽心批改。公余，则进诸生而诲以经史，原原本本指授，唯恐弗详。先后九年，教养兼施，士民戴如慈父母"。④

丽江府。康熙三十六年（1697）任丽江府通判的孔子后裔孔兴询"甫至，即请开学造士，为土舍所挠，询持之益坚，倾囊创建学宫，化导诸夷"。乾隆元年任知府的管学宣"复修学宫，建义学，每深夜出察，志勤读书之门，资以薪米，由是文风日上"。⑤ 在任知府期间，管学宣主持兴建忠孝馆、节义馆、东河馆、

① 李熙龄著；杨磊等点校.（道光）广南府志点校（卷三）·名宦［M］.兰州：兰州大学出版社，2004：138-139.

② 周钟岳，江燕，文明元，王珏.新纂云南通志（卷一百八十四）·名宦传七［M］.昆明：云南人民出版社，2007：114.

③ 周钟岳，江燕，文明元，王珏.新纂云南通志（卷一百八十五）·名宦传八［M］.昆明：云南人民出版社，2007：136-137.

④ 周钟岳，江燕，文明元，王珏.新纂云南通志（卷一百八十五）·名宦传八［M］.昆明：云南人民出版社，2007：138-139.

⑤ 周钟岳，江燕，文明元，王珏.新纂云南通志（卷一百八十四）·名宦传七［M］.昆明：云南人民出版社，2007：125.

白马馆、剌沙馆、吴烈馆、七河馆、九河馆、巨甸馆、通甸馆、江西馆、树苗馆、小州馆、剌缥馆、剌是馆、山后馆等 16 所义学。① 为了推动义学的普及，他还劝谕："甚有子弟不赴学，严惩父兄者；又有百姓不赴学，究责乡保者。"②

昭通府。改土归流后任昭通镇总兵官的徐成贞"倡修书院于八仙海畔，延请宿儒以训诲之，复与知府徐德裕监修庙学"；知府徐德裕"复奉委督修庙学，捐置祭器乐器，又捐设义学三馆"；乾隆十五年（1750）任永善县知县的王曰仁"捐廉添设学校，以化愚顽，文风为之丕变"；嘉庆十四年（1809）任恩安县知县的欧阳道瀛"其训士也，于府课外，月加一课，为之厘正文体，讲求理法"；道光八年（1828）任昭通府知府的董国华"每月课士，必亲定甲乙，悉心批改，如严师之训子弟。尝刻其馆课诗钞，以相鼓励，由是，文风丕振"；同治七年（1868）任镇雄州知州的高国鼎"每夜出巡，闻小儿读书，必叫门入室，命之背读，为正章句，随赏钱以示鼓励"。③

普洱府。雍正二年（1724）章元佐任威远厅同知，"捐俸建学校，设义学，教民诵读，士知礼义，自元佐始"；嘉庆十一年（1806）任他郎厅通判的葛世宽"修学崇文，以孝弟为教"；嘉庆二十年（1815）任普洱府知府的嵩禄"捐修书院，振作文风。以普郡去省窎远，寒畯每艰于进取，因捐廉生息作乡试卷金"。④

镇沅直隶厅。雍正五年（1727），宫尔劝任首任恩乐县知县。"恩乐系者乐甸土司所改，尔劝为第一任流官，创城郭，建官廨，立学校，置义馆，一洗前陋，与民更始。"⑤ 雍正九年（1731）任恩乐县知县的汤涵"尤加意士子，义馆膏火，筹度增置，馆谷赖焉"；乾隆五年（1740）任恩乐县知县的张明"甫至，即请建学宫，与诸生讲肄"；乾隆二十九年（1764）任恩乐县知县的萧思瀋"复

① （乾隆）丽江府志略（下卷）·学校略［M］//中国地方志集成·云南府县志辑（41）.凤凰出版社，上海书店，巴蜀书社，2009：200-204.

② （乾隆）丽江府志略（下卷）·学校略［M］//中国地方志集成·云南府县志辑（41）.凤凰出版社，上海书店，巴蜀书社，2009：204.

③ 周钟岳，江燕，文明元，王珏.新纂云南通志（卷一百八十五）·名宦传八［M］.昆明：云南人民出版社，2007：139-142.

④ 周钟岳，江燕，文明元，王珏.新纂云南通志（卷一百八十四）·名宦传七［M］.昆明：云南人民出版社，2007：127.

⑤ 周钟岳，江燕，文明元，王珏.新纂云南通志（卷一百八十）·名宦传三［M］.昆明：云南人民出版社，2007：47.

捐俸倡修学宫"。^①

在流官们的大力推动下，由学宫、书院、义学 3 个层级所构成的，覆盖各个阶层的儒学教育体系在改土归流地区逐步建立起来（见表 1），对"以汉化夷"起到重要作用。其中成绩最为显著者莫过于义学的兴建。^②

表 1　清代云南改土归流主要地区儒学教育机构统计表

府（厅）	学宫		书院		义学（所）
	名称	数量	名称	数量	
广南府	广南府学宫	1	青莲书院、^③莲峰书院、培风书院	3	24
开化府	开化府学宫	1	开文书院（开阳书院）、文山书院、萃文书院（江那书院）、凤鸣书院、开元书院^④	5	12
东川府	东川府学宫、巧家厅学宫	2	西林书院、月潭书院	2	19
丽江府^⑤	丽江府学宫、中甸厅学宫	2	玉河书院、雪山书院	2	58
昭通府	昭通府学宫、镇雄州学宫、永善县学宫、大关厅学宫	4	凤池书院、凤山书院、奎垣书院、五莲书院、景文书院、关阳书院、文屏书院	7	41
普洱府	普洱府学宫、思茅厅学宫、他郎厅学宫、威远厅学宫	4	凤鸣书院（后易名宏远书院）、思诚书院、道南书院、联珠书院、钟山书院	5	30

---

① 周钟岳，江燕，文明元，王珏.新纂云南通志（卷一百八十五）·名宦传八 [M].昆明：云南人民出版社，2007：146.

② 廖国强.清代云南儒学的兴盛与儒家文化圈的拓展[J].思想战线，2019，（2）.

③ 据道光《广南府志》增补.李熙龄著；杨磊等点校.（道光）广南府志点校（卷二）·学校[M].兰州：兰州大学出版社，2004：60.该书院为乾隆二十九年（1764）知府王显绪所建.

④ 开元书院在《新纂云南通志》卷一百三十六《学制考六》"书院"中未记载，但据同书卷一百八十五《名宦传八》记载，嘉庆时安平厅同知周炳修开元书院，故补上.

⑤ 乾隆三十六年（1771）才划归丽江府的鹤庆州、剑川州并不是严格意义上的改土归流地区。因而此表中的丽江府未统计始建于元代的鹤庆州学宫（文庙）、始建于明洪武二十三年（1390）的剑川州学宫（文庙），以及鹤庆州的复性书院、龙溪书院、鹤阳书院、玉屏书院和剑川州的金华书院。

续表

| 府（厅） | 学宫 | | 书院 | | 义学 |
	名称	数量	名称	数量	（所）
镇沅直隶厅	镇沅直隶厅学宫、恩乐县学宫	2	碧松书院、文明书院	2	18
缅宁厅	缅宁厅学宫	1	文昌书院、班凤书院、同仁书院、凤翔书院、龙门书院	5	0
合计		17		31	202

资料来源： 新纂云南通志（卷一百三十二）·学制考二，（卷一百三十五～一百三十六）·学制考五～学制考六［M］.第6册.昆明：云南人民出版社，2007；道光《广南府志》；丁存金.清代云南义学的发展和演变［J］.玉溪师范学院学报，2018，（11）.

从上表可知，改土归流地区的学宫17所，占全省91所学宫的18.7%；书院31所，占全省247所书院的12.55%；义学202所，占全省827所义学的24.4%。这些学宫、书院、义学均为清代所建。[①]而在这些清代所建的学宫、书院中，只有丽江府学宫和玉河书院是在改土归流前设立，其余均为改土归流后所建。儒学教育体系就这样从无到有、从不完善到逐步完善地在改土归流地区建立起来。权力话语理论认为，"权力和知识都通过话语发生作用，话语是以权力为基础的，权力是以知识为支撑的，知识使权力强加的各种压力、限制或义务合法化，权力使知识体系化，并尽可能严密地划分出时间和空间的界限，使知识成为社会主流话语"。[②]通过政府公权力的强制推动，儒学成为一种系统化、世俗化

---

① 据《新纂云南通志》所载："镇雄州学宫在州南门内。明嘉靖中设教授。万历元年，土官陇安请建大成殿、两庑、戟门。清雍正六年，改为州，设学正，庙制增修。十年，知州李至请帑补建学宫，旋即迁去。"（周钟岳等纂，李春龙，王珏点校.新纂云南通志（卷一百三十二）·学制考二［M］.昆明：云南人民出版社，2007：503.）可知明代设立的是祭祀孔子的"庙"，雍正十年（1732）才正式建立学宫。

康熙五十二年（1713），清政府要求"各省府、州、县多立义学。延请名师，聚集孤寒生童，励志读书"。（素尔讷等纂修，霍有明，郭海文校注.钦定学政全书校注［M］.武汉：武汉大学出版社，2009：287.）之后，云南义学逐渐在改土归流地区设置。陈宏谋将云南义学带入发展的快车道。

② 潘娜娜.从权利话语视角看19世纪西方人文社会科学的构建［J］.青岛行政学院学报，2012，（2）.

的知识体系，并成为那个时代的主流话语，清朝官吏在土著民族中传播以儒家文化为核心的汉文化也因此获得了正当性和合法性。"清政府想通过儒家传统教育，使少数民族在思想上认同、服从中央王朝，使其'各遵王化'。"① 正是在这样的背景下，儒学在云南改土归流地区得到广泛传播。如开化府，历史上少数民族众多，"五方之风土不一，故习尚各殊。""刻木为信，不习文字，不喜搆讼，崇巫祀鬼，迁徙无常"。康熙六年（1667），"设流之后，学校既开，习俗渐改"，"土人勤俭是尚。设学已久，风气日开，穷乡僻壤，亦闻弦诵之声。"② 广南府"自设官建学以来，夷人子弟读书习礼，近日各寨衣冠济楚，列庠序者不少"。③ 丽江府"丽自设学以来，不数年间，郡人士争自濯磨，群相淬励，骎骎乎化鄙陋之习，而闻弦诵之声矣"。④ 云南提学蔡嵩"视学至叶榆（今大理），丽人士争来就试。阅其文，清恬醇谨，与滇西诸郡邑不相上下"。⑤ 有人统计，从改土归流到清末180年内，丽江共培养出"翰林2名，进士7名，武进士1名，举人59名，副榜10名，武举14名，拔贡22名，贡生113名，其余秀才、廪生等则更不胜统计"，⑥ 并出现了马之龙、牛焘、桑映斗、李玉湛、木正源、杨光远、周兰坪、张文湛等一大批文学艺术家。郭新榜等研究者论述道：

> 丽江纳西族的儒家思想文化认同及成绩的取得也为后人留下了不少佳话，如清同治九年（1870），丽江诸生李玉湛、杨凤友、木晋奎、张鸿勋、郭勋、陈询、赵锡光、杨邦卫同科中举，时人盛称"八举之科"。光绪十五年（1889），丽江诸生和庚吉（松樵）、王成章（竹淇）、李怀忠（梅卿）、周暐（兰坪）应乡试同科中举，时人盛赞"松、竹、梅、兰"四举之科。杨绰、杨本程、杨法程、杨光远则被称

① 李世瑜.改土归流与国家治理［J］.遵义师范学院学报，2018，（2）.

② 汤大宾，周炳纂；娄自昌，李君明点注.开化府志点注（卷九）·风俗［M］.兰州：兰州大学出版社，2004：240-241.

③ 李熙龄著；杨磊等点校.（道光）广南府志点校（卷一）·广南府舆地图说［M］.杨磊，等，点校.兰州：兰州大学出版社，2004：19-20.

④ （乾隆）丽江府志略（下卷）·艺文略［M］//中国地方志集成·云南府县志辑（41）.凤凰出版社，上海书店，巴蜀书社，2009：317-318.

⑤ （乾隆）丽江府志略（下卷）·艺文略［M］//中国地方志集成·云南府县志辑（41）.凤凰出版社，上海书店，巴蜀书社，2009：323.

⑥ 李世宗.丽江书院［M］//政协丽江市古城区委员会.丽江文史资料全集（三）.昆明：云南民族出版社，2012：518.

为"一门三举人"。优异科举业绩的取得、大批文学艺术家的出现是丽江纳西族地区改土归流后普通民众对儒家文化认同的巨大成果。①

（二）移风易俗："以汉化夷"的又一重要举措

在许多汉族官吏的观念中，汉文化中心论的文化观可谓根深蒂固。当然，他们所持的汉文化中心论也有极端和温和之分。极端的汉文化中心论建立在传统的华夷观基础上，带有宿命论的色彩。典型代表如清初的刘崑。刘崑为江西吉安人，顺治十六年（1659）进士，以山东束鹿县擢云南府同知。他在《南中杂说》中说："故号曰滇中，滇之为言逆也，山逆水逆，人服其水土者，不二十年，亦生犷悍之心。明朝三百年，号曰全盛，然两迤土司无十五年不用兵之事，彼非不知螳臂当车，万无生理，徒以豺性豕心，侥幸万一，至族灭不惜。"②他将云南少数民族说成是具有"豺性豕心"的异类，并将"犷悍之心"的产生归咎于云南的水土。这当然是缺乏智识的谬见，但从中也折射出他的极端汉文化中心论的文化观。

更多治滇官吏奉行的是温和的汉文化中心论。这种温和的汉文化中心论是建立在新华夷观的基础上，即通过以儒家文化为核心的汉文化的熏染，"夷"可化为"汉"。典型者如谢圣纶。谢圣纶，福建建宁人，乾隆六年（1741）举人。曾任云南县（今祥云县）知县、代理宾川州知州、维西通判等职。尽管他认为"夷性蠢而多疑"，③但他同时指出："治以蛮则蛮，治以汉则汉。化导之方，诚有司其权者矣。"④他十分欣赏徐南冈《百蛮诗》中所云："眼前皆赤子，宁分汉与夷？海阔鱼争跃，天空鸟任飞。大禹善治水，因势利导之。抚夷无他法，诚信昭不欺。"认为这"深得抚夷之旨"。⑤他更为具体地论述道：

滇南种人，视黔中苗蛮为尤恭顺，其间亦有秀出通诗书而敦礼让

---

① 郭新榜，等.文化认同视野下的清朝丽江纳西族研究［J］.四川民族学院学报，2014，（4）.

② 刘崑.南中杂说［M］//方国瑜主编；徐文德、木芹、郑志惠纂录校订.云南史料丛刊（第11卷）.昆明：云南大学出版社，2001：351–352.

③ 谢圣纶纂；古永继点校.滇黔志略点校［M］.贵阳：贵州人民出版社，2008：158.

④ 谢圣纶纂；古永继点校.滇黔志略点校［M］.贵阳：贵州人民出版社，2008：76.

⑤ 谢圣纶纂；古永继点校.滇黔志略点校［M］.贵阳：贵州人民出版社，2008：184.

者。盖血气心知，共禀于天地，长民者无以蠢夷弃之，曲加抚绥教化，未始不可跻于道一风同之隆也。①

他认为，云南少数民族（"滇南种人"）中亦会产生"通诗书而敦礼让"的优秀人才，原因是其身体和心智（"血气心知"）与汉族一样，"共禀于天地"，只要精心"抚绥教化"，完全可以达到内地汉族的道德风化水平。光绪时人刘慰三同样认为："介夷之民诡以巫，虽沿鄙陋之余风，亦因礼教而变易。"②乾隆《丽江府志略》也说：

> 丽江地接西域，信佛尚鬼，佩弩悬刀，夷风靡靡，冠婚丧祭，向于礼教无闻焉。改流以来，熏蒸王化，寝以变矣。夫移风易俗，使风流而令行者，长吏之责，非可粹办而威劫也。有礼，则纲维立；纲维立，则廉耻励；廉耻励，则风俗醇；风俗醇，则言坊行表，食时用礼。③

正因如此，许多流官"以用夏变夷为己任"，④将移风易俗⑤（即用以儒家文化为核心的汉文化改造或替代少数民族的"蛮风夷俗"）视为他们的神圣使命，以期实现云南少数民族文化与内地文化的同质化，保证国家的长治久安。改土归流地区的流官们主要从以下几个方面开展移风易俗的工作。

1. 改革婚俗

在云南改土归流地区，清廷许多流官在婚礼习俗上采取了一系列"从汉礼"的措施。如丽江首任知府杨馝就"建文庙，订婚丧之制"。⑥嘉庆年间任丽江知府的王厚庆"甫至，即以易俗移风为先务。丽邑妇女尽夷粧，闺女以调羹帽为荣，设帽被人夺去，则有不爱其生者。且婚嫁多失期，女有字人年三十而父母犹

---

① 谢圣纶纂；古永继点校.滇黔志略点校［M］.贵阳：贵州人民出版社，2008：176.

② 刘慰三.滇南志略［M］//方国瑜主编；徐文德、木芹、郑志惠纂录校订.云南史料丛刊（第13卷）.昆明：云南大学出版社，2001：38.

③ （乾隆）丽江府志略（下卷）·礼俗略［M］//中国地方志集成·云南府县志辑（41）.凤凰出版社，上海书店，巴蜀书社，2009：243.

④ （乾隆）丽江府志略·刘吴龙"丽江府志序"［M］//中国地方志集成·云南府县志辑（41）.凤凰出版社，上海书店，巴蜀书社，2009：34.

⑤ 亦称"化民成俗"。如《开化府志》载："五方之风土不一，故习尚各殊，此化民成俗之方所宜亟亟也。"汤大宾，周炳纂；娄自昌，李君明点注.开化府志点注（卷九）·风俗［M］.兰州：兰州大学出版社，2004：240.

⑥ 裘毓麐.清代轶闻（卷一）［M］.北京：中华书局，1989：63.

不许出阁，多番借索财礼。又妆奁尚奢华，一女嫁而家业荡然。厚庆力革此俗，凡民间纳采亲迎时，派一二仆从代理其事，均丰俭得宜，夷俗为之一变"。① 到了清中后期，改土归流地区许多少数民族"与汉人渐次化合，习俗变易。如兄弟共妻，械斗为婚，久已不闻"。② 汉式婚礼也在不少改土归流地区普及开来，如道光时期的普洱府"婚礼遵行六礼"。③

2. 改火葬为土葬

清代初期，云南许多少数民族都实行火葬。如丽江的纳西族便是如此："丽俗，新死火化，拾余烬掩之。"④ 改土归流后，清廷流官把火葬视为有悖伦常的"蛮俗"，多次颁令禁止："改设后，屡经禁谕，土人尚惑刀巴（即东巴）祸福之说。自束河社长和惊顺母死，殡殓如礼，择地阡葬，题主刻铭，人不见其有祸，此风乃渐革矣。"⑤ 首任知府杨毖就"禁止焚弃骨骸，教以祭葬"。⑥ 乾隆三十八年（1773），吴大勋任丽江府知府，他到任伊始，"再三出示劝谕，禁火葬，禁刀巴（东巴），并给官山，听民葬埋"。⑦ 嘉庆年间丽江知府王厚庆继续推行土葬代替火葬的措施："丽邑俗尤尚火葬，厚庆教以棺殓礼，其风顿息。尝赋一诗云：'火葬魂皆惊，刀巴（即东巴）咒入魔。此风犹未革，遑问政如何？'"⑧ 东川府的乾人为"靡莫别种"。到乾隆年间，其葬俗逐渐发生变化：

① 周钟岳，江燕，文明元，王珏.新纂云南通志（卷一百八十四）·名宦传七 [M].昆明：云南人民出版社，2007：126.

② 云南省编辑组.云南方志民族民俗资料琐编［M］.北京：民族出版社，2009：31.

③ （道光）普洱府志（卷九）·风俗［M］//中国地方志荟萃·西南卷（第6辑）.北京：九州出版社，2016：90.

④ （乾隆）丽江府志略（下卷）·艺文略［M］//中国地方志集成·云南府县志辑（41）.凤凰出版社，上海书店，巴蜀书社，2009：353.

⑤ （乾隆）丽江府志略（下卷）·礼俗略［M］//中国地方志集成·云南府县志辑（41）.凤凰出版社，上海书店，巴蜀书社，2009：251.

⑥ （乾隆）丽江府志略（下卷）·礼俗略［M］//中国地方志集成·云南府县志辑（41）.凤凰出版社，上海书店，巴蜀书社，2009：315.

⑦ 吴大勋.滇南闻见录［M］//方国瑜主编；徐文德、木芹、郑志惠纂录校订.云南史料丛刊（第12卷）.昆明：云南大学出版社，2001：20.

⑧ 周钟岳，江燕，文明元，王珏.新纂云南通志（卷一百八十四）·名宦传七 [M].昆明：云南人民出版社，2007：126.

"葬以火，缚尸如猿猴，使人喝跃火上，助喝其长死。……近亦渐习殡殓。"①

一般来讲，革除火葬之俗首先在少数民族中儒学教育程度较高的精英阶层展开。如和惊顺曾"游学鹤庆，读书颇知大义"，"其母之死也，择地阡葬，首变火化之俗"。②贡生和煦"临卒前一日，沐浴冠服，使子女罗拜，谕丧葬遵儒礼，勿从俗斋荐"。③

乾隆年间张泓在《滇南新语》中有这样的评价："自设流官后，有丽守管学宣能化导，革残骸之俗，伟哉。"④他认为火葬乃"残骸之俗"，革除之是一件伟大的事。他的看法代表了许多汉族知识分子的看法。

3. 改革服饰

服饰既是一种满足蔽体御寒等实用功能的生活必需品，更是一种文化符号，蕴含着一个民族特有的审美观、伦理观和宗教观。⑤比如，在清代内地儒家知识分子看来，如果穿着暴露，会给人提供放纵性行为的机会，是一种不知耻和不守贞操的表现。对于清代许多云南官员而言，在推进"以汉化夷"这一宏大的系统工程中，有两件事是很重要的，即"以俎豆化干戈，以衣冠易椎髻"。⑥具体言之，一件是以祭祀（"俎豆"）取代战争（"干戈"），一件是以汉服（"衣冠"之引申意）置换夷服（"椎髻"之引申意）。清代许多云南流官便将改"夷服"为"汉服"作为"以汉化夷"的一项重要内容。如丽江首任知府杨馝称，纳

① （乾隆）东川府志（卷九）·风俗［M］//中国地方志集成·云南府县志辑（10）.凤凰出版社，上海书店，巴蜀书社，2009：77-78.

② （光绪）丽江府志（卷七）·人物志上［M］//政协丽江古城区委员会编印，内部印行，2005：263.

③ （光绪）丽江府志（卷七）·人物志上［M］//政协丽江古城区委员会编印，内部印行，2005：264.

④ 张泓.滇南新语［M］//方国瑜主编；徐文德、木芹、郑志惠纂录校订.云南史料丛刊（第11卷）.昆明：云南大学出版社，2001：389.

⑤ 《中国日报》曾以《伊朗媒体为米歇尔"添衣"》为题报道，2013年2月24日晚，美国当时的第一夫人米歇尔·奥巴马出席第85届奥斯卡颁奖典礼，身着一件服装设计师Naeem Khan为其量身定做的低胸礼服。礼服肩带仅有几厘米宽，将米歇尔健美的肩膀和手臂展露无遗。虽然米歇尔并未袒胸露背，但半官方的伊朗法尔斯通讯社进行转播时，却应用技术手段为她原本低胸的礼服添加了较高的衣领和两只短袖，从而让其看起来更加"端庄"。根据伊朗的伊斯兰着装规范，女性不能过多暴露肌肤。转载于《春城晚报》2013年2月27日.

⑥ （民国）昭通志稿（卷四）·官师志［M］//昭通旧志汇编编辑委员会.昭通旧志汇编（第1册）.昆明：云南人民出版社，2006：178.

西人"卷髻环耳，服饰诡异"，因此，"更易服饰，示以衣冠"。① 嘉庆年间王厚庆任丽江知府，"时丽江虽渐染华风，而男女衣服、冠婚、丧祭未尽从汉礼。公力为劝诫禁革，风俗丕变"。②

4.大力推行封建礼教

在改土归流地区，历届流官均致力于推行以三纲五常、三从四德为主要内容的封建礼教。如嘉庆四年（1799）任大关厅同知的胡钟阮"欲以礼教挽陋习。每坐堂，讲演文化，听者环集檐下。有以细故涉讼者，不惜苦口劝息，惟案关风化者，则痛绳以法，不少宽假。民因是畏服如神，奉若师保焉"。③ 道光十七年（1837）任东川知府的徐金生"举孝行、贞节，以激厉风化"。④ 光绪十三年（1887）任丽江知府的黄金街制订《治丽箴言》，更是动用法律力量，强行干预纳西族的民俗活动和婚姻家庭习俗，以法制化的方式强行推行封建礼教。如严令禁止妇女参与寺庙烧香等民俗活动："劝为父夫者，宜约束妻女，勿嬉游寺庙也，违者，照例笞其夫男四十"，"案律载官及军民之家，纵令妻女于寺观神庙烧香者，笞四十，罪坐夫男。无夫男者，罪坐本妇。"⑤

清代流官还在改土归流地区普遍兴建祠堂、牌坊，旌表忠孝节义。这类祠堂、牌坊主要有：忠义孝弟（悌）祠（忠义祠）、节孝祠、贞节坊、节孝坊等。此外，为了进一步向广大民众宣传忠义思想，普遍设立关帝（武帝）庙，还在咸同兵燹后新建了昭忠祠。在政府的积极倡导下，至清后期，云南凡改土归流的地方，忠义祠堂、贞节牌坊在城市和乡村随处可见。这类祠坊的兴建及其祭祀和旌表活动，对在民众中灌输以忠孝节义为核心的儒家伦理起到潜移默化的作用。

清代，在云南改土归流地区，地方官主持编纂了其历史上的第一批地方志，到清末，已出现为数不少的府志、州志、厅志、县志，这些志书中均设有《人物志》，有的还单独设置《烈女志》，下设"忠义""孝友""贞女""列（烈）

---

① （乾隆）丽江府志略（下卷）·艺文略［M］//中国地方志集成·云南府县志辑（41）.凤凰出版社，上海书店，巴蜀书社，2009：314-315.

② （光绪）丽江府志（卷五）·秩官志［M］//政协丽江古城区委员会编印，内部印行，2005：213.

③ 周钟岳，江燕，文明元，王珏.新纂云南通志（卷一百八十五）·名宦传八［M］.昆明：云南人民出版社，2007：140.

④ 周钟岳，江燕，文明元，王珏.新纂云南通志（卷一百八十五）·名宦传八［M］.昆明：云南人民出版社，2007：139.

⑤ 黄金街.治丽箴言［M］.光绪二十年（1894）刻本，云南省图书馆收藏。

女""节妇""烈妇""孝妇""贤妇""贤母""义婢"等目，用较大篇幅记载大量孝子、忠臣、节妇、列（烈）女的名单和事迹；在《艺文志》中，亦收录不少赞颂恪守忠孝节义之人的诗文。"这些官修志书代表官方立场和国家意志，不遗余力地传播和颂扬封建礼教和儒家忠孝节义思想。"①

综上，清代云南改土归流地区的流官将以儒家文化为核心的汉文化作为"治理的工具"或"治理的手段"，去"管理干预和调节"或曰治理云南少数民族的"道德、礼仪和生活方式"，使其儒家化或"汉化"。"以汉化夷"促进了少数民族文化与汉文化的融合，增强了边疆少数民族对华夏文化的认同感和对中央王朝的向心力，加速了边疆与内地的一体化进程，使云南各民族有机地、更好更快地融入中华民族多元一体格局中，对统一多民族国家的巩固和发展起到了积极的、重要的作用。然而，"以汉化夷"是一种带有鲜明汉文化中心主义色彩的民族政策，②对少数民族传统文化具有消解和抑制的作用。

二、文化治理方略之二——"因俗而治"

在云南改土归流地区，清代统治者还同时实施另一种文化治理方略，那就是"因俗而治"。"以汉化夷"与"因俗而治"相辅相成，互为补充。

从汉武帝独尊儒术之后，《礼记·王制》中提出的"修其教不易其俗，齐其政不易其宜"③就被历代汉族统治者所推崇，但真正将这样的文化治理理念实施于边疆民族地区者，则是曾被称为"蛮夷"之属的满族。而云南，就是实施"因俗而治"文化治理方略的绝佳场域。

鉴于云南夷汉杂居、土流并存的情况，清前中期的统治者在对待云南边疆和民族问题上并未实行强制性的文化同化政策，而是将"因俗而治"奉为重要治边方略。"因俗而治，就是对少数民族和民族地区采取不同于汉族地区的管理政策

---

① 廖国强.清代云南"汉文书写系统"建设的文化指归［J］.楚雄师范学院学报，2019，（1）.

② 杨福泉将"以夏变夷"称为"大民族文化沙文主义政策"。杨福泉.纳西族文化史论［M］.昆明：云南大学出版社，2006：369.

③ 《礼记·王制》载："凡居民材，必因天地寒暖燥湿，广谷大川异制。民生其间者异俗：刚、柔、轻、重、迟、速异齐，五味异和，器械异制，衣服异宜。修其教不易其俗，齐其政不易其宜。中国、戎夷，五方之民，皆有其性也，不可推移。"强调尊重文化的多样性。

和管理方式，要尊重其风俗习惯，要因地制宜。"① 顺治十五年（1658），时任户部尚书的云南保山人王弘祚在《滇南十义疏》第九义中就提出：

> 除汉人士庶衣帽、剃发遵照本朝制度外，其土司各从其俗，俟地方大定，然后晓以大义，徐令恪遵新制，庶土司畏威怀德，自凛然恭奉同伦同轨之式矣。②

乾隆朝云贵总督硕色与云南巡抚爱必达也认为："治夷之道宜循其俗。"③ 这一治边方略在实践中得到一定程度的实施。

在法律层面，清朝专门为云南、贵州苗族制定的法律《苗律》便是从法律层面保障"因俗而治"的典型体现。如对犯法的"生苗"和"熟苗"④ 有不同的处置办法。康熙四十年（1701），"覆准熟苗、生苗若有伤害人者，熟苗照民例治罪，生苗仍照苗人例治罪。"⑤ 乾隆后期颁行的《大清律例》也规定："其一切苗人与苗人自相争讼之事，俱照苗例归结，不必绳以官法以滋扰累。"⑥

而在文化领域，"因俗而治"最为典型的例子，是在改土归流地区，清廷对少数民族并不强求剃发易服，而是遵从自愿原则。雍正年间在云南大规模推行改土归流的云贵总督鄂尔泰，在给雍正的奏折中，就反对四川永宁协副将张瑛提出的应令当地少数民族剃头易服的提议，认为乌蒙地区归流百姓仍沿旧制，"席其椎髻，裹坦之习俗"。他说：当地土兵投诚后自愿剃头者已数千人，均是出自本心，并非官方有所逼迫，现若强令当地百姓剃头，则"各不情愿，将恶猓凶苗与

---

① 崔明德.中国民族关系思想的有关问题［J］.烟台大学学报（哲学社会科学版），2012，（4）.

② 王弘祚.滇南十义疏［M］//方国瑜主编；徐文德、木芹、郑志惠纂录校订.云南史料丛刊（第8卷）.昆明：云南大学出版社，2001：386.

③ 硕色，爱必达.奏为开化镇总兵张凌霞荒唐乖戾，不胜此任事（乾隆十八年九月二十四日），中国第一历史档案馆，档案号04-01-30-0171-019。

④ 中原王朝的统治者和知识精英往往视周边少数民族文明"教化"程度及纳赋当差情况，将他们分为"生番"和"熟番"。"生苗""熟苗"就是其表述的具体化。《苗疆风俗考》载："边情以外者为生苗，边情以内者，间与民村相错居住或佃耕民地，供赋当差与内地人民无异者，则熟苗也。"

⑤ 席裕福，沈师徐.皇朝政典类纂（卷三百七十四）·刑六·名例律［M］.台北：文海出版社有限公司，1982：8162.

⑥ 阿桂，等.大清律例（卷三十七）·刑律·断狱下［M］.北京：中华书局，2015：118.

齐民无别，转恐为齐民害"。雍正帝表示赞同。① 乾隆四十五年（1780）五月，针对和珅要求少数民族"遵照内地，一例剃发"的建议，乾隆帝认为，少数民族风俗"相沿日久，若一旦悉令遵制剃发，未免心生疑惧，办理转为未协。著传谕该督、抚等明白宣导，出示晓喻，所有各该省苗民，其有愿剃发者，俱准其与内地民人一例剃发，以昭一视同仁之意"。② 应遵从自愿原则，而不能采取强制性的一刀切措施。剃发易服是清朝政治文化的一个重要符号，是清朝统治者推行的一项重要的归化措施。③ 清朝统治者不强制少数民族剃发易服，实质上就是承认了少数民族文化的合法地位。

这种不强制少数民族剃发易服而是"各从其俗"的文化治理方略在云南改土归流地区得到较好的实施，如乾隆中后期恩安县（属昭通府）彝族"男子仿效汉冠戴，女犹然旧俗"，④ 说明服饰是汉化还是保留本民族的特色，是由服饰持有者——各少数民族自己决定，官府并不强制干预。因而直到清中后期，许多少数民族的头饰、服饰得以较完整地保留。如乾隆中期恩安县苗族"穿耳、拖裤，男子之情形；彩衣、彩裙，女之衣服饰"；⑤ 乾隆后期镇雄州（属昭通府）彝族"男子不冠，束发为锥髻，裹以青白花布，其衣被大领阔，袖外披毡，褶如裙，常佩短刀，谓之'左衽'。冬用布履，夏或芒鞋，贫者多铣足。裈衣如汉人。女栉发分两鬟，冠用布帛缠叠，大如箕，饰以金银宝石诸物，后垂大带三幅。衣被如男子，裙细襞，幅无定数，密者用布至四五疋，其长拖地，不缠足而锐屣见，尊者始服袖毡披肩，其古制也"。⑥ 光绪年间，丽江地区的古宗（吐蕃之别名）"男女皆辫发百绺，男子戴皮风帽，剪发，穿氆氇，佩左插（所插之刀，名曰左

① 奏请乌蒙土司条万钟应予革职以汉化彝并治理猓蛮之策［A］//雍正朝宫中档.台北故宫博物院藏，文献编号：402009278。转引自陈维新.鄂尔泰与雍正对云南改土归流的"君臣对话"——台北故宫博物院所藏朱批奏折选件［J］.思想战线，2018，（4）.

② 高祖实录（卷一一〇六）［M］//清实录（第22册）.北京：中华书局，1986：805.

③ 鱼宏亮.发式的政治史——清代剃发易服政策新考［J］.清华大学学报（哲学社会科学版），2020，（1）.

④ （乾隆）恩安县志稿（卷五）·种人［M］//昭通旧志汇编编辑委员会.昭通旧志汇编（第1册）.昆明：云南人民出版社，2006：57.

⑤ （乾隆）恩安县志稿（卷五）·风俗［M］//昭通旧志汇编编辑委员会.昭通旧志汇编（第1册）.昆明：云南人民出版社，2006：63.

⑥ （乾隆）镇雄州志（卷三）·风俗［M］//昭通旧志汇编编辑委员会.昭通旧志汇编（第4册）.昆明：云南人民出版社，2006：1001–1002.

插）。女饰以珊瑚、砗磲、海肥、银泡，穿腊瓦圆领衣，皆穿乌拉靴"。①

在对待改土归流地区少数民族的婚丧习俗、宗教信仰等文化要素上，清统治者也大多遵行"因俗而治"的原则，因而云南民族文化的多样化、多元性得到较好保留和传续。如乾隆中期恩安县彝族"人死，则不用棺木，以火焚之"；苗族"婚姻自配，不由亲命"。②乾隆后期镇雄州苗族"婚姻不先媒妁，每于岁正，择地树芭蕉一株，集群少吹芦笙，月下婆婆歌舞，各择所配，名曰'扎山'。两意皆合，男女归告父母，始通媒焉"。③道光时广南府壮族"如缔婚姻，则以歌唱私合，始通父母，议财礼"。④云南少数民族宗教文化多元共存的鲜明特征也传续至今。"云南的少数民族几乎都有宗教信仰，而且多为同一民族中多种宗教信仰共存的情况，如西双版纳的傣族信仰南传上座部佛教又同时信仰原始宗教；彝族、白族、纳西族信仰汉传佛教和道教，又同时信仰本民族的毕摩教、'本主'崇拜和东巴教。"⑤

清统治者还采取了其他一些保护民族文化的措施。如乾隆时期采集少数民族文字：

> 云南巡抚爱必达奏："采集番字，镇远府之僰夷，普洱府之车里，东川府之猓罗，顺宁府之猛缅、猛麻，永昌府之耿马、镇康，潞江、芒市、猛卯、遮放、干崖、南甸、盏达、陇川、孟连、湾甸、猛猛等一十八种。内遮放与猛卯，盏达、陇川与南甸，猛猛与湾甸，字体相同。分汇成书一十四本进呈。"下部知之。⑥

正因如此，尽管汉字和汉文在清代云南少数民族中得到广泛传播和推广，但傣

① （光绪）丽江府志（卷一）·地理志［M］//政协丽江古城区委员会编印，内部印行，2005：49.

② （乾隆）恩安县志稿（卷五）·风俗［M］//昭通旧志汇编编辑委员会.昭通旧志汇编（第1册）.昆明：云南人民出版社，2006：63.

③ （乾隆）镇雄州志（卷三）·风俗［M］//昭通旧志汇编编辑委员会.昭通旧志汇编（第4册）.昆明：云南人民出版社，2006：1002.

④ 李熙龄著；杨磊等点校.（道光）广南府志点校（卷二）·风俗［M］.兰州：兰州大学出版社，2004：74.

⑤ 邹丽娟.云南少数民族传统文化的圆融性及其对和谐族际交往的影响［J］.保山学院学报，2017，（1）.

⑥ 高宗实录（卷四〇一）［M］//清实录（第14册）.北京：中华书局，1986：279.

文、彝文等少数民族文字得以保留下来。

克莱德·伍兹认为："一般来说，文化特质是被接受或排拒，完全取决于它在接受文化里的效用、适宜性和意义"。①钟鸣旦也指出："任何事物被接受的时候其实都是以接受者自己的方式被接受的"。②就清代云南改土归流地区而言，统治者在竭力推行"以汉化夷"治理方略的过程中，在绝大多数时间和空间里，都是采取潜移默化的、③非强制的方式，像丽江知府黄金衔那样动用法律手段来强制推行封建礼教的情况并不多见。出于舒缓文化冲突、降低治理成本等原因，"因俗而治"往往成为流官们务实的选择。非强制性的"以汉化夷"，使作为接受者的少数民族很大程度上可以以"自己的方式"，接受那些在自己文化中具有较好"效用、适宜性和意义"的文化因素，而排斥那些效用和适宜性较差、没有多少实际意义的文化因素。非强制性的"以汉化夷"与遵从自愿原则的"因俗而治"相结合，使改土归流地区的汉文化与少数民族文化处于一个持续不断的整合过程中，并逐步形成一种你中有我、我中有你的文化新形态。这种文化新形态除具有云南文化共有的多源性、多元性、整合性和整体共有性④等特征外，还具有改土归流地区自身的一些特征。一是阶层性。少数民族上层和下层的文化样态是不尽相同的。许多少数民族上层人士儒学教育程度较高，能娴熟运用汉字进行书面创作，民族文化与汉文化在他们身上达到高度统一，文化新形态的"新"在他们身上得到充分体现。而许多少数民族下层民众最多只接受过义学这样的启蒙教育，本民族文化得到更为完整的保留，文化新形态的"新"在他们身上体现得并不明显。二是空间性。在府治、厅治、州治、县治所在地及坝区，由于官方力量强大，儒学教育体系完善，故在汉文化与少数民族文化的博弈中，汉文化较

① 克莱德·伍兹著；施惟达，胡华生译；王彪点校.文化变迁［M］.昆明：云南教育出版社，1989：31-32.

② 钟鸣旦.文化相遇的方法论：以17世纪中欧文化相遇为例［J］.清史研究，2006，（4）.

③ 嘉庆《永善县志略》载："良有司潜移默化，种人多革陋习。"昭通旧志汇编编辑委员会.昭通旧志汇编（第3册）［M］.昆明：云南人民出版社，2006：753."潜移默化"是"以汉化夷"的常态化做法。

④ 周智生认为："云南虽是边疆，民族文化类型多样且文化个性均十分突出，但是云南的区域性文化形貌并不是百花齐放、没有主题的大观园，而是在各民族长期的互动交流中，形成了独具云南个性、各民族所共享的一体多元的整体性共有文化格局。"周智生，张黎波.云南多民族共生格局的历史形成机理初探［J］.云南师范大学学报（哲学社会科学版），2015年，（1）.

快地成为主导性文化；在边远山区，尽管设了不少义学，但儒学教育的力度小、受众少，加之官方控制力的衰减，因而民族文化仍然唱主角。如道光年间，广南府坝区的壮族"丧葬亦与汉人同"，而"箐山箐中尚有火葬者"。①三是时间性。民族地区"以汉化夷"的程度往往是与改土归流的时间密切相关的。一般而言，改土归流时间越长，"以汉化夷"程度越高；改土归流时间越短，"以汉化夷"程度越低。四是一体化。在改土归流地区，文化一体化的进程在加快，程度在加深。这种一体化具有一个共同的思想文化根基，那就是"中国认同"意识。"中国认同"意识的确立，是儒家文化在少数民族中长期传播并被有机整合进少数民族文化肌体中的结果，它为政治层面的国家认同奠定了坚实的文化基础。

三、"以汉化夷"与"因俗而治"的关系

我们可从以下几方面去透视"以汉化夷"与"因俗而治"的关系。

其一，"以汉化夷"与"因俗而治"两种文化治理方略不是一成不变的，而是随着历史时空的转换而转换。时间上，一般而言，改土归流之初，统治者更强调"以汉化夷"；进入"平稳期"，则两者兼顾，很多情况下，出于政治上的考量，会因地制宜制定一些"因俗而治"的具体措施。空间上，在流官统治的核心区（府治、厅治、州治、县治及其周边地区），更重视"以汉化夷"，在流官统治的边缘区（山高林密、民族众多的山区），则更重视"因俗而治"。

其二，"以汉化夷"体现"大一统"政治理念，"因俗而治"体现"和而不同"文化观念。建立儒学教育体系，实施儒学教育，其目的是"修其教"，以保证文化上的一体化；改土归流的目的是"齐其政"，以保证政治上的一体化。"修其教""齐其政"其实就是"以汉化夷"的核心内容，它构成"大历史"或"大传统"，体现出中国古代传统的"大一统"政治理念；"不易其俗""不易其宜"是"因俗而治"的另一种表述，它构成"小历史"或"小传统"，可视为"和而不同"文化观念在民族政策中的体现。因而，"以汉化夷"更多承载了国家意志，而"因俗而治"则更多是中央与地方博弈的结果。

其三，"以汉化夷"是"求同"，"因俗而治"是"存异"。文化是同一性与差异性的结合体。如同文化中的同一性与差异性不是矛盾的、对立的，而是互补的、共存的，"以汉化夷"与"因俗而治"两者之间也不是矛盾的、对立的，

---

① 李熙龄著；杨磊等点校.（道光）广南府志点校（卷二）·风俗［M］.兰州：兰州大学出版社，2004：74.

而是互补的、共存的。①

其四，"以汉化夷"追求文化的"一体"，"因俗而治"追求文化的"多元"。"以汉化夷"与"因俗而治"有机结合、相辅相成、并行不悖，共同促成云南"多元一体"地域文化的形成。

---

① 陈跃认为，"因俗而治"与边疆内地一体化是"既互相矛盾又相辅相成的两种治理模式"。陈跃."因俗而治"与边疆内地一体化——中国古代王朝治边政策的双重变奏〔J〕.云南师范大学学报（哲学社会科学版），2012，（2）。该文中的"边疆内地一体化"与本文的"以汉化夷"主旨趋同。笔者则认为，"以汉化夷"与"因俗而治"是"看似互相矛盾实则相辅相成的两种文化治理方略"。

受记故事的演变与中原王朝对大理地区的统一

罗 勇[①]

林超民教授在《汉族移民与云南统一》一文中提出，随着历代汉族人口迁移到云南，明清王朝在云南开科取士，逐步改土归流等措施，云南在政治上、经济上、文化上与中原连为一体，确立了民族国家的普遍认同，成为统一多民族国家不可分割的一部分。[②] 在云南的这一转变过程中，云南本土神话传说也逐渐认同中原王朝。包括本土神话在内的精神层面对中原王朝的认同，是云南成为统一多民族国家不可分割的一部分的文化实质。本文拟以产生于唐后期，流行于云南大理、巍山地区的受记故事为研究对象，分析该故事的形成、变化过程及其背景，以加深对大理地区是何时融入统一多民族国家的认识，期望得到方家的批评指正。

受记故事讲述的是南诏统治者家族受记，获得统治南诏权力的事件。作于南诏兴宗王中兴二年（899）的《南诏圣教史画卷》（本文简称《画卷》）首次出现受记故事。之后，故事逐渐在地方文献中流传。在这些地方文献的故事中，出现人物有细奴罗及其家人和授记者。值得注意的是，授记者的身份在不同时期的不同文献中有所不同，有梵僧、僧人、观音和道祖；授记内容也不同，有"奕叶相承""王土无穷"；有"子孙相承，有如此数"；有"汝主大理国土十三代""自汝至子孙为王一十三代"。

一、《画卷》的绘制过程与受记故事的产生

从《画卷》的绘制过程来看，《画卷》的目的是为南诏佛教正本清源，塑造民众对大封（麷）民的认同，而受记故事只是涉及南诏佛教来源的情节之一。

---

① 罗勇，博士，云南教育出版社有限责任公司期刊中心编辑，主要研究方向为云南地方史。

② 林超民 . 汉族移民与云南统一 [J]. 云南民族大学学报（哲学社会科学版），2005（3）：106–114.

《画卷》设色纸本，长约 5.73 米，宽约 0.3 米。一般认为形成于南诏兴宗王中兴二年（899），现藏于日本京都有邻馆。画卷分两部分。一是图画卷，由十一段、五部分故事图组成，第一部分由第一段至第五段组成，依次描绘了观音幻化的梵僧前后三次向奇王家人乞食，梵僧授记，兴宗王立国；第二部分由第六段至第八段组成，为梵僧在穷石村使邑主和村民伏罪，开南普苴诺苴大首领张宁健等崇奉观音，观音幻化为老人，铸圣像；第三部分即第九段，兴宗王与张乐进求共祭铁柱；第四部分为第十段骠信、中兴王崇奉观音；第五部分即第十一段西洱河神金鱼金螺图。二是文字卷，共七化。第一化至第六化的内容与图画部分相对应，第七化为追述寻找观音圣迹的过程。

《画卷》并非一次性绘制而成。从《画卷》文字卷第七化的记载来看，除兴宗王下令弄清南诏佛教之始外，劝丰佑、隆舜还先后下令"遍求圣化"，且劝丰佑时期形成了《画卷》的雏形。

第一次寻求圣迹是在劝丰佑时期（822～847）。此期间，佛教对南诏统治者阶层已有一定的影响。如王嵯巅攻入成都虏回僧人[1]；段宗榜助缅攻狮子国，缅赠以金佛，宗榜令嵯巅迎佛，并借嵯巅拜佛的机会将其杀死[2]。另据《画卷》文字卷第七化，保和二年（825）有西域和尚到南诏都城，寻找从吐蕃行化至南诏境内的西域莲花部尊阿嵯耶观音，此时南诏王室"始知阿嵯耶来至此"。于是劝丰佑欲遍求圣化，在听取太史"圣化合在西南"的报告后，令清平官澜沧郡王张罗疋"急分星使，诘问圣原"，结果"但得梵僧靴为石"，本来要将此石抬回太和城，但唯恐乖圣情，于是绘图上呈。此图的内容便是图画卷梵僧在穷石村靴化为石的故事。这是第一次绘制图卷。

第二次寻求圣迹是在隆舜时期（877～898）。劝丰佑死后，酋龙嗣位。酋龙对佛教崇奉之甚，以至唐朝使者至南诏，酋龙不拜使者，却拜僧人。[3]酋龙死后，其子蒙隆舜嗣位，改元贞明、承智、大同、嵯耶，自号大封人。在南诏王臣见到第一次绘制的图画后才得知，佛教圣迹到过南诏境内。嵯耶九年（897）石门邑主罗和李忙求奏，其统辖范围某座山上奉有非常灵验的白衣大士。隆舜听到

① 王钦若.册府元龟（六）[Z].北京：中华书局，1960：5113；王钦若.册府元龟（十二）[Z].北京：中华书局，1960：11516.
② 木芹.南诏野史会证[M].昆明：云南人民出版社，1990：131.
③ 欧阳修，宋祁.新唐书：卷二百二十二（中）[M].北京：中华书局，1975：6282，6285，6290.

此消息后，下令慈双宇李行率 50 人前往寻找，结果得到梵僧幻化的老人所铸的阿嵯耶观音圣像和鼓一只。隆舜得到观音像后，倾心敬仰，熔金再铸之。这些事件反映在图卷摩诃罗嵯、慈双宇李行、石门邑主罗和李忙求拜观音等部分中。

第三次寻求圣迹是在舜化贞中兴二年（899）。舜化贞于唐昭宗乾宁四年（898）即位，此时他十岁。他一心向佛，曾命清平官郑买嗣合十六国铜铸崇圣寺六丈观音 ①。根据《画卷》文字卷的敕书，舜化贞于中兴二年二月十八日下令澄清南诏佛教源流。在敕令下达后，王奉宗、张顺等访问南诏境内的儒释耆老、通古辩今之人，参考古书以及劝丰佑时期形成的图画，在不到一个月的时间内，即同年三月十四日完成图卷的绘制，并写就了追溯至南诏初期的佛教源流史，作为对图画部分的解释。

从劝丰佑到隆舜，再到舜化贞的三次寻求圣迹的努力，实际上是南诏统治者澄清境内佛教来源的过程。而受记情节只出现在《画卷》第一部分和文字卷第三化，与受记有关的奇王细奴罗、兴宗王罗盛、细密脚等不是《画卷》的中心人物。即使在他们在场的情节中，他们也是作为与南诏佛教源流有关的人物出现的。

二、南诏统治者的佛教认同与受记故事

《画卷》中的受记故事或源于《巍山起因》，该书记载南诏蒙氏的兴起过程。《画卷》引用的《巍山起因》中有佛教因素，以表明佛教在南诏建立之前就在当地传布。考古发现、地方文献和研究成果为南诏初期已有佛教提供了依据。1990 年到 1993 年在大理白族自治州巍山县峏岍图山距金殿遗址东南 500 米处发现了大批佛教石刻造像，这些造像被认为是南诏初期的作品，在艺术造型上具有印度笈多时代秣菟风格。② 地方文献记载，细奴罗以无言和尚为国师，晟罗皮崇信佛教 ③，遣张建成到长安，得到唐玄宗赐与佛像 ④。学者的研究成果也表明南诏初期洱海地区已经有佛教。傅永寿认为最迟在唐初洱海地区的白蛮已接受佛

① 木芹.南诏野史会证［M］.昆明：云南人民出版社，1990：177-178.

② 李昆声.南诏大理国雕刻绘画艺术［M］.昆明：云南美术出版社，云南人民出版社，1999：35.

③ 张道宗.记古滇说集［M］//方国瑜主编；徐文德、木芹、郑志惠纂录校订.云南史料丛刊（第 2 卷）.昆明：云南大学出版社，1998：658.

④ 王叔武.云南志略辑校［M］.昆明：云南民族出版社，1986：73.

教。①温玉成认为早在唐高宗中期，就有婆罗门教的湿婆派传入乌蛮。②李东红认为六诏时天竺僧人已进入洱海区域的河蛮与蒙舍诏之中传布印度密宗。③

随着南诏统一洱海地区，佛教对南诏王室的影响逐渐加强，僧侣参与到南诏的政治、军事活动中。南诏时期佛教来源有三：一是直接从印度、缅甸传入；二是从吐蕃传入；三是从中原传入。因为南诏佛教源流的多样化，南诏后期出现了对南诏佛教源流的讨论。如寻阁劝全义四年（820）④唐人金和尚否认玄奘入南诏授记、南诏佛教源于内地的说法；但南诏统治者此时不知其境内有佛教圣迹，直到保和二年（829）西域和尚到南诏境内寻找莲花部尊阿嵯耶观音，南诏国王室才"始知阿嵯耶来至此"，并倾向于接受南诏佛教源于印度的说法。

南诏与周边地区的关系有利于认识南诏统治者为何认同本地区佛教源于印度的说法，也有利于说明为何《画卷》会出现梵僧。南诏最强盛时期辖区东南达交趾，西达摩伽陀，西北捱吐蕃，南接女王国，西南与骠国接壤，北抵益州，东北到黔巫。因此，南诏的文化受邻境地区的影响较深。南诏与内地的交通有五条道路，分别是清溪关道、石门道、黔中道、邕州道和步头路。其中，清溪关道最便捷，经常置驿，行旅最多，但易受吐蕃威胁；而黔中道未经人工经营，杂处溪洞，多是蛮獠，路途阔远，亦无管舍；邕州道和步头路则瘴疠盛行，最为僻荒⑤。而且公元829年南诏攻陷唐邛、戎、嶲三州，入成都，南诏与唐的关系从和转为战。公元858年南诏攻陷安南。公元859年唐朝减少南诏入贡人数导致南诏自此"颇扰边境"，酋龙自号大礼国，称皇帝，遣兵陷播州。⑥世隆也与唐争战不休，公元860年到公元874年间两陷安南、邕管，一破黔中，四犯西川，多次阻断与唐的通道。惟有石门道未受阻隔，但此路"穷年密雾，未睹日月辉光，树木皆衣毛深厚，时时多水湿"，"昼夜沾洒，上无飞鸟，下绝走兽，惟夏月颇

① 傅永寿.南诏地方化佛教的崛起［J］.中央民族大学学报（社会科学版），1999（4）.

② 温玉成.《南诏图传》文字卷考释——南诏国宗教史上的几个问题［J］.世界宗教研究，2001（1）：1-10.

③ 李东红.白族佛教密宗阿叱力教派研究［M］.昆明：云南民族出版社，2000：37.

④ 张增祺.《中兴图传》文字卷所见南诏纪年考［J］.思想战线，1984（2）：60.

⑤ 严耕望.唐代交通图考：第四卷［M］.台北：中央研究院历史语言研究所，1986：1285.

⑥ 司马光著；胡三省音注.资治通鉴［Z］.北京：中华书局，1956：8078.

有蝮蛇"①，环境非常险恶，难以通行。

南诏与唐的交通阻塞，在西部却有所发展。南诏时期西部交通主要有三条，分别经骠国、腾冲、大雪山，最终到达天竺国。②其中，骠国在今缅甸境内，毗邻佛教发源地天竺，信仰佛教，被南诏征服，且与南诏有信使和通商往来，甚至有缥国僧人参与到南诏与唐的战争中③，与南诏保持友好关系，甚至得到南诏军队的帮助，打败狮子国，并赠送佛像给南诏。在这种情况下，不难理解南诏在寻求本地佛教来源的努力上，倾向于认同来自印度的说法。为构建线性佛教源流，追溯至政权创始人是有必要的，细奴罗一家三口恰好充当了南诏创始人的角色。因此，在南诏佛教源流的叙述中，细奴罗一家三口不是中心人物，他们只是证明南诏的佛教源于印度不可缺少的人物，尤其是细奴罗的地位及其与梵僧的关系，确立了佛教密宗在南诏的正统地位。南诏统治者将佛教密宗作为"国教"，并借此构建民众对大封（僰）民的认同，促进大理地区民族共同体——白族的形成④。

三、受记故事的变化

就目前可见的文献资料而言，最早记载受记故事的文献是《画卷》文字部分的第三化。其中出现的人物有梵僧、浔弥脚、奇王蒙细奴罗等，受记的内容是"鸟飞三月之限，树叶如针之峰，奕叶相承，为汝臣属"⑤。此故事在《画卷》中充当了为南诏佛教正本清源的角色。

元代的《纪古滇说集》收录了受记故事，且将其置于云南历史中，是以云南当地人的观点记载云南历史。《纪古滇说集》收录的受记故事，已将中心人物已转为细奴罗，叙述的是南诏王室权力的来源。其授记者明确为天竺梵僧，受记内容为"王兹土无穷"⑥。

———————

① 李吉甫撰；贺次君点校.元和郡县志［M］.北京：中华书局，1983：827.

② 陆韧.云南对外交通史［M］.昆明：云南民族出版社，1997：96-104.

③ 樊绰撰；向达校注.蛮书［M］.北京：中华书局，1962：233，238.

④ 林超民.白族形成问题新探［M］//林超民.民族学评论：第二辑.昆明：云南大学出版社，2005：297.

⑤ 李霖灿.南诏大理国新资料的综合研究［M］.台北：中央研究院民族学研究所，1982.

⑥ 方国瑜主编；徐文德、木芹、郑志惠纂录校订.云南史料丛刊（第2卷）［M］.昆明：云南大学出版社，1998：656.

明代的《南诏野史》和万历《云南通志》均收录了受记故事。《南诏野史》"大蒙国源流"一节将受记故事作为细奴罗的事迹之一，故事中的人物除细奴罗家人外，也有僧人，但并未明确其来自何处，受记内容也为"奕叶相承"①。万历《云南通志》中的受记故事的人物和受记内容与《南诏野史》相同。

《白国因由》是康熙四十五年（1706）翻译的僰文文献②，其内容以观音十八化为中心，目的是"崇报观音菩萨开化安民之洪恩"③。该文献叙述的受记故事的授记者称为梵僧和梵僧幻化的观音，受记内容为"汝主大理国土十三代也"④。

《重修巍宝山青霞观碑记》是清嘉庆十五年（1810）为重修青霞观而作，碑记主要追溯巍宝山道教的兴起过程。碑记开篇即追溯老君显灵于巍宝山，点化细奴罗。与其他文献中的受记故事相比，此处的受记故事的授记者不是佛教人物，而是道教人物，受记内容则与《白国因由》所引用的相似，为"老人以杖击其耜十三，曰：汝家富贵，子孙相承，有如此数"⑤。

上述各时期不同文献中的受记故事的具体情况见表1。

表1 历代受记故事变化对比表

时代	出处	故事中出现的人物	授记者	受记者	授记内容
唐	《画卷》	梵僧、奇王细奴罗、兴宗王罗盛、浔弥脚（细奴罗妻）、梦讳（罗盛妻）	梵僧	浔弥脚、梦讳	鸟飞三月之限，树叶如针之峰，奕叶相承，为汝臣属
元	《纪古滇说集》	天竺梵僧、习农乐及同室人细密觉	天竺梵僧	细密觉	汝夫妇虽主哀牢，勤耕稼穑，后以王兹土无穷也
明	《南诏野史》	美髯老僧、奴罗、罗盛炎、姑、妇	美髯老僧	姑、妇	奕叶相承

① 木芹.南诏野史会证［M］.昆明：云南人民出版社，1990：35–36.

② 方国瑜.云南史料目录概说：第二册［M］.北京：中华书局，1984：612，620.

③ 方国瑜主编；徐文德、木芹、郑志惠纂录校订.云南史料丛刊（第11卷）［M］.昆明：云南大学出版社，2001：168.

④ 方国瑜主编；徐文德、木芹、郑志惠纂录校订.云南史料丛刊（第11卷）［M］.昆明：云南大学出版社，2001：164.

⑤ 张树芳.大理丛书·金石篇［M］.北京：中国社会科学出版社，1993：180.

续表

时代	出处	故事中出现的人物	授记者	受记者	授记内容
明	《云南通志》引《僰古通》	美髯老人（僧）、奴罗、罗晟、姑、妇	僧	姑、妇	奕叶相承
清康熙	《白国因由》（僰文译作）	孥罗父子、茉莉女羌婆媳、观音（梵僧）	僧	孥罗	已使汝为国主……汝主大理国土十三代也
清嘉庆	《重修巍宝山青霞观碑纪》	细奴罗、妇蒙嶅、美髯老人（道祖显化）	老人	细奴罗夫妇	老人以杖击其粗十三，曰：汝家富贵，子孙相承，有如此数

从表 1 可知：

第一，从唐代到清代都有僧人授记的故事，甚至清代出现了道祖点化的故事。

第二，在僧人授记的故事中，僧人身份不同，唐《画卷》、元《纪古滇说集》中的僧人为梵僧，甚至后者明确称为天竺梵僧；但明代的两部文献都仅称为僧人，未交待僧人来自何处；而清代的译作《白国因由》称之为梵僧、观音、僧。

第三，授记内容前后有变化。《画卷》强调南诏辖区的明确性和有限性以及南诏王权无期限的延续性；而元《纪古滇说集》以及经过明代文人整理后的《南诏野史》和《僰古通》都仅强调了南诏王权世系的无限性；在清代，无论是僧人授记还是道祖点化，授记的内容都强调了南诏王权只有十三代。

第四，最初受记故事作为涉及南诏佛教源流的情节之一，不是《画卷》的中心；但在流传过程中，除《白国因由》和《重修巍宝山青霞观碑记》的其他文献都将受记故事作为当地历史的部分来书写，重点已转移至受记故事本身，注重细奴罗家族对南诏统治权力的来源。

四、受记故事变化的社会背景

僧人授记长期存在于故事中，表明佛教在大理地区长期盛行。

宋代，大理政权交通发达，以云南驿为中心，"东至戎州，西至身毒国，东南至交趾，东北至成都，北至大雪山，南至海上"①。然而，宋朝与大理国政权划大渡河而治，有意识地限制与大理国的交往，使大理地区相对自治，大理国政

---

① 李焘.续资治通鉴长编：卷二百六十七·神宗·熙宁八年[M].北京：中华书局，1995：6540-6541.

权与宋朝和平相处，也为大理国政权自主发展宗教创造了和平的环境。这一时期缅甸国王阿隆悉都曾派军队到龙尾城要挟大理国交出佛牙①，这正好说明其佛教兴盛。据前人统计，大理国时期有 8 位王退位为僧②，僧人参政很普遍③，还在剑川开凿佛教石窟，当时大理有 45 所佛寺④。

蒙元统一云南，在大理地区建立总管府，给予大理段氏一定的自治权力，以至于大理地区延续唐宋的宗教信仰，佛教密宗流行，其俗"多尚浮图法，家无贫富皆有佛堂，人不以老壮，手不释数珠；一岁之间斋戒几半，绝不茹荤、饮酒，至斋毕乃已；沿山寺宇极多"⑤，有妙香国之称。

明朝统一云南之初，就积极推广吸纳了儒家伦理思想的佛教，试图通过推广宗教，构建云南对明朝的认同。洪武二十一年（1388）下旨，凡年满 20 岁，讨要僧侣度牒的，就给予度牒，命其前往云南，每三十里造一座庵寺⑥；又规定，不许私自创置寺观、簪剃⑦。但僧尼、僧俗混住的情况屡屡发生，于是永乐十五年（1417）规定私建庵观及僧尼混处者诛，次年确定各府、州、县宗教人员数量，重申不许私自簪剃⑧。

然而，这些措施在大理地区施行的效果不明显，佛教密宗仍很盛行。正德二年（1507）巡按云南御史陈天祥说："云南有阿吒力、朵兮薄二教，其徒数百人，不祝发，不绝荤酒，类僧道而非僧道，有妻妾，生子女，假托事佛祈禳，招集良家妇女，宣淫坏俗。"⑨考古资料也证实，明代的大理地区盛行佛教密宗。

---

① 哈威.缅甸史［M］.姚枬，译.北京：商务印书馆，1957：80.

② 方国瑜.唐宋时期云南佛教之兴盛［M］//方国瑜文集：第二辑.昆明：云南教育出版社，2001：537.

③ 王叔武.云南志略辑校［M］.昆明：云南民族出版社，1986，87.

④ 吴棠.道教在云南的传播与影响［M］//吴棠.云岭丛谈.香港：天马图书有限公司，1999：8.

⑤ 王叔武校注.大理行记校注，云南志略辑校［M］.昆明：云南民族出版社，1986：22-23.

⑥ 周钟岳，江燕，文明元，王珏.新纂云南通志·5·卷一百五·宗教考五［M］.昆明：云南人民出版社，2008：527.

⑦ 大明律·卷四·户律一·户役·私创庵院及私度僧道［S］.早稻田大学图书馆藏本.

⑧ 余继登.典故纪闻［M］.北京：中华书局，1981：133，160.

⑨ 许缙，等.武宗正德实录·卷二十三［G］.台北：中央研究院历史语言研究所影印本，1962：6.

大理地区出土的火葬墓多为南诏大理国时期至清初，且墓碑、幢大都为佛教密宗阿吒力僧书写，所刻内容为梵文，多为《佛顶尊胜陀罗尼神咒》，火葬罐亦书写大量梵文经咒，刻有大量佛教主题的莲瓣纹、宝相花、法轮纹等纹饰。① 这一时期大理地区的大姓大都认为自己是九隆族后裔，清初的族谱却将祖源追溯至南京②。这些现象表明，明朝虽然从政治上、军事上控制了当地，并设儒学，开科举，但思想文化上并未完全控制大理地区。

巍山也是佛教流传之地，如岿屺图山出土了南诏初期的佛教雕像，观音幻化有情节发生在巍山③；但1990年统计的85座寺院多为明以后修建的禅宗庙宇④，没有继承密宗，或许也正因为如此，梵僧授记细奴罗的故事没有在巍山延续下来；但奇怪的是，就连僧人授记细奴罗的故事也没有在巍山延续（这需要进一步研究），取而代之的是融合了道教因素的点化故事。

道教在巍山的传播历史，据《巍宝山青霞观常住田碑记》载，"蒙阳巍宝灵山，创自汉、唐、宋、明"⑤，当代论著也把巍山道教追溯至汉晋时期的孟优、王羲之，唐代杜光庭、郑回、贞元会盟"三官书"等。⑥ 事实是，虽然有唐贞观时期道祖在巍宝山点化细奴罗的传说，但除了现存部分文献有"道味"之外，并无唐代的道教建筑遗存。

随着明代统一云南，汉族移民大量入滇，巍山的道教逐渐兴盛。明初青衣道士从大理来到巍宝山传布道教。宣德初期，刘真人（刘渊然）请求在云南、大理、金齿（今保山）设置道纪司，以扶持道教，由于其受到皇上恩宠，"凡有请无不从"⑦，其徒弟被任命为道纪阐化南诏。明代张志淳撰《玄珠观记》表明道教传布到巍山的时间不晚于宣德年间（1426—1435），而目前所见巍宝山的道教建筑都初建于明末至清代。

① 李萍.云南古代火葬墓研究［D］.昆明：云南大学，2010：133-134.
② 张锡禄.白族家谱及其研究价值［M］// 张锡禄.南诏与白族文化.北京：华夏出版社，1992：79.
③ 尤中.僰古通纪浅述校注［M］.昆明：云南人民出版社，1988：22.
④ 薛琳.巍山彝族回族自治县民族宗教志［M］.昆明：云南人民出版社，1992.
⑤ 云南省巍山彝族回族自治县志编纂委员会编纂.巍山彝族回族自治县志·文献志·第三章·金石选录［M］.昆明：云南人民出版社，1993：981.
⑥ 薛琳.巍宝山志［M］.昆明：云南人民出版社，1989：46-47；郭武.道教与云南文化：道教在云南的传播、演变及影响［M］.昆明：云南大学出版社，1999.
⑦ 王直.抑菴文集·后集·卷五［M］// 文渊阁四库全书电子版——原文及全文检索版.上海：上海人民出版社，1999.

道教在立足巍宝山的过程中，将南诏统治家族获得权力的故事纳入道教叙述体系，达到巩固道教在巍山的地位，并得到群众的信仰的目的。此故事纳入道教体系，还是在清代逐渐加强思想文化控制的背景下实现的。

清朝通过武力建立政权后，面临着如何有效控制广阔地域的问题。清朝统治者吸收儒学，用儒家理论解释其政权的合法性；推行孝治伦理政治，康熙颁布了"圣谕十六条"，打击阿叱力教，雍正对"圣谕十六条"进行解释，形成《圣谕广训》，宣讲、贯彻孝治思想①；《四库全书》对汉文文献集中清理，剔除不利于清统治的文献；"削发令"则强制所有男性都要削发，以示臣服于满人；将"谋叛本国"归在十恶之下，列为第三项；乾隆时期立名宦乡贤祠，鼓励节孝、义行，表彰忠杰，抨击贰臣②，等等。在这样的背景下，任何形式上可能影射为谋叛的行为都会受到严厉的处罚。

就云南而言，从秦开岷江以南地，到汉代益州郡，三国庲降都督，到唐代云南安抚使司，再到元行省，明布政司，中原王朝对这一地区的统治政策都不得已任用土酋羁縻之。云南还出现过以大理地区为政治文化中心、相对独立于中原王朝的南诏、大理政权，满族入关后成为南明永历帝的最后基地，清代统一云南后出现三藩之一的吴三桂，还经常出现土民抢掠村寨的事件，部分地区不得不武力改土归流。总之，云南是关系到清朝西南边境安全之地，也是铸币材料来源的重要地区，对清朝的政局稳定和经济发展非常重要，故而对供奉南诏、大理国统治者，尤其是曾与中原王朝对抗过的统治者祠庙非常敏感，将其判定为淫祠③。

受记故事涉及的南诏政权虽有皮罗阁、阁罗凤等接受唐朝廷"归义"的册封，且唐朝廷以南诏为基础设置云南安抚使司，但也出现过阁罗凤与吐蕃联合进攻唐朝巂州、会同等地，弃唐附吐蕃，跟吐蕃赞普以兄弟相称，酋龙甚至自立年号，要求唐朝以"敌国礼相见"。在这种情况下，故事中梵僧授记暗示着南诏政权的王权来自外域，而非来自内地，这将威胁到中原王朝对云南统治权的合法性。此外，"奕叶相承""王土无穷"也暗示着南诏相对独立于中原王朝的情况的无限期延续。因此，将梵僧转换成僧人或老君；将"奕叶相承""王土无

① 昆冈，李鸿章，等.大清会典事例·礼部·风教·讲约二［S］.光绪二十五年石印本.

② 钦定大清会典·礼·风教［S］// 文渊阁四库全书电子版——原文及全文检索版.上海：上海人民出版社，1999.

③ 屠述濂.腾越州志·卷十二·吴楷·景帝非正祀辨［M］.台北：成文出版有限公司，1967：195（下）–196（上）.

穷"转换成"子孙相承，有如此数""汝主大理国土十三代""自汝至子孙为王一十三代"暗示着地方王权的无期限延续的终结，对清朝统治云南的认同，是清朝在明朝的统治基础之上，从军事上、思想上、宗教上加强控制云南的结果。

五、结　论

本研究的结果表明，南诏统治者将受记故事与梵僧幻化联系起来，确立了来源于印度的佛教密宗的正统地位，促成了中国西南地区的局部统一，形成了大封（僰）民这一民族共同体。宋元时期大理地区相对自治，佛教密宗继续发展。明朝虽然从政治、军事上统一了云南，并在土官教育、宗教导向方面做了努力，但明朝对大理地区的控制仍不足，以至于受记故事仍然延续了南诏王权的无期限延续性。直到清代统一云南，对某些地区果断武力改土归流，清理不利于清朝统一的所谓淫祠、禁书，在思想文化上加强对云南的控制；而受记故事为了继续在民间传播，不得不屈服于中原王朝对西南地区的控制，将来自域外、无期限的南诏王权转变为来自内地、仅能传十三代的王权。这种转变表明大理地区在清代才认同中原王朝，体现了清朝的统治策略和措施对改变和塑造当地的文化认同有重要影响，也是云南成为统一多民族国家不可分割一部分在宗教文化上的反映。

论西汉中期以前滇文化中海贝的用途

王东昕　段福和 [①]

一

关于云南何时开始用贝为币，中华人民共和国成立前，江应樑先生曾撰文指出："一般都说云南之用海贝是始自楚庄蹻王滇之时，这话虽不尽可靠，但我们却可相信，云南之以海贝作货币，其起始必甚早，中间一贯相沿……两汉时，云南虽已成为中国之郡县，中国本土这时虽不用贝而用钱，但因为中国与云南在政治上经济上，均无若何深切关系，故中国用钱，对于云南用海贝并未发生若何影响。" [②]

1955 年 3 月，云南省博物馆对云南省晋宁石寨山"滇"人古墓葬群进行了考古发掘，部分墓葬中出土了大量海贝。此后，学术界围绕这些海贝的用途问题展开了研究，产生了不同观点。李家瑞先生根据对考古发掘所得海贝的研究认为："它确实是西汉的贝币……但多到万数，储藏的器具又是为贝特制的，那已不是初用或少用时的情况，可知云南用贝作货币，已早在西汉以前了"。 [③] 方国瑜先生以这些海贝既比云南各地明代墓葬中出土的贝体积大、贝面无穿孔，而且明代出土的被用作货币的贝又都有穿孔的小洞，再加上对有关文献史料所做的详细考证，他指出："云南有贝的时代很早，但在南诏以前所见纪录或实物，只能说明是装饰用的。是否流通作为货币，还有待继续收罗史料进行研究""至于晋宁出土的古贝，那是装饰品，并不是用作货币" [④]。此后，在滇池区域的江川李

---

① 王东昕，博士，云南民族大学社会学院教授。段福和，大理白族自治州剑川县民族博物馆文博馆员。

② 杨寿川.贝币研究［M］.昆明：云南大学出版社，1997：81-93.

③ 李家瑞.古代云南用贝的大概情形［J］.历史研究，1956，（09）：85-100+105-106.

④ 方国瑜.云南用贝作货币的时代及贝的来源［J］.云南社会科学，1981，（01）：24-41.

家山、呈贡天子庙和滇西地区的剑川鳌凤山古墓中分别出土了数量多少不等的海贝，而且这些古墓的时代均在战国中期至西汉中期以前。有学者根据对考古发掘出土的这些海贝的研究，既肯定地认为这些海贝就是当时流通用的货币，又进一步明确指出："云南自春秋晚期开始使用贝币以后，贝币的流通逐渐发展起来""云南：春秋晚期至明末清初（公元前500年左右—公元1648年）是贝币流通的时期"。[①] 关于这些墓葬中所出土的海贝是用作货币的观点目前广为人们所接受，[②] 但笔者对此有不同看法：目前已有的考古材料并不能说明这些海贝是作货币用的；这些海贝在当时的滇池地区也并非作为装饰品使用；它们仅只是作为本地所无、来自远方的稀罕物件，成为当时该地区社会的极少数特权人物视作身份、地位和财富的象征的珍藏品。

为说明问题，笔者将通过对这一时期出土海贝墓葬的时代、形制、空间分布范围、与其他形制墓葬的时空关系以及海贝与其他随葬品在出土墓葬中的位置关系作进一步考察，以证明之。文中除加注者外，所有引用的考古材料均分别引自：云南省博物馆之《云南晋宁石寨山古遗址及墓葬》（载《考古学报》1956年第1期）；《云南晋宁石寨山古墓群发掘报告》（文物出版社，1959年）；《云南晋宁石寨山第三次发掘简报》（载《考古》1959年第9期）；《云南晋宁石寨山第四次发掘简报》（载《考古学报》1963年第9期）；《云南江川李家山古墓群发掘报告》（载《考古学报》1975年第2期）；昆明市文物管理委员会之《呈贡天子庙滇墓》（载《考古学报》1985年第4期）；云南省文物考古研究所之《剑川鳌凤山古墓发掘报告》（载《考古学报》1990年第2期），恕不一一作注。

二

对于任何一种考古发掘出土的遗物或遗迹，都不能把它作为一种孤立的事象来认识、分析，只有置其于所存在的时空环境中进行考察，才能把握住它的实质涵义。作为流通领域的一般等价物"货币"的产生与存在，必须具备一定的空间流通范围、延续一定的使用时间长度、有相对固定的交换群体、经常发生的交换行为、能为交换群体成员所普遍拥有等特征，这样才能实现在交换过程中充当

[①] 杨寿川.贝币研究［M］.昆明：云南大学出版社，1997：1–27.

[②] 汪宁生.云南考古［M］.昆明：云南人民出版社，1992：71.张增祺.中国西南民族考古［M］.昆明：云南人民出版社，1990：340–341.

"媒介"的功能。就海贝而言，它存在的具体情况如下。

1. 晋宁石寨山

石寨山位于晋宁西面约 5 公里处，其北距小梁王山约 3 公里、东距左卫山约 3 公里，东南距金沙山约 2 公里，西距滇池岸边的河泊所仅 0.5 公里左右，是分布在滇池东岸的一个平地突起高出地面约 20 米的小山丘。1955 年至 1960 年间，云南省博物馆在对石寨山先后进行的四次发掘中，共清理出保存相对完好的属于战国末至东汉初的古墓葬 50 座。由于第二次发掘中从 M6 墓葬里出土了一枚蛇钮金印"滇王王印"，此与《史记·西南夷列传》载汉武帝元封二年（前 109）"赐滇王王印，复长其民"条正相吻合，且晋宁为西汉益州郡滇池县所在地，说明这批墓葬的主人当为古"滇"人。根据墓葬地层、随葬器物组合及其本身所反映的特征，这批墓葬可以划分为四种类型，其时代分属：第一类型为西汉初叶或更早，至文帝五年（前 175）以前；第二类型为文帝五年至武帝元狩五年（前 118）；第三类型为武帝至王莽以前的西汉中晚期；第四类型为西汉晚期至东汉初期。这 50 座墓基本上呈长方形，均为竖穴土坑墓，其时代有早、晚之分，随葬品有种类及数量的多、寡之别，墓葬形制也有大有小。根据先后四次发掘所发表的报告，出土海贝的具体情况如下：M1 墓坑后壁下面，有两相扣合的铜鼓两件，其内盛满海贝且贝面无穿孔，另有 1 件虎耳四足器、1 件鼓形飞鸟四耳器和 1 件鼓形四耳器中均盛有海贝，后 3 件器物分别置于铜鼓的右后、左、右侧，该墓还随葬有大量青铜工具、武器、赤金类装饰品及其他质料的装饰品，3 件青铜镜上的花纹及铭文表明该墓的时代为西汉中晚期；M3、6、7、10—17、19、20、22 共 14 座墓随葬的铜鼓、青铜贮贝器内盛满海贝，而且随葬品的数量多，种类丰富；M23 墓坑北部发现一堆海贝，据发掘者估计，盛贝器是木质的，已腐朽，仅见痕迹，该墓随葬品较丰富；M9 墓坑中也发现数十枚海贝，盛于一双耳小陶罐中，此墓随葬品量少类寡且无金及玉质装饰品等。这些墓中，M14—17 墓属第一类型；M3、10—13、19、20、22 墓属第二类型；M1、6、7、23 墓属第三类型；M9 墓属第四类型。从墓葬的分布情况看，第三、四两次发掘的 28 座墓均为中、小型墓，第三次发掘的 12 座墓位于第一、二次发掘的墓葬的周边，第四次发掘的 16 座墓位于整个墓地的最外圈，而第一、二次发掘的 22 座墓则位于中心地区。孙太初先生在《云南晋宁石寨山古墓葬第四次发掘简报》中认为这种布局与墓主人的身份有关，也与时代的先后有关系。

从海贝出土的具体情况看，有如下特点：主要存在于少数大型墓中，出土海贝的墓葬与墓葬总数之比为 17：50，占 34%；主要存在于西汉中期以前的墓葬中，其后的墓葬里则很少或不见；除 M9 墓以外的随葬有海贝的墓中，其他的随葬品均较丰富，而大量中、小型墓内则不见有海贝。

2. 江川李家山

江川县属玉溪地区，在昆明东南约 80 公里，其西北距晋宁石寨山约 40 多公里。李家山县境内多依山的分支，位于星云湖的西北，江川县旧城南约 3 公里的龙街乡早街村西边，山下公路曾是滇南各地县至昆明的交通要道，山高约 100米。1972 年 1—5 月云南省博物馆对李家山古墓群进行了发掘，共清理墓葬 27座。这 27 座墓均为长方形竖穴土坑墓，墓室结构和葬式大致相同，但各墓墓室的大小及随葬品的种类和数量等方面有显著差别，可以划分为三类。

第一类墓共 22 座，大多分布在山顶及其周围，主要随葬品是青铜器，只个别墓中出土小件铜铁合制器，不见青铜镜、五铢钱等"汉式器物"。该类型墓又可划分为两种型式：Ⅰ 型墓有 M11、17、18、21—24 共 7 座，全部集中在山顶部正中，墓坑最大，随葬品最多；Ⅱ 型墓有 M2、4—10、M13—16、19、20、25共 15 座，墓室较小，每墓随葬数件或十几件青铜器，最多的也仅有十多件，无铜鼓、铜枕和铜伞等大型铜器，除 M20 墓有少量海贝外，其余墓内均无。

第二类墓有 M1、3、12 共 3 座，位于山的西南坡，墓坑较第一类 Ⅰ 型墓小，但大于 Ⅱ 型墓。每墓随葬器物四五十件不等，但第一类墓中常见的铜鼓、铜葫芦笙、铜枕、铜伞及浮雕人物、动物图案的铜扣饰和用海贝作随葬品的现象已不再出现，取而代之的是铜犁、铜锄、铜铁合制或铁制的兵器和生产工具，还有成套的马饰、带钩、百乳镜以及刻有"河内工官"的铜弩机等。

第三类墓有 M26、27 两座，位于山的西南坡，墓坑大小与第二类墓基本相同，随葬品中除发现有第二类墓中常见的器物外，还有铜釜、甑、洗、罐和五铢钱。铜铁合制的兵器还相当多，但新发现了环首铁刀、铁削和长铁剑等。

从海贝出土的具体情况看，在 M11、17、18、20—24 座墓中随葬有海贝，共 300 多公斤，大部分堆放在墓底西北角，M17、24 座墓中的部分放在贮贝器或铜鼓中。以海贝作随葬品者均为第一类墓，而在第二、三类墓中，用海贝随葬的现象基本消失了。根据随葬器物组合及器物本身所反映的特征，第一类墓的时代在武帝以前，其上限或可早到战国末；第二、三类墓的时代，上限不会早于西汉中期，下限可能晚至东汉初。

综上述可知，以海贝做随葬品的时代在西汉中期以前，在以后的墓中则不见；随葬海贝的墓主要是规模较大的第一类 Ⅰ 型墓，这些墓内其他随葬品的数量多且种类丰富，墓主应为当时该地区社会的统治阶级上层人物，海贝仅为极少数特权人物所拥有，随葬海贝的墓葬与墓葬总数之比为 8：27，不足 30%。

3.呈贡天子庙

天子庙位于昆明市呈贡龙街区小古城乡境内，北距昆明市约 15 公里，南至呈贡县城约 3 公里，西临滇池约 2 公里，东靠高约 10 米的黄土山，附近有古马料河通过。1979 年 12 月 4 日至次年元月 22 日，昆明市文物管理委员会对天子庙古墓群进行了发掘，共清理了 44 座古"滇"人墓葬。

所有墓葬均为长方形竖穴土坑墓，其中，以 M41 墓葬的规模最大，出土随葬器物最为丰富；其他墓都是中、小型墓，出土的随葬品不多。根据随葬器物组合、器物本身所反映的特征及对 M41 墓葬中的椁木、兵器木柲和海贝所做的放射性碳素年代测定数据，这批墓葬可划分为三期：第一期有 M33、41 两座，时代为战国中期；第二期有 12 座，时代为战国晚期；第三期有 30 座，时代为西汉前期。M41 墓葬有棺有椁，随葬品以青铜器为主，出土各类青铜生产生活用具、装饰品和陶器等共 310 多件，数以万计的绿松石珠，在 M41：100、101 两件箭内分别贮有海贝 600 枚及 900 枚共 1500 枚，贝面无穿孔；M33 墓葬的规模仅次于 M41 墓葬，随葬品亦以青铜器为主，还有陶尊、罐、玉石及玛瑙器等，但数量不多，仅有 30 多件；除 M33 墓葬外的中型墓的随葬品以陶器为主，只有少量青铜器，而小型墓每座墓的随葬品多数只有二三件。除 M41 墓葬外，其余 43 座墓中均无海贝发现。

根据发掘报告可知，海贝仅在战国中期墓中出现，而且仅存在于大型墓中，在同期及以后的墓葬中则不见，随葬海贝墓葬与墓葬总数之比为 1：44，仅占 2%。

4.剑川鳌凤山

鳌凤山位于大理州北部剑川县县城南约 30 公里沙溪街西南约 0.5 公里，墓地位于山顶，1980 年 10—11 月，云南省文物考古研究所发掘了山顶墓地，清理土坑墓 217 座，瓮棺葬 34 座，火葬墓 91 座，出土随葬器物共 572 件。

墓葬分布于山顶及其南坡，上层为瓮棺葬，下层为土坑墓。在 217 座土坑墓中，有随葬器物的有 93 座，随葬器物以青铜兵器和装饰品为主，陶质生产生活用具次之，石质生产工具极少。根据层位关系及打破关系、墓室结构、随葬品种类与数量的不同，土坑墓可分为 A、B 两类。A 类墓有 122 座，大多分布在山顶，墓坑较深，为下层土坑墓，墓室一般较大，少数随葬石范、石刀、石镞，有 14 座随葬有猪、羊下颚骨，少者 1 件，多者 3 件；B 类墓有 95 座，多数分布在 A 类墓四周，墓坑较浅，为上层土坑墓，墓室一般较小而狭长，无葬具，随葬品中不见猪、羊下颚骨，且数量种类较 A 类墓少得多。经放射性碳素测定、并结合随葬器物所反映的特征等看，土坑墓的时代大致在战国末至西汉初期。叠压在其上的瓮棺葬与火葬墓，从葬俗及随葬陶器的性质、制法、器形等方面情况的比较，与土坑墓时期有某些相似之处，其相对年代大致在东汉时期。

从海贝的出土情况看，仅在 A 类墓的 M81、155、159 三座墓中各出土 43 枚、1 枚、3 枚共 47 枚，除 M155 中的 1 枚保持原状无穿孔外，其余 46 枚的底部被磨穿，平整光滑，且都出于死者头部，当为装饰品无疑。

综上所述可知，在滇文化范围内，海贝根本不具备作为货币的条件。那种认为云南自春秋晚期开始使用贝币及以后贝币的流通逐渐发展起来的观点显然是不成立的，它产生于把考古材料与其存在的各种关系相分离而孤立分析对象的错误方法，从而造成对考古材料错误的理解与使用。以生前财、物等作为随葬品的习俗，是人们相信还有来生，该习俗存在的时空范围都是极广泛的，滇文化的人们同样有此习俗，若海贝是作为财富——货币而被随葬的话，何以仅只在战国中期至西汉中期出现，而此后的墓葬中则不再出现？

在广阔的滇文化范围内，根据目前所掌握的考古材料，仅三处墓地出土海贝，而且海贝拥有者（以每墓计）的比率仅为 26：121，不到 22%，仅为极少数特权人物所拥有，即便在很多大、中型墓中也没有发现海贝。若海贝是作为货币被使用，虽然各人所有的海贝在数量上可以有较大差别，但也应该为人们普遍拥有，而考古材料反映的却是海贝并不为大多数人所能拥有这一实情，那在交换过程中海贝如何充当"媒介"？在当时"滇"人中，以物易物的交易十分盛行，如石寨山 M12：26"杀人祭铜柱"场面盖虎耳细腰铜贮贝器的盖上铸有立体的杀人祭铜柱的场面，表现的是一种祭祀的盛典，其中有头顶箩兜或坛罐者 3 人、持筐而坐者 6 人、持盘坐者 14 人，其筐、盘之中似有各种食物，有双手抱大鱼者 1 人，有 1 人头顶箩筐，1 人对面伸手作取卸之状，"场面这一部分所表现者应是当时群众利用宗教集会来进行交换的情景。……贸易之物，从箩筐所盛来看，似为食物野果之类，一人所抱之鱼自亦是贸易之物。当时的贸易应是以交换农副产品为主要内容的集市贸易，贸易数额很小，且不经常举行。它不过是自给自足自然经济的一种必要补充而已"，[①] 可见当时该地区并没有形成经常性的交易市场，专职货币也就没有产生和存在的基础，而且贸易场面中并无海贝形象出现。因此，"海贝为币"的说法是不成立的。方国瑜先生关于云南在南诏以前海贝不作币的推断当是准确无误的。

---

① 汪宁生.民族考古学论集［M］.北京：文物出版社，1989：355.

三

在滇文化范围内，海贝在此时期并不是用作装饰品。原因如下。

在各地墓葬中，发现有各类青铜制品如扣饰、饰牌、镯；各式石坠、石环等；玉器类的璧、环、玦、耳环、带钩、匕形器、坠、片、管、标首和珠子等；赤金类的圈状物、珠、坠子、玦、发簪、发针等；还有玛瑙类的扣、珠，绿松石类的扣、珠及各式各色料珠等作随葬品，根据其出土时的状况，当为装饰品无疑。

晋宁石寨山M1墓葬中出土赤金类物：圈状物30件；珠子一包，有圆形、椭圆形和管形三种，都比较细小，空心，可以穿串起来，出土时多半集中在一处，原系穿成长串的装饰品；扁葫芦形坠子14件，与珠子混合出土，空心，可能是穿在珠子两端作为坠子用的装饰品；另有玦2件，梅花形饰品6件，压花簪形残片5件。有石环9件，上面涂满朱色；石耳环一包，从出土时可以看出每只耳环至少为20片以上穿成。此外尚有各色玛瑙珠、圆管饰品，各色琉璃珠，各色绿松石珠和扣子等，每种饰品多至数百粒。M40墓葬的墓主人骨架下压着一件装饰品，是用26枚直径约4厘米的圆形玛瑙扣串成，分两行，一行正，一行反，长达58厘米，由头顶拖至腹部，下段至一件铜柄铁剑的茎端而两行交叉起来，呈环带状，据推测此饰品可能就是佩剑用的；有铜手镯两包，在M39：1戴于墓主人骨架左手腕上，在M47：1戴于墓主人骨架右手腕上；玛瑙扣56件，有浅蓝灰色和红色两种，圆形，面上中央突起一尖，背面有双孔，可以穿缀。M21墓葬中有铜玦10件，在墓主人左、右手腕上各戴有5件。此外，还有上端作圆头形、下端如剑的金发簪，细圆体的顶端作纽绳纹状金发针，剪形金片饰（打制极薄，边沿有小穿孔一周，与金珠等同出一处，可能为"珠襦"上的饰品），浅蓝、深蓝两色的料珠，等等。

江川李家山的墓葬中也出土大量各类各式装饰品，如：质地坚硬的玛瑙器，大多保存完整有光泽，有红、白、浅灰三色，有扣（共743枚，背面均有两圆孔，互相连通，用以穿系）、管（共5683枚，有红、白和白红相间三种，上有穿孔）；有绿松石珠数万枚，圆圈形，中有穿孔，有的与玉管、玛瑙珠和管等串联成一长方形覆盖物，掩盖于墓主人身上；有玉管，完整的共2385枚，圆管形，中有穿孔；有玉镯，完整的有60件；有玉耳环17组，每组数件至十余件不等，多作圆形，如M24墓葬出土两组，分别放在墓主人左、右耳部，圆形，上端有一缺口，缺口处有对称二孔用以穿戴；等等。

呈贡天子庙墓中也出土了大量各类各样的装饰品，而且其上多有穿孔。

以上材料所反映的特征表明，随葬品种类是很多的，而且其上一般都有穿孔或其本身即为圆圈状，以便穿系、佩戴，但在此时期滇文化范围内出土的海贝贝面均无穿孔，此为海贝不能作装饰品的原因之一。

其二，在各墓地出土的一些随葬器物上，就明确存在有用以上一些装饰品点缀装饰的现象。如：呈贡天子庙M41：39鹰头形圆形扣饰，鹰的鼻根两侧镶嵌圆锥形玛瑙石两枚以示双目，扣饰周边还均匀地镶嵌玛瑙石8枚，扣饰面中央铺满绿松石珠；圆包形扣饰2件，正面中央隆起成圆包形，上镶嵌玛瑙石等，M41：46扣饰稍残，中央镶嵌玉一块；宽边环形镯上镶嵌有绿松石；条带状环形镯上也镶嵌有绿松石珠；李家山墓地也存在同样现象，但唯独不见以海贝作镶嵌物者。

其三，更重要的是，在各墓地出土的众多青铜器上，既有立体的人物铸像，也有阴刻的人物形象，其中大多数人物形象佩戴有装饰品，惟不见有用海贝装饰者。如：石寨山M1墓葬的一件女俑，被置于铜鼓上，长发挽成一银锭式髻，垂于脑后，耳上戴大圆环；M12：2铜鼓形铜贮贝器器面有阴线印铸的妇女21人，都梳银锭式发髻，穿对襟长衣，耳上及腕上戴环与镯；M17：5"女性大铜俑"，戴耳环，手上戴圆镯；M17：23的4件女性铜舞俑，1件为吹葫芦笙状，另3件作舞蹈姿势，皆戴耳环，手上戴大圆环或筒状镯；M13：64"四人乐舞"铜饰物上，4人均双手戴环，腹前挂一圆形扣饰；M18：1一作蹲坐姿势的女性大铜俑，戴耳环，手上戴大圆环和筒状镯，颈间挂项链，等等。此类现象还很多，不胜枚举，且在江川李家山、呈贡天子庙等属滇文化范围的同期墓葬中都有同类现象存在，无不说明了海贝并非用作装饰品这一事实。

而且，虽然各地各墓中随葬的以上装饰品在种类、质地和数量方面不尽相同，但以其中某一类或几类为随葬品的墓葬占绝大多数，以装饰品随葬的现象是极为普遍，海贝因其稀有不易得到之性质，是不可能成为日常生活装饰物的。

在西汉中期以前的滇文化范围内，海贝既非货币，又非装饰品，它仅只可能是作为本地所无、来自遥远的印度洋和太平洋地区的稀罕物件而成为当时该地区社会极少数特权人物的珍藏品，关于这一认识，从海贝仅在有限的二十多座大型墓葬中发现且主要贮藏于重要青铜器物中的特点应可得到证实。即便在今天，我们仍然广泛持有这一习俗：如以各种奇花、异草、奇石、古往今来的本国本地区或他国的各种货币或其他实物作珍藏品，却并不用作流通的货币，此现象也有助于说明彼时此地区海贝的用途。

从《南诏图传》与崇圣寺文物看
南诏大理国的天文学

颜文强 [①]

以研究宇宙空间天体的结构和运行规律为对象的天文学一直是古代自然科学的重要组成部分。唐宋时期，西南少数民族政权南诏大理国就已经具备了一定的天文学知识，如"以十二月为岁首"的本地历法和以寅月岁首的中原历法并存[1]。这是天文学在历法上的应用。实际上，南诏大理国的天文学除了少数为本地经验积累外，更多地受印度和中原的影响。本文拟以《南诏图传》和崇圣寺千寻塔发掘的文物为例，探讨南诏大理国的五星七曜和北斗七星等天文学知识。

一、《南诏图传》上的天文学：五星七曜

《南诏图传》，又称为《南诏中兴画卷》《南诏中兴二年画卷》，是南诏时期流传下来的历史文物，现藏于日本京都藤井友邻馆。《南诏图传》由纸本画卷和文字卷两部分构成，其中画卷部分为七组彩画，画卷全长约 5.73 米、宽约 0.3 米，绘制于南诏蒙舜化贞中兴二年（898），描绘的是"观音幻化、南诏立国"的故事。文字卷文字约 3000 字，与画卷部分相互补充、相互印证，反映了南诏的民族社会图景，是难得的历史文物见证。值得注意的是，李惠铨、王军两位学者于 1984 年对文字卷部分的全部文字进行全文转录和点校，十分方便研读。在《南诏图传》的文字卷上记载了有关天文学的知识，如：

> 中兴二年二月十八日……广施武略，权现天兵，外建十二之威神，内列五七之星曜。[2]

---

① 颜文强，哲学博士、中医学博士后，大理大学民族文化研究院副研究员，硕士生导师，主要从事民族宗教文化、道教医药学、古天文历法等研究。

文字卷的"五七之星曜"即是指"五星七曜"。其中"五星"指五大行星：木星（又称为岁星）、火星（又称为荧惑星）、土星（又称为镇星）、金星（又称为太白星）、水星（又称为辰星），合称为五星；"七曜"是这五星加上白天最亮的天体——日（又称为太阳星）、农历每月十五夜晚最亮的天体——月亮（又称为太阴星）。五星与七曜是古人直接观察宇宙天空最明显的天体组合，故常合称为"五星七曜"。由大长和国内供奉僧、崇圣寺主、义学教主、赐紫沙门玄鉴所编纂的《护国司南抄》也出现了"月朔""月望""在天为五星""日在东、月在西"[3]的记载，这里关于日、月、五星的零星记载也是"五星七曜"的天文学知识。

五星七曜是我国古代先民对宇宙天体观察的归类总结。早在《周易·系辞传上》就有天象与人事吉凶相联系的记载："天垂象，见吉凶，圣人象之。"[4]两汉时期古人对"五星七曜"的观测与推算应用更加重视。《后汉书》之《志第二·律历中》曰："常山长史刘洪上作《七曜术》。甲辰诏属太史部郎中刘固、舍人冯恂等课效，复作《八元术》，固等作《月食术》，并已相参。固术与《七曜术》同。"[5]"夫甲寅元天正正月甲子朔旦冬至，七曜之起，始于牛初。乙卯之元人正己巳朔旦立春，三光聚天庙五度。"[6]"五星七曜"是古代各朝代天文观测的重要组成部分，如《隋书》卷二十二《志第十七·五行上》阐释曰："夫天有七曜，地有五行。五事愆违则天地见异，况于日月星辰乎？况于水火金木土乎？"[7]南诏大理国时期与中原的交流密切，中原的五星七曜等天文学知识对南诏大理国带来深刻影响。《南诏野史》之《后理国·段正严》记载了"二日并出""金星入月"的现象:"二日并出,金星入月,大火焚三千九百户。"
[8]日、月与金星是五星七曜中的重要天体,《南诏野史》此处记载受中原影响
将异常天象与人间灾咎相联系,反映了南诏大理国受中原"天人合一""天人感
应"思想观念的影响。这也从一定程度促进了南诏大理国天文学水平的发展。

二、崇圣寺文物绢帛符咒图上的天文学:北斗七星

20世纪70年代,文物考古工作者在大
理崇圣寺千寻塔的维修过程中发掘了一张大
理国时期的绢帛符咒图,上面绘有30多颗星
体,"经初步辨认,其中有七颗应与北斗七
星有关"[9]。该图上面还有大量梵文,是一
张融合道教符箓和佛教密宗的符咒图。宗教
学者段玉明教授分析说:"这是一张典型的
道教符箓,虽然其中杂糅了密教的成分。符
咒上点(即星)的数目分别为五、六、七、
八、九,代表东、南、北、西、中'五斗',
'卢'为太一之形,'力去田鼠'之类字样
实是道教劫鬼、驱鬼之符。"[10]据此可以
初步判断,这绢帛符咒图上面星体应该是北
斗七星,表明大理国时期已经具备了一定的
北斗七星天文学知识。

绢帛符咒图

北斗七星是指北极星附近的七颗显星:
天枢星、天璇星、天玑星、天权星、玉衡
星、开阳星、摇光星,在道教和民间系统中
又分别称为贪狼星、巨门星、禄存星、文曲
星、廉贞星、武曲星、破军星。这七星相连的形状像古代舀酒斗状器具,故称为
北斗。天枢、天璇、天玑、天权四颗星组成斗身,称"魁",玉衡、开阳、瑶光
三颗星组成斗柄,称"杓"。实际上还有两颗隐星——左辅星、右弼星,也称为
洞明星、隐元星,故准确的说法应是"北斗九星",只是七颗显星容易观察,所
以"北斗七星"的说法比较流行。北斗七星是中国古代三垣的紫微垣,西方星座
上属于大熊星座,在北半球的大部分常年可见。北斗七星从斗身上端到斗柄的末
尾,其希腊字母按顺序依次为 α、β、γ、δ、ε、ζ、η。北斗七星的运转

有一个重要规律：无论斗柄指向何处，从"天璇星"通过"天枢星"向外延伸一条直线，大约延长5倍就是北极星。北极星千年不动，是定位天空北边的指明灯。

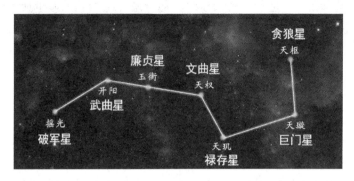

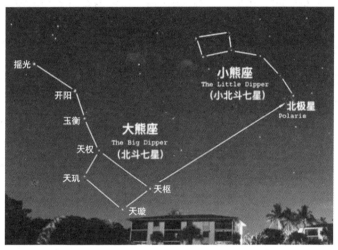

古代先贤通过长期观察发现，北斗七星围绕北极星转，北斗七星在不同的季节和夜晚不同的时间，出现在天空不同的方位，故利用北斗七星黄昏时斗柄的指向来确定时间，尤其是四季。先秦道家典籍《鹖冠子》卷上记载："斗柄东指，天下皆春；斗柄南指，天下皆夏；斗柄西指，天下皆秋；斗柄北指，天下皆冬。"[11]这就是说，傍晚时北斗七星的斗柄指向天空东边的时候，地球上黄河流域为主的区域正是春天季节；傍晚时北斗七星的斗柄指向天空南边的时候，地球上黄河流域为主的区域正是夏天季节；傍晚时北斗七星的斗柄指向天空西边的时候，地球上黄河流域为主的区域正是秋天季节；傍晚时北斗七星的斗柄指向天空北边的时候，地球上黄河流域为主的区域正是冬天季节。《史记·天官书》也

记载："斗为帝车，运于中央，临制四乡。分阴阳，建四时，均五行，移节度，定诸纪，皆系于斗。"[12] 正是这样，古人利用北斗七星天体运转形成的不同时间与地球上的不同空间方位巧妙地统一起来，这就是古人"天地一体""时空统一"的宇宙观，并由此进行"观象授时"指导农业生产和工作生活。崇圣寺千寻塔绢帛符咒图上的北斗七星图表明大理国受中原影响，已经具备了一定的北斗七星天文学知识。

三、现代天文软件的应用

五星七曜、北斗七星是古代天文学极为重要的星体观测对象，为了方便今人能够更深入体会古人通过观测星象指导生活的心境，笔者介绍两种现代天文软件 Stellarium、Skymap 供参考应用。利用天文软件有两个显著优点：一是无需借助天文望远镜，十分方便、快捷；二是克服了阴雨雾霾等不利观察的天气变化和光污染，从而能够随时知晓五星七曜和北斗七星的运行位置与动态。

1. Stellarium 天文软件

Stellarium，汉语翻译为"虚拟天文馆"，是一款可以随时随地模拟星象的开源天文软件。

Stellarium 可以真实地表现通过肉眼、双筒望远镜和小型天文望远镜所看到的天空，且永久免费，电脑版和手机版均可下载。该软件主要有以下优点：一是 Stellarium 支持 Linux/Unix、Windows and MacOSX 等操作系统平台；二是画面逼真，视图效果与天文望远镜所观察画面基本一致，且功能强大，可以绘制星座、虚拟天文现象（如流星雨、日食和月食等），通过 F2 快捷键还可以截图保存等；三是支持实时显示，可以根据观测者所处的时间、地点，显示天空中太阳、月球、行星和恒星的具体位置，鼠标点击该天体可以显示其赤经赤纬、黄经黄纬、方位角等信息；四是可以设置多种语言，如简体中文、繁体中文、日语等。笔者以 Stellarium 电脑版为例，通过左侧功能键设置时间和观测地点，或者通过快捷键 F5 设置日期 / 时间，通过 F6 设置观测地点，如：时间设定为 2022 年 5月 1 日上午 10：50 分，观测地点设定为大理，以显示"太阳"天象为主，界面如下：

2. Skymap 天文软件

Skymap，汉语翻译为"星空地图"，是一款谷歌上展示星空地图功能的永久免费 App 手机软件，可以在手机上进行下载。Skymap 天文软件也有四大优点：一是可以根据手机 GPS 定位来随时查看天象，根据手持手机方向不同，可以显示不同方位的天象；二是自带中文语言；三是可以检索常见的天体进行定位查找；四是界面简洁精美，功能强大，操作简单，十分方便。笔者以查找北斗七星为例，时间为 2022 年 5 月 1 日 18:36 分，地点根据手机 GPS 自动定位为大理大学古城校区中院，手持手机方向逐渐向北移动直至找到北斗七星，可以看到天枢星、天璇星、天玑星、天权星、玉衡星、开阳星、摇光星组成的斗状星象。此时呈现的界面如下：

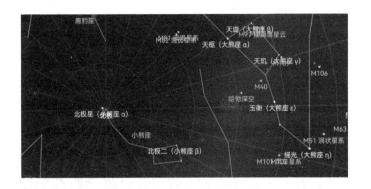

可以看出，借助 Stellarium、Skymap 这两种现代天文软件，能十分方便地观测到五星七曜、北斗七星等天体的具体天象和位置，这一方面有利于深入理解古人重视星象及其在人事现象中应用的认识观，另一方面对于今天我们体会时空的统一性也有较大的启迪。

参考文献

［1］李晓岑.南诏大理国科学技术史［M］.北京：科学出版社，2010：31.

［2］李惠铨，王军.《南诏图传·文字卷》初探［J］.云南社会科学，1984（6），99.

［3］侯冲.护国司南抄［M］.藏外佛教文献（第七辑），2000：68-113.

［4］黄寿祺，张善文.周易译注（修订本）［M］.上海：上海古籍出版社，2001：556.

［5］范晔撰；张道勤校点.后汉书［M］.杭州：浙江古籍出版社，2000：894.

［6］范晔撰；张道勤校点.后汉书［M］.杭州：浙江古籍出版社，2000：895-896.

［7］魏征.隋书（第三册）［M］.北京：中华书局，1973：617.

［8］木芹.南诏野史会证［M］.昆明：云南人民出版社，1990：273.

［9］李晓岑.南诏大理国科学技术史［M］.北京：科学出版社，2010：35.

［10］段玉明.南诏大理文化史［M］.南宁：广西师范大学出版社，2018：368-369.

［11］鹖冠子.鹖冠子：道藏第27册［A］.文物出版社，上海书店，天津古籍出版社，1988：207.

［12］司马迁.史记（上册）［M］.长沙：岳麓书社，2004：351.

大理国五方佛塔模与金刚界曼陀罗信仰

杨伟林 [①]

一、大理国金质亭阁式五方佛塔模

弘圣寺塔出土的宋代（大理国）金质莲花须弥座亭阁式塔模，现藏大理州博物馆。纯金制作而成。原始号 HT：13，通高 13 厘米。塔由塔基、塔身和塔刹组成。亭阁为单层单檐，檐下为三层递减，接口与厅四角齐平。塔刹由葫芦宝瓶、宝盖、三层相轮、莲花宝座组成。方形塔基由三层组成，底层为稍矮台座，中间一层稍高，每面饰有三朵莲花，上层雕饰成莲花座。塔身为单层四角亭阁，四面底部各雕有圆弧形门，内饰一坐式佛像，佛像纹路清晰，佛像高肉髻，圆脸，高鼻，弯眉细目，两肩宽厚，身躯丰颐健壮，结跏趺坐，身后有葫芦形背光。各像手印不同，一像左手结禅定印，右手结触地降魔印，结跏趺坐，位阿閦佛；一像左手定印，右手结与愿印，南方宝生佛坐像；一像双手于腹前结禅定印，为西方阿弥陀佛坐像；一像左手于腹前结定印，右手结说法印，为北方不空成就佛坐像。

金质莲花须弥座亭阁式塔模

---

① 杨伟林，大理州博物馆馆长，研究馆员，《大理文博》主编。

东方阿閦佛　　　南方宝生佛　　　西方阿弥陀佛　　　北方不空成就佛

二、大理国密檐式五方佛塔模

2015年，在保利香港秋季拍卖会上，香港一位藏家拍得一件宋代（大理国）铜鎏金十三级密檐佛塔，随后，此件珍贵文物在大理市博物馆展出。佛塔为十三级密檐佛塔，平面为四方形，空心，通高 25 厘米，底座 6.5 厘米 ×6.5 厘米，重1162 克。由塔基、塔身、塔刹三部分组成。四方形须弥塔基，中间束腰，四面每面各饰二组桃形如意纹。塔身较高，形如千寻塔，第一层较高，第二层以上高度逐层收缩。第一层内堆塑有四佛和四天王。在每一面正中间塑有四方佛，依次为：东方阿閦如来坐像，肉髻平缓，圆脸，细目，直鼻，左手结定印，右手结触地降魔印，着袒右肩式袈裟，结跏趺坐于仰莲台上，身后饰葫芦形背光；南方宝生如来坐像，肉髻平缓，圆脸，着袒右肩式袈裟，左手结定印，右手结与愿印，结跏趺坐于仰莲台上，身后饰葫芦形背光；西方无量寿如来坐像，肉髻平缓，圆脸，低首，细目，直鼻，双手于腹前结禅定印，神态安详，着袒右肩式袈裟，结跏趺坐于仰莲台上，身后饰葫芦形背

大理国铜鎏金十三级密檐佛塔

光；北方不空成就佛坐像，肉髻平缓，圆脸，低首，细目，左手于腹前结定印，右手结说法印，着袒右肩式袈裟，结跏趺坐于仰莲台上，身后饰葫芦形背光。

东方阿閦佛　　　　　南方宝生佛　　　　　西方阿弥陀佛　　　　北方不空成就佛

　　第一层的四角塑有四天王，依次是东方持国天王，头束发髻于顶，外戴宝冠，身着袍甲，圆脸，高鼻、瞪目，口微启，左手搭扶于腿，舒坐于二鬼奴背上，鬼奴跪姿，奋力苦撑，呈痛苦状。南方增长天王，头戴边缘上卷头盔，盔顶有莲花结，身着袍甲，圆脸，双目圆睁，高鼻，闭口，胡须浓密，右手握剑柄，左手抚剑刃，舒坐于二鬼奴背上，鬼奴双肘着地，作跪姿，奋力支撑。西方广目天王，头戴边缘上卷头盔，盔顶有如意结，身着袍甲，圆脸，横眉，双目微睁，高鼻，口微启，右手握一条蛇，左手持索，舒坐于二鬼奴背上，鬼奴跪姿，一鬼奴手撑下巴，一鬼奴双肘拼力挣扎。北方多闻天王，头束发髻于顶，外戴宝冠，身着袍甲，圆脸，睁目，高鼻，口微启，右手握拳，左手曲臂上举持宝塔，端坐于二鬼奴背上，鬼奴跪地，作苦挣扎状。

　　四角塑四天王，天王为护法神，"须弥山之半腹有一山，名由犍陀罗。山有四头，四王各居之，各护一天下，因之称为护世四天王。其所居云四王天，是六欲天之第一，天处之最初也，称为四天王天：东持国天，南增长天，西广目天，北多闻天。长阿含经曰：'东方天王，名多罗吒，领乾闼婆及毗舍阇神将，护弗婆提人。南方天王名毗琉璃，领鸠槃荼及薜荔神，护阎浮提人。西方天王名毗留博叉，领一切诸龙及富单那，护瞿耶尼人。北方天王名毗沙门，领夜叉罗刹将，护郁单越人。'婆娑论谓四天王身长一拘卢舍四分之一。止持会集音义四王天曰：'东方持国天王，谓能护持国土，故居须弥山黄金埵。南方增长天王，谓能令他善根增长，故居须弥山琉璃埵。西方广目天王，谓以净天眼常观拥护此阎浮提，故居须弥山白银埵。北方多闻天王，谓福德之名闻四方，故居须弥山水晶埵。'"①

东方持国天王像

南方增长天王像

西方广目天王像

北方多闻天王像

佛塔第二至十三层高度逐层微微收缩，每层结构基本相同，各层上沿留出三级递减的迭涩檐，每层中间留有龛洞。顶留有覆钵，上置塔刹，塔刹宝瓶、宝盖等组成葫芦顶。四角置有迦楼罗，又称"大鹏金翅鸟"，俗称"金鸡"，为佛教护法神"天龙八部"之一。

此塔密檐式塔造型典雅华美，结构匀称，其轮廓呈曲线收缩，具有柔和的曲线美，尤显挺拔镌秀。塔鎏金均匀，色泽甚佳，是大理国时期极其珍贵的佛教文物，具有较高的学术价值和艺术价值。

同样在千寻塔出土塔模（原始号：TD中65），塔身为七级密檐式塔，第一级较高，每面设有四个券门，每扇门前分别塑有东方阿閦佛坐像，南方宝生佛坐相、西方无量寿佛坐像、北方不空成就佛坐像，加上中间代表大日如来的塔体，

---

① 丁福保，《佛学大辞典》"四天王词条"，江苏人民出版社2017年版。

组成五方佛供养。

七级密檐式塔模

三、金刚界曼陀罗五方佛信仰

"塔有显密二教之别。显教以为揭高德之标帜，即所谓墓标，故限于佛乃至有德之比丘。密教以为大日如来之三昧耶形。五轮塔是佛体。非墓标。"① "于密教诸尊像中，以塔为三昧耶形或持物者不少，如金刚界之大日如来及多闻天以宝塔为三昧耶形，胎藏界之大日如来以五轮塔为三昧耶形；复因密教以大日如来表示法界体性智，故其三形塔又称法界塔。此外，三十臂弥勒菩萨与多闻天之持物均为宝塔，亦有于弥勒菩萨之宝冠上安置五轮塔者。"②塔本身就是大日如来佛，此塔模就代表佛教密宗的五方佛。

塔的四周的中间塑有阿閦佛、宝生佛、无量寿佛和不空成就佛，形成四方佛，中间塔为大日如来佛，组成五方佛。四角驻四大天王，有东方持国天王、南方增长天王、西方广目天王、北方多闻天王。形成五方佛居中，四方四大天王护持的大理地区独特的佛塔供养特征。

在南诏大理国古塔中出土了数量较多的五方佛造像，这些佛像作为供养放置在古塔中。五方佛又称"五智佛""五智如来"，五尊佛代表中、南、东、西、

---

① 丁福保，《佛学大辞典》"塔词条"，江苏人民出版社 2017 年版。
② 星云大师监修、慈怡法师主编，《佛光大辞典》，北京图书馆出版社 2016 年版，第 5421 页。

北五方。中央毗卢遮那佛（Mahavairocana）结智拳印，代表法界体性智；东方阿閦佛（Akshobhya）结触地印，代表大圆镜智；南方宝生佛（Amitabha）结予愿印，代表平等性智；西方阿弥陀佛（Ratnasambhava）结禅定性印，代表妙观察智；北方不空成就佛（Amoghasiddhi）结无畏印，代表成所作智。

在此三件塔模中，中间的塔代表大日如来佛，按照佛教密宗的教义大日遍照（大日如来佛）梵名 Maha^vairocana，根据梵语音译为摩诃或毗卢遮那佛，意为"遍一切处""光明遍照"，是佛的三身中的法身佛，是佛教密宗供养之本尊和最上根本佛，也是五方佛中的中方佛，居于世界中央位置。由于毗卢佛智慧之光遍照一切处，能使三千大千世界永放光明，能开发众生之善根，成为世间和出世间之事业，因此又得"大日如来"的尊号。《大日经疏》说："梵音毗卢遮那者，是日之别名，即除暗遍明之义也。""所谓毗卢遮那者，日也。如世间之日，能除一切暗冥，而生长一切万物，成一切众生事业。"密宗把大日如来作为最高的崇奉对象，认为大日如来是理性和智慧的集中体现，是理智不二的法身佛。据《大日经疏》卷一载：大日如来分本地法身和加持受用身两种，本地法身是指法身如来之自证极位。加持受用身指的是说法之教主。彼以平等之身身口意（以身平等之密印、语平等之真言、心平等之妙观）为所入之门。故加持受用身即是毗卢遮那遍一切身，此二身实为无二无别。又因大日如来金刚界和胎藏界两部曼陀罗的主尊，其智德以金刚界大日如来来表示，其理德则以胎藏界大日如来来表示。

南诏大理国佛塔中出土的大日如来佛坐像是金刚界曼陀罗造像，一般造像较小，造像比例准确，线条流畅，铸造工艺精湛。造像融入了古印度、印度、缅甸、中原内地、西藏的风格，同时形成了自己的特色。从另一个侧面我们看到，上海博物馆收藏的大日如来佛像体量在已知的大理金属佛像中是最大的一件，而剑川石钟山石窟中的大日如来佛是地位最为显赫的一尊，由此得知，大理佛教密宗的胎藏界的大日如来佛信仰非常兴盛，身份和地位极高，佛教密宗也得到当地白族大姓的大力弘扬。

阿閦佛是梵语 Aksobhya 的音译，意为是"不动""无目嗔怒"，代表着大圆镜智的觉性，这种智能显现世界万象。"为东方现在佛名。略称阿閦。又称阿閦鞞佛、阿刍鞞耶佛、恶乞刍毗也佛。意议不动佛、无动佛，或无怒佛、无瞋恚佛。依据阿閦佛国经卷上发意受慧品与善快品所载，过去东方去此千佛刹，有阿比罗提世界（梵音 Abhirati），大目如来出现其中，为诸菩萨说六度无极之行，其时有一菩萨，于闻法后发无上正真道意，发愿断瞋恚、断淫欲，乃至成最正觉，大目如来欢喜而赐号阿閦。阿閦菩萨逐于东方阿比罗提世界成佛，现今仍于彼土说法。又据法华经卷三化城喻品载，大通智胜佛未出家时有十六王子，后皆出家而为沙弥，其第一子名为智积，即阿閦，于东方欢喜国成佛。悲华经卷四载，阿弥陀佛于过去世为无诤念王时有千子，其第九子蜜苏即阿閦，在东方成佛，国号妙乐。密教以此佛为金刚界五佛之一，象征大圆镜智。位于五解脱轮中之正东月轮中央，前方为金刚萨埵，右方金刚王菩萨，左方金刚爱菩萨，后方金刚喜菩萨。形像为黄金色，左手作拳安于脐前，垂右手触地，即所谓阿閦触地印。密号为不动金刚。种子为［fan（hu^m!）］（hu^m!）。三昧耶形为五股杵。真言为'唵恶乞刍毗也吽'。"①

《佛说阿閦佛经》中说阿閦佛为菩萨是：在大目如来"于一切人民蜎飞蠕动之类不生瞋恚"等誓愿，经过累劫的修行，终于在东方的阿比罗提世界七宝树下成佛，佛刹名为"妙喜"。由于他的愿力所感，佛刹中没有三恶道，大地平正柔软，一切人都行善事，环境极其殊胜。依《大宝积经》所说，往生妙喜世界的因缘多种，依佛所说，其根本因缘则是"应学不动如来往昔行菩萨行，发弘誓心愿生其国"。在《不动如来会第六之一》一篇中对阿閦佛有如下描述："从是东方过千世界，彼有佛刹名曰妙喜。昔广目如来应正等觉出现于彼，与诸菩萨摩诃萨说微妙法……彼时有一比丘。从座而起偏袒右肩，右膝着地向佛合掌，白言世尊，如佛所说，菩萨法教志愿修行……尔时广目如来，授不动菩萨摩诃萨阿耨多罗三藐三菩提记言，善男子。汝于来世当得作佛，号曰不动如来应正等觉明行圆满善逝世间解无上丈夫调御士天人师佛世尊。"②南诏大理国时期，阿叱力教盛行，阿閦佛在阿叱力教中是五方佛之东方佛，地位尤为突出。

南诏大理国时期，佛教密宗非常盛行，阿閦佛信仰同样也是最早进入大理，在大姚白塔和大理崇圣寺千寻塔中出土的"阿閦佛灭正报咒"梵文砖，正面留有方形框，框内书有汉字和梵文，首行书有行书"阿閦佛灭正报咒"七字，下书八行梵文，文字迹清晰。崇圣寺三塔出土的梵文砖在清代阮福《滇南古金石录》中收录有拓本。这些塔砖是唐代建塔时留下的，从一个侧面反映南诏时期大众对阿閦佛信仰的程度。

---

① 星云大师监修、慈怡法师主编，《佛光大辞典》"阿閦佛词条"，北京图书馆出版社2016年版。

② 星云大师监修、慈怡法师主编，《佛光大辞典》"三昧耶形词条"，北京图书馆出版社2016年版。

宝生佛，又叫南方宝幢佛或南方宝相佛。梵名 Ratna-sam!bhava，音译为罗怛曩三婆缚；西藏名 Rin-chen h!byun-ba，又称宝生如来，是密教金刚界五佛之一，位于金刚界曼荼罗成身会等之五解脱轮中，正南方之月轮中央。此尊以摩尼宝福德聚功德，能成满一切众生所愿；更能于行者升至法王位时予以灌顶。为五部中之宝部所摄，主五智中之平等性智。此尊密号平等金刚，种子为［fan（tra^h!）］（tra^h!），或［fan（ja）］（ja），三昧耶形为宝珠。其形像于金刚界诸会中互有差异，如于成身会中，全身呈金色，左手握拳置于脐下，右手向外展开，而无名指、小指稍屈，其余三指舒展，结施愿印，结跏趺坐于莲花座上。另依大乐金刚萨埵修行成就仪轨载，其身黄色，左手握拳，持衣角置于胸前，右手作施愿印。又古来此尊之形像与胎藏界曼荼罗东方之宝幢如来相同，故被视为同体。此尊于金光明经卷一、观佛三昧海经卷九、陀罗尼集经卷十等所说四方四佛中，相当于南方宝相佛，亦相当于金光明最胜王经卷八所说之南方宝幢佛。[①]

宝生佛以摩尼宝福德聚功德，能成满一切众生所愿；更能于行者升至法王位时予以灌顶。为五部中之宝部所摄，主五智中之平等性智。密教经典《守护经》记载说，宝生佛左手持衣角于手心，右手仰掌，象征宝生佛"满足众生所求"的本愿。宝生佛属金色（也称黄色）宝部部主，居南方，故亦称为五方佛中之南方佛；因宝生佛具有平等性智，也称为五智佛之一。修法时，观想自身皆融成金色，此身即成宝生如来。并从顶上放金色光，现出无量金色菩萨，众生如遇此佛光，则所有愿求皆得满足。

宝生佛所化现的菩萨身为普贤菩萨，金刚身为金刚萨埵，忿怒身为孙婆明王。金刚幢菩萨（梵名 Vajraketu），密号圆满金刚、愿满金刚，象征一切如来广大圆满一切众生所愿，而出生此菩萨，安住宝生佛左边的月轮。金刚幢菩萨能加持行者满足一切愿望，就如同真多摩尼宝幢，心无分别，皆令众生满足。金刚笑菩萨（梵名 Vajrahasa），密号喜悦金刚、欢喜金刚，象征一切如来广大欢乐而出生此菩萨，安住宝生佛后边的月轮。一切有情如有见闻金刚笑菩萨者，则心生踊跃，于法能得到决定，受用法之利乐。南诏大理国时期，佛教密宗阿吒力较为盛行，作为五方佛之一的南方宝生佛在南诏大理国时期的古塔中有出土，因为能聚财，民间历代都有供奉。

无量寿佛为西方极乐世界之教主。梵名 Amita^bha，音译为阿弥陀佛、阿弥

---

① 星云大师监修、慈怡法师主编，《佛光大辞典》"宝生佛词条"，北京图书馆出版社 2016 年版。

多婆、阿弥䃼幡，直译为无量光。意译为无量、无量寿、无量光佛。"另据平等觉经、后出阿弥陀佛偈、称赞净土佛摄受经等载，弥陀号称无量清净佛，所在之世界称为清净世界、极乐世界。阿弥陀佛成道之本缘，据无量寿经卷上载，过去久远劫世自在王佛住世时，有一国王发无上道心，舍王位出家，名为法藏比丘，于世自在王佛处修行，熟知诸佛之净土，历经五劫之思虑而发殊胜之四十八愿。此后，不断积聚功德，而于距今十劫之前，愿行圆满，成阿弥陀佛，在离此十万亿佛土之西方，报得极乐净土。迄今仍在彼土说法，即净土门之教主，能接引念佛人往生西方净土，故又称接引佛。阿弥陀三尊像通常以观音菩萨及大势至菩萨为其胁侍，而与此二尊并称为西方三圣。于现存大乘经论中，记载弥陀及其极乐净土之事者凡有二百余部，可见有关弥陀信仰及净土教义之深入人心。据《般舟三昧经卷》记载，阿弥陀佛有三十二相，光明彻照，端正无比。另据观无量寿经之说，无量寿佛之身如百千亿夜摩天阎浮檀金之色，其身高六十万亿那由他恒河沙由旬。眉间之白毫右旋宛转，毫相之大小犹如五倍须弥山之高广；其眼清白分明，眼之大小犹如四倍大海水之纵广。其身有八万四千相，一一相中有八万四千好，一一好中有八万四千光明，遍照十方世界，摄取念佛之众生。于密教，以阿弥陀佛象征大日如来法身之妙观察智，称为甘露王。于金刚界曼荼罗中，称为受用智慧身阿弥陀如来，居于西方月轮之中央。其身黄金色，结三摩地印，种子为［fan（hri^h!）］（hri^h!），密号清净金刚，三昧耶形为莲花。于胎藏界曼荼罗中，称为无量寿如来，居于中台八叶之西方。其身为白黄色或真金色，闭目，身著轻衣，跏趺坐于宝莲上，结入定印。其种子为［fan（sam!）］（sam!），密号清净金刚，三昧耶形为初开之莲花。"①

无量寿佛为西方极乐净土世界的教主，以无尽愿力誓渡一切众生，不舍悲愿，以无量光明照独行者，业障重罪皆可消减，凡持其名号者，生前获佛护佑，消除一切灾祸业苦；死后更可化生其极乐净土，得享一切安乐。在密教中，无量寿佛象征大日如来的妙观察智，名甘露王。在金刚界曼荼罗中称受用智慧身如来，居于西方月轮之中央，身黄金色，结入定印，三昧耶形为莲花。在胎藏界中曼荼罗中居中台八叶院之西方，身白黄色或真金色，跏趺坐于莲座上，结入定印，密号净金刚昧耶形为初开莲花。

北方不空成就佛（梵名 Amoghasiddhi），也叫不空成就如来，不空成就是意

---

① 星云大师监修、慈怡法师主编，《佛光大辞典》"无量寿佛条"，北京图书馆出版社 2016 年版。

译，居北方胜业净土，是金刚五佛之一，位于金刚界曼荼罗五解脱轮中北方月轮之中央。据密教所传，此佛的印契为施无畏印，即左手执衣角，右手舒掌，竖起五指，掌心向外。其四方安置金刚业、金刚护、金刚牙、金刚拳四菩萨。密号不动金刚，三昧耶形为十字羯磨杵。胎藏界称之为天鼓雷音佛。在密教图像里，不空成就佛的四方，通常都安有四位菩萨。四位菩萨的方位与颜色如下：前方是肉色的金刚业菩萨；右方是青色的金刚护菩萨；左方是白黄色的金刚牙菩萨；后方是青色的金刚拳菩萨。

近年来艺术品市场上的南诏大理佛精品

张永康[1]

一、流散与发现

1925 年初春时节，大理地区突遭地震，民屋倒塌甚多，唯始建于唐代晚期的崇圣寺三塔巍然屹立。据《新纂云南通志》卷八十八记载，主塔千寻塔塔刹由东南方向震落堕地，一同震落的还有一个围五尺许、高二尺、厚五分铜盂，其中置有重器，但很快被附近的驻兵抢夺一空。云南著名历史学家方国瑜先生在其《大理崇圣寺塔考说》回忆过那场地震引起的文物流失事件：

> 1926 年冬过大理，闻先一年地大震，民屋倒塌甚多，三塔仍巍然屹立，惟中塔顶安置之铜器因波动过甚而坠落于地。……又闻塔顶铜器坠落后，铜盂已破裂，所盛诸物亦散乱满地，有折断变形者，群众闻讯而至者数百十，争取而去，铜盂体大，被分片而散尽，后有人以铜片制戒指，说是避邪，一时成为风尚，滇西各县多有得者。盛于铜盂内诸器，被分散藏匿，一时传说纷纷。在大理有权势者出而搜索，得其精品，有说：一铜匣内藏经卷，梵、藏、汉文金粉写；又有说铜佛像数躯，大小不一，尚有他物。[2]

方国瑜先生还记录了当年地震落物中，最精致的铜塔模落入了大理镇守使李选廷手中，他把收藏的塔模带回昆明，后来因争权失败离昆到南京，私运此物至苏州，送给了云南籍近代名士、国民党元老李根源。李先生一直把塔模视为至宝而密藏之，后来抗战事起，苏州局势危急，李先生将塔模埋藏于苏州郊区的小王山松海墓地。抗战胜利后，李先生回到小王山寻物时，只见一空空如也的土坑，塔模至今下落不明。

---

[1] 张永康，云南省文史研究馆馆员。
[2] 方国瑜.大理崇圣寺塔考说［J］.思想战线，1978：6.

地震事件让大理塔藏文物名噪一时，利欲熏心者接踵而至。1942年，有一个名叫鲍格蓝（Beauclair）的德国传教士，曾出重金唆使亡命之徒前往大理三塔偷盗，在千寻塔顶取下佛像二尊。1946年，鲍格蓝将佛像随身带至贵阳。1949年冬，贵阳解放，此案被侦破，鲍格蓝被逐出境，缴获所盗二尊佛像，先由中央民族学院文物室收藏，后又送归云南省博物馆保存，其中之一就是珍贵的杨氏铭文铜菩萨像。该尊菩萨立像为虚空藏菩萨，现陈列于云南省博物馆三楼的"妙香佛国"展厅。像高24厘米，右手屈臂持宝慧剑，左手握如意宝珠置于腰侧，环形头光残缺，背部刻有"追为坦绰杨和丰，追称宣德大王"的铭文。杨氏乃南诏大理国望族，"坦绰"是南诏大理国类似宰相的官职。方国瑜先生认为此像应是南诏之后的大义宁国（929—937）创建者，杨干贞为追封其父所铸造并藏于崇圣寺千寻塔。

除此之外，美国学者海伦·查平（H.B.Chapin）在1944年发表了《云南的观音像》[①]一文，提到当时美国大都会博物馆、旧金山艺术馆、丹佛艺术馆、芝加哥艺术中心、华盛顿弗里尔美术馆等机构收藏有六尊来自中国南诏大理国时期的佛像，其中最著名的是1941年4月入藏圣地亚哥艺术馆的段正兴造阿嵯耶观音像。该像高49厘米，通体铜质鎏金，高发髻，用一根长而粗的丝织线束头发，织线两端编成连续小花瓣，分别垂于两肩，发髻中有化佛，双眉间点有"白毫"。脖颈上戴镶宝项圈，双臂戴钏，右手腕戴联珠形手钏。左手置于下腹前，微微抬起，右手弯曲至胸前，食指和拇指相拈，结妙音天印。肩宽腰细，上身袒露、下着薄裙，裙裾上阴刻"U"字形纹，双腿略显僵直。赤双足。最重要的是其裙裾后面铸有一段铭文："皇帝骠信段正兴资为太子段易长生段易长兴等造记原禄筭尘沙为喻保庆千春孙嗣天地标机相承万世"。可见此尊圣像是大理国王段正兴（1147—1172年在位）出资为其皇子种德植福所造。这件阿嵯耶观音像也成为了我们研究大理国后期宫廷官造佛像的重要标准器，根据其工艺特征和艺术风格，我们陆续确认了一批大理国后期的阿嵯耶观音的官造样式，其特点是：普遍高度在46～50厘米，通体铜鎏金，有的采用漆金工艺，做工精细。站姿男生相，上身袒露，戴项环臂钏等饰品，下身修长，贴身薄裙，刻有U形纹。高发髻，中有化佛，双鬟结花形瓣，垂于两肩，分别是左11瓣、右10瓣。赤足，足下有方形榫头，等等。

---

① Helen B.Chapin，Yunnanese images of Avalokitesvara.Harvard Journal of Asiatic Studies. Vol.2（1994）pp.131–183.

　　其实早在国外学者关注阿嵯耶观音之前，国内就有学者开始了相关造像领域的研究。1939 年，李霖灿来到了大理剑川县石宝山南诏大理国石窟群进行了艰苦而科学的考察。次年 1 月，李先生于丽江教育局完成了石宝山石窟考察的初稿，文中详细记录了石窟的分布状况、艺术风格、年代以及遗址保护等内容，收录各类题记并附有大量亲手绘制的线图。1960 年，李霖灿偶识台北故宫博物院藏《宋时大理国描工张胜温画梵像卷》之"利贞皇帝礼佛图"，恍然大悟，遂成文《〈大理国梵像卷〉和云南剑川石刻》，考证了剑川石窟是南诏大理国重要文物遗存，并对主要石刻单元进行了识读。文章结尾处他这样写道："大陆上 20 年前的一段旧梦，却于宝岛台湾因此宝卷而得证明"些许无奈，字里行间却闪烁着一代学者的治学情怀。1963 年李霖灿发表了《南诏大理国新资料的综合研究》[①]，开创了从艺术史角度研究南诏大理国佛教文物之先河。

　　除著名的阿嵯耶观音像以外，还有一些珍贵的明王护法像也流散到了民间或海外。互联网时代，越来越多的考古资料与馆藏信息被公诸于众，这不仅拓宽了收藏者的眼界，还刺激了学界研究的不断深化。一些传统的认识得以修正，一些"隐藏"在博物馆的南诏大理国佛像被重新定义。其中，比较有代表性的就是大理国大黑天像。云南省博物馆收藏有一尊罕见的九头十八臂三足护法神像。该文物是 1952 年云南省文化馆移交的传世品，像高 49 厘米。入藏时，疑为藏传佛教的"嘛哈嘎啦"，年代不详。1995 年国家文物局鉴定专家组来云南省博物馆鉴定时，认为此种形制造像极为罕见，为稳妥考虑，将名称改为"九面明王立像"，年代定为明。2015 年，云南省博物馆鉴定站青年学者赵云在进行可移动文物普查时，又重新研究了此尊文物，认为是大理国时期珍贵的铜鎏金大黑天立像[②]。无独有偶，美国普林斯顿大学艺术馆和英国大英博物馆也各收藏有一尊类似的大黑天像。他们的高度和外形，基本与云南省博物馆藏品一致，理应也是大理国的大黑天像。但是，海外收藏的两尊大黑天像的做工和品相都不及云南省博物馆收藏这件大黑天像。2017—2018 年，此尊大黑天像作为云南省博物馆大型原创展"妙香秘境——云南佛教艺术展"的重点推介文物分别在昆明、台湾和重庆等地展出，引起了不小的轰动。

---

　　① 李霖灿.南诏大理国新资料的综合研究［M］.台北：中央研究院民族学研究所：1967.

　　② 赵云.大黑天的另一种形象——云南省博物馆藏传世大黑天考［J］.云南文物，2016：1.

近年来，海外文物艺术品呈现出集中回流之势。南诏大理国的传世佛像不断出现在海内外艺术品拍卖市场，其中不乏精品，有些是以往罕见的孤品。由于工作和研究方向等原因，笔者曾亲自近距离观察过几件流通于艺术品市场的南诏大理国佛像，印象深刻，故成文与读者共赏之。

二、罕见的铜鎏金药师佛立像

2016 年北京保利拍卖公司"大圆觉"秋拍专场，一件由德国回流的大理国铜鎏金药师佛立像（图 1）以 2185 万元的高价成交。这件文物是半个世纪以前一位德国私人的收藏品，2010 年 11 月在德国纳高拍卖公司就拍出过天价。笔者曾亲赴保利公司鉴赏此件文物。后撰文《大理国鎏金托宝钵铜立佛像浅议》刊登于 2018 年第 1 期的《云南文物》，文中确定了此尊确系大理国所遗留且罕见而珍贵的铜鎏金佛立像，但是对于佛像的身份没有讨论。本文进一步明确一番。

此尊托宝钵的大理国立佛造像，其身份应为药师佛。目前虽然罕见这样的铜佛像，但在《宋时大理国描工张胜温画梵像卷》之"药师如来十二愿"中有几乎一模一样的佛陀形象（图 2）。可惜佛像手中所持锡杖因年久原因而遗

图 1　大理国铜鎏金药师佛立像

失，但仍保留着持握的手型。此尊立佛从头顶至脚底高 36.5 厘米，加上底座，通高 43 厘米，应为现存大理国铜立佛中体形较大者之一。金水较厚，色调偏暖，黄中闪红，与大理国其他鎏金铜造像相同。透过局部自然剥落的金水下面，现出黑灰色铜本质。此为铜锡合金中锡的氧化层，与所见大理国时期普遍应用青铜铸造佛像的特点相符。头饰螺发，以青金着色。肉髻平缓，肉髻与底发之间饰有一联珠圆形环，环中嵌蓝色琉璃珠，是为髻珠。面型方中带圆。鼻梁略高，与双眉联成一体，双眉间饰以白毫。长条形双耳，几欲及肩，耳垂中饰以穿孔。杏仁形眼，眼仁为一横条形。唇厚，吻部三角区略凹。整个面相呈现一种恬静感，其笑容朴实纯真，这是大理国佛陀面相之典型特征。身着袒右肩式大衣，衣纹以减地法饰出曲线，流畅自然。大衣内着腰裙，裙裾饰直线条纹。大衣和腰裙紧贴身体，衣摆不明显，这也是大理国佛陀造像的风格之一（包括阿嵯耶观音造像之裙

裙亦如此）。佛陀右手自然垂立于右腿之旁，手臂戴莲形臂钏（除印度造像外，在我国其他地区的金铜佛陀造像中殊见）；左手托一十分显眼的佛钵（按《法苑珠林》卷三十之说，应为石钵），钵中置一山丘状物（意为宝山或须弥山），丘中盛放宝物十二件（能识别形状者有砗磲、银锭、珊瑚等）。跣足，双脚并立，足底各有一长条形榫头，插入底座的榫槽中（目前存世的金属质地阿嵯耶观音立像，双足底均有此种榫头）。底座为一鼓形，腰部有几何形仰、覆莲瓣装饰，虽为旧物，但与大理国佛造像之莲座形制相距甚远，应为清代人后配。大理国佛陀造像带铜质莲座的极少，应多为木座，年久则腐朽，不易保存，故此尊立佛双足底的榫头，疑为插入原木座之用。造像背后有一方形补丁，此非后期修补所致，亦非封藏用途，乃当时铸造时所留之孔，便于掏膛（掏去内中泥模）之用，而后将补丁焊接封严，这是大理国金铜佛造像铸造工艺流程中屡见不鲜的现象。

图 2　《宋时大理国描工张胜画温梵像卷》之"药师如来十二愿"局部

　　大理国丧葬习俗崇尚火葬，在近年的众多考古发掘中几乎没有发现以佛像作为陪葬器之情况，所以，现存的大部分大理国造像皆为传世或佛塔塔顶出土，种类繁多而数量却极为有限，且多为民间造像，铜质与工艺大多粗糙。此尊造像的体量较大，铜质好，鎏金水平高，做工精细，应为大理王室铸造。按宋版《无量寿经》说佛家有七宝：金、银、琉璃、颇梨（琉璃或水玉）、砗磲、珍珠、琥珀；唐代版本为金、银、琉璃、颇梨、美玉、赤珠、琥珀；唐以前又另载有水晶、紫晶、玛瑙等；藏传佛教中的七宝为红玉髓、蜜蜡、砗磲、珍珠、珊瑚、金、银。这就说明，"佛教七宝"实则不仅限于七种，而是泛指一切珍贵宝物。佛家长期以来有"得三宝而国泰，得七宝而民安"之说，既要国泰，又要民安，加起来就有十宝。因之，佛教珍宝并非装饰意义上的作用，它是代表一种佛法，给人以光明和智慧，功德和圆满。据《灌顶经》卷十二中说，东方有佛称药师琉璃光如来，以白银琉璃为地，宫殿楼阁悉用七宝。琉璃光如来手中之钵，被引申为盛药之钵。故而，此尊大理国铜佛立像之宝钵，是蕴育着佛教佛法发展变化中之深刻内涵的。

三、官造样式的精品——大黑天像

2017年10月，香港邦瀚斯拍卖行在"诚虔韵映"拍卖专场以881.46万元的高价成交了一尊大理国铜质大黑天立像（图3）。该像通高42厘米，上身赤裸，络腮胡，张口怒目，獠牙上出，头戴人头骷髅箍，头发似火焰状上冲，发髻中端坐一大日如来（暗合其为大日如来的教令轮身），结智拳印。项环璎珞挂于胸前，左肩部至腰部前后环饰有双蛇穿人头链，主臂饰臂钏、蛇形手链，腰部系虎皮裙。四臂，左一手持一人头手鼓，左二手持人头碗于胸前，右一手持索，右二手作持三叉戟状（持物遗失）。腿部肌肉饱满，富有力量感，双足脚踝部有盘蛇，穿草鞋，鞋带从脚拇指中穿过。脚底有隼，这是大理国造像的典型特征，便于安插底座。整尊铜像的姿态和动感给人以强烈的视觉冲击力，特别是其"威而不怒"的温和色彩，是大理国愤怒像的一大特色，一望即知[①]。2007年12月在巴黎，苏富比拍卖公司曾经拍卖了一尊与之极为类似的大理国大黑天铜像。不论是风格、质地，还是尺寸，两尊铜像都基本一致。

大黑天，音译为摩诃迦罗、莫诃葛剌、玛哈嘎拉等。有战神、福神、冥神、财神的地位。一般认为大黑天是婆罗门教湿婆的化身，后为佛教吸收成为护法，我国藏传佛教保留浓厚的大黑天信仰，称其为"玛哈嘎拉"，认为是毗卢遮那佛降魔时呈现出的忿怒相，藏地各寺庙常见有二臂、四臂和六臂吗哈嘎拉。大黑天信仰在内蒙、西藏和云南较为流行，其中内蒙、西藏等地大黑天信仰来自藏传佛教，而云南的大黑天信仰应该与唐宋时期的南诏大理国佛教密宗有关。

---

① 张永康. 大理佛［M］. 台湾：典藏杂志社，2004.

图3　大理国铜质大黑天立像

图4　《宋时大理国描工张胜温
画梵像卷》之"大圣大黑天神"

　　香港邦瀚斯拍卖行的此尊大黑天像，和《宋时大理国描工张胜温画梵像卷》
所绘制"大圣大黑天神"（见图4）形象几乎一致。史料记载，大黑天是南诏大
理国重要的战神，甚至是国王的化身。《滇游续笔》就称南诏国王世隆认为自己
是大黑天神的化身。大理国时期，国王必须在每年正月十五日早朝受灌顶，并由
灌顶师导引"祭观音"，立坛修法观想诵咒。大理国《大灌顶仪》记载"圣上胡
跪坛前面向师，次灌顶与想彼人上赤色哈字，成火焚……成清净法身毗卢那佛"
又"结请咒印，想自身即是彼佛。次结五佛宝冠印，想头顶上白色□字成金刚界
大毗卢遮那佛。"在南诏大理国的政教合一统治秩序下，国王——大日如来（毗
卢遮那佛）——大黑天有着密切关联。唐代一行译《大毗卢遮那成佛经疏》记载
"所谓大黑神也，毗卢遮那以降三世法门，欲除彼故，化作大黑神。"在大理国
王城，国王与毗卢遮那佛"二元呼应"。国王就是法王，安住法界中心；而在大
理国的边境地区，国王化现为大黑天战神的形象守护疆土。譬如在云南剑川石
窟、禄劝县密达拉摩崖石刻等地，均有大黑天石雕形象。大理国时期，大黑天成

为最为重要的护法神，此时期流传下来的经卷、画卷、塔藏文物、石窟造像、摩崖壁画都表达着对大黑天的崇敬和依赖。甚至晚至明清时期的云南，大黑天神信仰仍然在大理和昆明地区民间生活中扮演着重要的土主神角色。在全国第三次文物普查中，仅滇池地区132座土主庙中，便有130座供奉大黑天神。

四、聚集诸法而成身——珍贵的大理国三身佛

2018年中贸圣佳春季拍卖会，一组大理国三身佛以552万元的价格成交。此组三身佛具有大理国后期官造佛像样式风格，也是目前所见唯一的一组大理国三身佛铜造像（图5）。

此三尊佛像除手印各异外，均为结跏趺坐，着袒右肩式袈裟，法相庄严。尤其是三尊特有的笑容可掬的面相，为典型大理佛造像特征。铜佛像的表面清晰厚重的包浆，斑驳状的氧化层，露胎处返锡的黑漆古（青铜质地），无一不表述出三尊佛像所经历的历史沧桑。此三尊大理佛像最早公开拍卖出现在2006年香港佳士得秋季拍卖会，当时定名为"大理十二世纪铜胎金漆坐佛三尊"。2014香港保利春季拍卖会，此三佛又出现在"海会应真"佛教艺术专场，定名为"11—13世纪大理国铜制漆金三世佛"，拍卖

图5　大理国铜鎏金三身佛造像

方认为此三尊大理佛应为三世佛，即主尊是释迦牟尼佛，左右分别为过去燃灯佛与未来弥勒佛。从两场拍卖的结果看，此三尊大理佛的历史价值与艺术价值得到了收藏界普遍认可。

此三尊佛像不论是工艺、质地还是尺寸都保持一致，应为一组关系。三佛均是铜鎏金，表面有髹红漆迹象，结跏趺坐，穿袒右肩袈裟，面容慈祥，高肉髻，饰髻珠。所不同的是三佛的手印。一者是双手结说法印；二者是左手结禅定印，右手结触地印；三者是左手结禅定印，右手结说法印。本文需要进一步明确两点内容：一是三尊佛像的名称，一是此组佛像的制造年代。经笔者考证，此组三佛为12世纪后半叶大理国的三身佛坐像。"三身佛"，即法身、报身、应身三种佛身，又叫自性身、受用身、变化身，即"聚集诸法而成身"。《摄大乘论》根

据"唯识智",提出"佛三身"的观念。所谓"佛三身",指法身、应身、化身,亦称"三身尊至",分别代表佛身三德:"法身是断德,应身是智德,化身是恩德。"《大乘同性经》(亦名《一切佛行入智毗卢遮那藏说经》)记载:"(佛身)略说有三。何等为三?一者报;二者应;三者真身。"按佛教的一般说法,毗卢遮那佛是法身佛,十方三世一切佛共同一法身,法身象征世间宇宙的一切法皆由此出;卢舍那佛是报身佛,表示证得了佛法真谛获得佛果而显示佛的智慧的佛身;释迦牟尼佛是应身佛,表示随缘教化,济度世间芸芸众生而现的佛身,特指释迦牟尼的生身。"毗卢遮那"与"卢舍那"都有"光明遍照"的意思。"毗卢遮那"意即"遍一切处",就是他的光明普照万方,故而密宗又将毗卢遮那译为"大日如来"。《一切经音义》卷二十的"卢舍那"云:"或云卢柘那,亦言卢折罗,此译云照,谓遍照也。以报佛净色遍周法界故也。又日、月灯光遍周一处,亦名卢舍那,其义是也。"我国传统佛殿中三身佛的一般位置是:中尊是法身佛毗卢遮那佛,右尊为报身佛卢舍那佛,左尊为应身佛释迦牟尼佛。其中最著名的当属山西洪洞县广胜寺毗卢殿和山西平遥县双林寺大雄宝殿的三身佛。

大日如来(图5居中者)。1998年上海博物馆从法国征得一尊大理国大日如来坐像,铜鎏金,表层有红漆,身着袒右肩袈裟,结跏趺坐,右手作触地印,左手结禅定印,右臂装饰臂钏。其佛身内腔铸有题记:

> 时盛明二年岁次癸未孟春正月十五日敬造金铜像大日遍照一身,座资为造像施主彦贲张兴明枚,领逾城娘、三男等。愿尝三身成就,四智圆明,世世无障恼之忧,劫劫免轮回之苦,千生父母、万劫怨家早出盖缠,蒙证佛果;次愿三界穷而福田无尽,四空竭而财法未消,发结十地之比日,同圆三身之妙果。

这里的"盛明二年"是公元1148—1171年在位的大理国王段正兴的年号,即公元1163年。题记自名此佛为"大日遍照",也就是汉译的大日如来。施主是大理国的彦贲(文官最高职,类似宰相)张兴明及其家人。如果没有这段题记,仅根据手印,我们断然不敢认定此佛为大日如来像,甚至想当然以为是释迦佛。无独有偶,《大理国描工张胜温画梵像卷》也是例证。在画卷佛会图部分,表现有一开大日如来(图6),画面左方题记为"南无大日遍照佛",画面中的佛像身着袒右肩式袈裟,葫芦形火焰背光,佛头髻珠与顶严装饰明显,结跏趺坐,右手触地印,左手禅定印,整体形象与上海博物馆的大日如来完全一致。此画卷绘于大理国盛德五年（1180），"盛德"是前文提到的带有"盛明"年号的大理国王段正兴的儿子段智兴（1172—1200年在位）的年号。

卢舍那佛（图5居右者）。卢舍那信仰在南北朝时期开始流行，在敦煌莫高窟、新疆克孜尔石窟、山东青州造像等南北朝时期的佛教遗迹有卢舍那佛的形象发现，但没有定式。如没有题记或根据画面内容推演，我们很难辨识出就是卢舍那佛。《华严经》《佛说罗摩伽经》及《梵网经》均有关于"卢舍那"的记载。据《华严经》称，释迦投身的净土是莲华藏世界，而卢舍那则是莲华藏世界的教主，他与密宗所供奉的毗卢遮那佛（大日如来）所指不同。又据《梵网经·卢舍那佛说菩萨心地戒品》称"卢舍那佛已修行过百阿僧祇劫，成佛以后住在莲花台藏世界。莲华台周围有一千叶，每一叶是一个世界，千叶总共为一千世界。每一叶世界，又有百亿须弥

图6　《宋时大理国描工张胜温画梵像卷》之"大日如来像"局部

山、百亿日月、百亿四天下、百亿南阎浮提，而有十百亿无量数释迦正在说法。这无量数释迦的本原，就是卢舍那佛"。唐朝时期，卢舍那佛受到佛教界和世俗界的极力推崇，其信仰也远传朝鲜和日本。目前，国内最出名的卢舍那佛像就是洛阳龙门石窟奉先寺大卢舍那佛。据唐玄宗开元十年（722）补刻的《河洛上都龙门山之阳大卢舍那像龛记碑》记载，奉先寺始造于咸亨三年（672），是唐高宗发愿为其父太宗李世民建造的，皇后武则天施以两万贯脂粉钱赞助建造工程，故相传此佛容貌来自于武则天的形象。可惜的是，由于年代久远，大佛双手及腿部以下因地质原因而塌毁，故所结手印不详。我们在日本唐代时期的遗存中发现卢舍那佛的形象是比较固定的，例如奈良东大寺的卢舍那大佛以及唐招提寺所藏8世纪后半叶夹纻胎漆金的卢舍那大佛，基本都以左手结禅定印，右手结说法印为主。此外，日本唐招提寺的卢舍那大佛背光正好反映了《梵网经·卢舍那佛说菩萨心地戒品》所记载的"千叶佛"典故。南诏大理国佛像艺术的主要源头是唐宋时期的陕西和四川一带，并带有相对的演变滞后性，同样的历史现象也可以在

日本佛像中找到。例如日本京都东寺（教王护国寺）的密宗造像直接来源于唐代密宗。而以八大明王窟为代表的大理剑川石宝山石窟也能看到"唐密"踪影。故此，认知日本等周边地区古代佛教艺术的特点，对于我们研究中原和南诏大理国佛教艺术有着积极作用。

释迦佛（图5居左者）。前文提到大理国释迦佛多双手结说法印，例如《大理国描工张胜温画梵像卷》之"释迦牟尼佛会图"（图7），场面宏大，居中绘释迦牟尼佛，阿难和迦叶立于左右，两旁诸大菩萨、天王围绕，骑象普贤菩萨和骑狮文殊菩萨在左右正中，画面左上角题榜为"南无释迦牟尼佛会"，右上角题榜为"奉为皇帝骠信画"，画面居中下方的法轮右侧绘有头戴宝冠，跪坐，手持香炉的大理国王，这也暗合了"奉为皇帝画"的用意。如果我们仔细观察，画面中的释迦牟尼佛双手结说法印，有学者认为这恰好就是应身说法印。

图7 《宋时大理国描工张胜温画梵像卷》之"释迦牟尼佛会图"

以上，可以认定此三佛是一组罕见的大理国三身佛铜造像，是研究南诏大理国的佛教以及佛像艺术的宝贵资料。

大理与敦煌佛教文化关系初考

张云霞①

　　大理，地处中国西南端，是古代南方丝绸之路的枢纽重镇，连接南亚、东南亚的重要门户；敦煌，位于中国西北端，是北方古丝绸之路的咽喉之地，河西走廊的要冲。两地一南一北相距几千里，西汉武帝时，先后纳入中国版图，从此与中原文化结下了千丝万缕的联系。汉唐时期，大理、敦煌与中原王朝接触频繁，向达先生说："中国国威及于西陲，以汉唐两代最为盛。"② 这里的西陲，向达先生主要指的是敦煌。而历史也证明，汉唐也是大理地区与中原文化接触较为频繁的时期。尤为显著的特征是，佛教也先后在两地生根发芽，开花结果，在各自的历史发展进程中创造了辉煌灿烂的佛教文化。

　　敦煌作为北方陆上丝绸之路重镇，东西方文化的交汇点，其兴衰与中原王朝息息相关，敦煌众多精美的佛教石窟造像和震惊世界的敦煌遗书，充分体现了敦煌在中国乃至世界佛教史上的重要地位，敦煌学因此成为世界性的热门科学。1961 年，敦煌莫高窟被国务院公布为首批全国重点文物保护单位。1986 年，敦煌被国务院公布为第二批中国历史文化名城。1987 年，敦煌莫高窟列入联合国科教文组织世界文化遗产保护项目，1991 年，授予"世界文化遗产"证书。足见敦煌在世界历史文化遗产上的重要地位。佛教自唐代南诏时期传入大理，至大理国时期，上至王公贵族，下至平民百姓，崇奉佛教。这一时期也一度创造了辉煌的南诏大理国佛教文化，并遗留下了崇圣寺三塔、弘圣寺一塔、佛图塔、昆明东寺塔、昆明西寺塔、大姚白塔、祥云水目山塔、洱源旧州塔、剑川石钟山石窟、安宁法华寺石窟、昆明地藏寺经幢等众多的佛教文物和古迹。中华人民共和国成立后，先后在凤仪北汤天法藏寺、崇圣寺千寻塔、佛图寺塔发现的南诏大理国乃至元明时期的大量佛经写本和刻本，是继敦煌遗书之后的又一大发现，一度被誉为"北有敦煌，南有大理"。随着朝代的更替，大理地区佛教信仰时兴时

---

① 张云霞，大理州白族文化研究院研究员，主要从事民间信仰、历史人类学研究。

② 向达.唐代长安与西域文明［M］.石家庄：河北教育出版社，2001：5.

衰，但从未间断，一脉相承，流传至今。1961 年，石钟山石窟、崇圣寺三塔被国务院公布为首批全国重点文物保护单位。1982 年，大理被国务院公布为首批国家级历史文化名城。

鉴于此，在大理、敦煌两地间开展佛教文化关系研究很有必要，本文是近几年来梳理前人研究成果和个人学习心得的小结，敬请方家指教。

一、前人关于大理与敦煌佛教文化关系研究

关于大理与敦煌佛教文化艺术关系研究，目前尚不见专论文章或著作，两地学界都主要是在讨论本地佛教文化艺术时，零星提到二者关系。

（一）《张胜温画卷》是大理与敦煌被相提并论的开端

抗日战争期间，北京故宫博物院珍贵藏品《大理国描工张胜温画梵像卷》（以下简称《张胜温画卷》）在辗转迁移过程中，于 1944 年 1 月在重庆中央图书馆展出，引起当时国内外学界的重视。李根源、方国瑜、罗庸、罗香林、石钟健、李为衡、丁骕谨、马衡等先生进行专题阐述考证。罗庸先生自民国十三年（1924）冬，供职于清室善后委员会三年，他说："簿录藏品之顷，于宋元名迹多所寓目，独于此轴（《张胜温画卷》）缘悭一面。"[①] 并说"据印泉先生绝句第三首自注[②]，利贞元年当宋孝宗乾道八年（1172），上距敦煌后期写经殆一百八十年，而卷中标签愿词犹作写经体，其'南無'作'南无'，'佛'作'仏'，'菩萨'省为'菩'字作'幵'，'国'作'圀'，'宝'作'珤'，'册'作'删'，亦属唐人别体。以此推之，则画中布局设色，与敦煌壁画纯属同一系统，殆无疑也。不谓宋祖玉斧之馀，敦煌劫侠之后，万里天南，存此名迹，印泉先生谓与两爨碑同为滇中瑰宝，信不诬矣。"[③] 徐嘉瑞等先生也认为："凡國作圀，见《敦煌掇琐》一六，三〇八六，足证唐代写经流入南诏者必

————————
① 李根源.《曲石诗录》之《胜温集》，载《白族文化研究》（2007），北京：民族出版社，2008：96.

② 即"利贞当乾道，史实在简编"。盛德庚子岁，受禅方九年。（利贞元年，即乾道八年，历三岁，淳熙二年改盛德元年，故淳熙七年庚子，即盛德五年也，宋濂以为理宗嘉熙四年误。利贞，范成大《桂海虞衡志》作利正，避宋仁宗讳也，纪利正二年事颇详，且载李观音得等短章，有"［言］音未会意相和，远隔江山万里多"之句）

③ 李根源.《曲石诗录》之《胜温集》，载《白族文化研究》（2007），北京：民族出版社，2008：98.

多。"①罗庸、徐嘉瑞等先生，应当是较早将敦煌壁画艺术与大理佛教绘画艺术进行对比研究，并指出它们之间有传承性观点的专家。

李霖灿先生《南诏大理国新资料的综合研究》一书在研究《张胜温画卷》时指出，大理国《张胜温画卷》中的"诃黎帝母众和地藏菩萨像等最足以显示出这位大师用笔的真实功力。看全卷唐风郁浓，说他远绍吴道子、武宗元之遗诸，一点也不过分，这是唐五代北宋人的高标正宗，却为边疆这位大师承袭无遗，杂之于敦煌图卷而不易分……西南的艺术——或者是西南民族的艺术，将可与中原或西北并肩比美"②。李霖灿先生从绘画艺术的角度，认为大理国《张胜温画卷》中的第114幅图上的诃黎帝母众和第106幅图上的地藏菩萨像，如果跟敦煌图卷摆在一起，难以分辨出哪幅是大理的，哪幅是敦煌的，说明《张胜温画卷》的佛教绘画艺术深受祖国内地的影响。他是较早从佛教绘画方面讨论大理佛教与敦煌佛教的学者。

（二）《法门名义集》是大理佛教与敦煌佛教可以被放在一起进行比较的原始文献

在大理发现的佛教经卷中，下关佛图塔塔顶出土了抄本残卷《法门名义集》，引起学界的重视。《法门名义集》最早为唐代初期东宫学士李师政奉阳城公教撰，撰成于唐武德年间（618—626），是中国较早的一本佛学辞书。《法门名义集》主要对佛学典籍中一些带数字的名词进行解释，以帮助社会各阶层了解佛教义理，对当时和后代的佛学发展都起过积极的影响。不过，《法门名义集》此前只在敦煌遗书中发现多个抄本。其中一个抄本被带到法国，藏于巴黎的法国国家图书馆，后来被日本学者录文整理后收入《大正藏》。大理本《法门名义集》写于大理国时期（937—1253），是在20世纪佛图塔重修时才发现的。据敦煌本《法门名义集》，原书应为一卷七品，即身心品、过患品、功德品、理教品、圣贤品、因果品、世界品。综合整理后的敦煌本内容保存完整，大理本保存了其中的第三至第七品（功德品、理教品、圣贤品、因果品、世界品），第一、二品因长期被雨水侵蚀而腐蚀殆尽。相对来说，有的敦煌本错字多，句子连贯性差，辞条的解释也较为简略，而大理本不仅条目清晰，内容还比较完整，同时还体现了大理国时期经书体的特点，书法纯熟，字体端正，楷书写成，容易识

① 徐嘉瑞.大理古代文化史稿［M］.北京：中华书局，1978.赵红.敦煌写本汉字论考［M］.上海：上海古籍出版社，2012.

② 李霖灿.南诏大理国新资料的综合研究［M］.台北：故宫博物院，1982.

别。通过对敦煌本和大理本两个版本的互校，可以恢复《法门名义集》的基本面貌。①

（三）大理文学与敦煌文学方面的研究

较早谈论大理文学与敦煌文学的是赵櫓先生。他在《白族"大本曲"与佛教文化》一文中，对大理历史上盛极一时，今天仍然活跃在大理地区的大本曲曲本来源进行了探讨。认为"讲唱艺人在演唱之前，必置供桌于前，供观世音或其他菩萨佛像一尊，并置瓶花、供果、净水、檀香之类，炉香袅袅，与寺院中讲经说法的场面颇为相似，足以证明唱'大本曲'活动，与寺院讲经说法的一脉相承。""白族唱'大本曲'活动的产生年代，晚于我国中原民间讲唱文学。正当宋代瓦舍间的宣卷活动发展为鼓词、弹词，形成讲唱文学体系之后，恰恰是在这一大的文化背景下，明代初年开始，大量的中原文化流入大理地区，就促成和发展了白族唱'大本曲'的活动。""白族大本曲就是在继承佛教文化和我国讲唱文学传统的基础上，逐渐发展起来的。"②赵櫓先生的分析，间接地说明了从唐代讲经文、变文到后来河西宝卷（宝卷）的发展与大理地区的大本曲曲本宣唱之间的源流关系。

李孝友先生在研究大理写经时，也注意到了大理写经与敦煌写经之间的某些共性。他指出："特别值得注意的是，经卷中的'國'字，写作'圀'，与唐代初叶武后所作的'圀'字在写法上完全相同，'佛'字则写作'仏'，我国自晋至唐，书法艺术盛行，敦煌石室流传下来的大量经卷，体现了楷体的新面目，这批南诏大理写经，既相似敦煌卷子的风格，又都是当时云南人的手笔。"③李孝友先生还认为《光显启请散食浴像□嘱白金刚小稽请》是大理国时期密教阿吒力僧人杨义隆为"追荐先亡"而根据《浴佛功德经》及《新集浴像仪轨》所写的布施。④

（四）两地佛教经典方面的研究

侯冲先生整理的阿吒力教经典，引起了敦煌学学者对大理佛教典籍的关注。

---

① 大理州白族文化研究所，郭惠青 . 大理丛书·大藏经篇：卷 1［M］. 北京：民族出版社，2008：1.

② 赵櫓 . 白族"大本曲"与佛教文化［J］. 民族文学研究 .1992，（03）：62-69.

③ 蓝吉富 . 云南大理佛教论文集［M］//李孝友 . 南诏大理写经述略 . 台北：佛光出版社，1991.

④ 蓝吉富 . 云南大理佛教论文集［M］//李孝友 . 南诏大理写经述略 . 台北：佛光出版社，1991.

有学者注意到，大理佛教典籍对释读和研究敦煌遗书有较高的价值。如方广锠先生在《藏外佛教文献》第七辑《卷首语》中写道："本书第六章发表的云南阿吒力教资料，引起不少朋友的注意。应该说，这批资料的确为我们打开一个新的世界。佛教是一个多层次的存在，现在看来，它在社会上层统治的形态与它在社会下层的流传形态有相当大的差异。以往我们熟悉的是前者，而阿吒力教为我们揭示了后者。此次发表的阿吒力教共两篇，其中的《护国司南抄》是所有的阿吒力教资料中最早为人们所知道的。但至今为止还没有正式发表过完整的录文，此次为第一发表。另一篇为《佛说消灾延寿药师灌顶章句仪》，这是根据《药师经》编纂的佛教仪轨，在中国民间影响极大，乃至影响到若干民俗活动。看敦煌遗书，往往对其中记载的敦煌人当时的一些活动不甚了了，看了这部著作，再翻翻《药师经》，才知道这些活动的源头原来就在这里。"方先生接着说："西北的敦煌遗书与西南的阿吒力教经典竟然有许多共通之处，这一事实促成我思考很多问题，其中最关键的就是以忏仪佛教为核心的信仰性佛教问题。"① "中国的仪礼佛教，诞生于两晋南北朝，成型于唐朝，而到五代，北宋以下，蔚成大观。它是信仰性佛教的重要表现形态，也是佛教与儒道两教交汇的一个重要纽结点……而云南阿吒力教的文献正是我们研究仪礼佛教的重要活化石。""我相信，随着敦煌遗书中各种仪礼佛教资料的整理与研究，随着阿吒力教资料的清理与研究，随着更多其他历史资料的发掘与现行资料的整理、汇集与研究，中国的信仰性佛教研究、仪礼佛教研究、宋以下佛教研究，一定会打开一个全新的局面。"② 从方广锠先生的字里行间，我们看到了敦煌遗书与大理地区阿吒力佛教经典的发掘、整理以及研究的重要性。所以侯冲先生在其《云南阿吒力教经典研究》一书中也说道："本书披揭的近200种云南阿吒力教经典和相关科仪，作为汉地佛教经典的重要组成部分，大都流行于明清时期，对解读宋代佛教著作，研究唐宋以来的瑜伽教派来说，无疑提供了新的资料和视角。其中一些出现于宋代，至今仍有阿吒力僧或应赴僧能使用，下启明清民间宗教宝卷的科仪，不论对未来研究阿吒力教还是研究敦煌遗书中的相关文献，研究明清以后流行的包括宝卷在内的民间宗教经典，都可以说是'活化石'，有重要的参考价值。"③

大理佛教典籍对于敦煌遗书研究的价值，大理保存活态佛教仪式的价值，同

---

① 侯冲.云南阿吒力教经典研究［M］.北京：中国书籍出版社，2008：5.

② 侯冲.云南阿吒力教经典研究［M］.北京：中国书籍出版社，2008：9.

③ 侯冲.云南阿吒力教经典研究［M］.北京：中国书籍出版社，2008：4.

样受到学者的关注和强调。近年来，侯冲先生在前人研究的基础上，提出了将变文放在斋供仪式的背景下重新解读的观点，通过斋供仪式下的解读，俗讲的仪式程序与一般的斋供仪式并无二致，认为此前对变文的研究，存在将俗讲泛化、将变文窄化的偏颇，需要纠正。① 马德、段鹏先生的《敦煌行城与剑川太子会及其历史传承关系初探》一文则认为吐蕃占领敦煌时期，佛教取得大发展的同时，吐蕃佛教也深深影响了南诏，从敦煌地区行城仪式的记录与今天仍然活跃在剑川地区的太子会，证明了它们之间的传承关系。②

这些成果，在一定程度上揭示了大理地区佛教资料与敦煌遗书之间存在某些相近性、相类性甚至互补性。

（五）佛教音乐方面的研究

张文先生从音乐学研究的角度，也提到了大理佛教音乐文化对敦煌遗书研究的价值。他在《白乡天乐——云南剑川民间阿吒力传统音乐》一书概述中说："剑川的阿吒力科仪音乐形象地展示了佛教世俗化和通俗化的风貌，阿吒力教科仪及音乐为唐代俗讲和敦煌俗讲骈文的研究提供了活资料。对于这一点，侯冲、赵文焕先生也认为，剑川阿吒力法师程序的安排科仪给现在的人了解和认识唐代俗讲，研究敦煌文献中世俗佛教法事文仪提供一个感性的帮助。"③

二、佛教民俗活动调查与敦煌遗书资料的比较

借鉴前人的研究成果，近年来，笔者通过大理地区的二月八太子会、四月八浴佛会以及观音会等的田野调查，结合敦煌遗书中的相关记载，也得到了一些发现。因原篇幅较长，本文进行简单归纳。

（一）二月八太子会与敦煌遗书资料的比较④

通过对剑川县古城举办二月八太子会的实地调查与敦煌遗书相关资料记载的比较，得出以下几点体会。

---

① 侯冲.敦煌变文：佛教斋供仪式的解读［M］∥敦煌吐鲁番研究：第14卷.上海：上海古籍出版社，2014.

② 马德，段鹏.敦煌行城与剑川太子会及其历史传承关系初探［J］.敦煌研究，2014，（05）：35-45.

③ 张文.白乡天乐——云南剑川民间阿吒力传统音乐［M］.昆明：云南民族出版社，2016：11.

④ 张云霞.大理太子会与敦煌遗书相关资料比较研究［J］.大理学院学报，2015，14（07）：6-12.

第一，敦煌遗书记载中，除了二月八太子会的设道场讲经说法和行城两个主要仪程外，对举办太子会来历、行城场景的描述材料十分丰富。二月八是太子"厌王宫之时、逾城之日"①，太子"十九离尘，三十成道"②，为了纪念此事，所以举办二月八大会。太子行城时"妙花擎日，清梵携风，浮宝盖于云心，香翳景而骈空，士女川原而雾集"③的场景十分令人激动。而到了晚唐时期，敦煌举办二月八大会已经是"禀古仪"的民俗活动了。敦煌二月八设道场举办讲经说法活动，讲述内容是一般佛理或专题佛经，以弘扬佛法。同时宣传太子逾城出家、修行成道的事迹，并往往以变文、佛曲来讲唱，如《八变相》《太子成道变文》《太子五更转》《太子入山修道赞》。在剑川地区，设道场举办法事是太子会期间最重要的内容之一，不仅有完整的道场仪式，即初六迎佛，初七礼佛，初八抬太子像游四门，初九送佛。每天举行的科仪不同，所使用的经书达十多种，期间还要为广大信众举办献花仪式以及个人家庭的祈福禳灾祭祀活动。而敦煌举办讲经说法的内容，如太子的出生、出家前游四门看到生老病死的故事在大理地区广为流传，尤其是在莲池会经母中，入会所学的经文中不仅有这些故事，并已经形成《太子经》《太子八相》《十三号经》（又称《赞如来》《十三证果》）及《散花经》④，作为莲池会的重要祭祀仪式经文。尤其是《十三号经》，经文从四月八太子出生，到游四门、出家修行，修行时舍身喂虎鹰，最终修成佛道都做了详细描述。这与敦煌举办讲经说法的内容有相似性，只是采用方式不同。从另一角度看，在敦煌地区由高僧讲唱教化的功能，千年后在大理地区演变为民间故事和传说，口耳相传，说明佛教信仰有了更加深厚的群众基础。同时，我们还注意到，剑川地区在七日晚举行持太子小像的行城仪式，是为了纪念"太子夜半逾

---

① 中国社会科学院历史研究所等.英藏敦煌文献（第四卷）［A］.成都：四川人民出版社，1991：242.

② 中国社会科学院历史研究所等.英藏敦煌文献（第六卷）［A］.成都：四川人民出版社，1991：62.

③ 黄征，吴伟.敦煌愿文集（上）［M］.长沙：岳麓书社，1995：31.

④ 张云霞.白族莲池会探析［M］.昆明：云南民族出版社，2013：283–286.

城""四天王捧足""城南留下马蹄迹"的故事，^①"施瑟瑟花入行像"跟剑川地区的"献花"给寺庙作为太子行城游四门活动中使用，两者是相一致的，一是纪念太子为解救天下众生脱离轮回的这种求索精神，二是祈求福禄，三是祈求四季平安风调雨顺。

第二，举办二月八大会的人员组成和举办方式有所差异，但实质是相同的。在敦煌，由行像司和行像社来举办，在僧团中设立行像司，组织领导行像活动，除协调督促各寺院组织行像活动外，还承担经济责任，社人为佛教信徒。今天的剑川古城，二月八太子会由妈妈会主办，邀请阿吒力僧人设道场做法会。妈妈会信仰佛教，阿吒力是白族地区的佛教密宗信仰社团，专为人们举办佛事法会。一个由寺院僧团组织来举办，一个由民间佛教信仰社团来举办，不管是行像司、行像社还是妈妈会，都信仰佛教。从敦煌遗书的记载，举办大会办理伙食丰盛，主食有五六种，而且僧人、清信徒均可吃肉，在行城途中，还专门供信徒、抬像人进酒馆喝酒。在剑川则有所别，举办法会三天里吃的都是素斋，办理伙食的也是本地老年妇女，多数是妈妈会成员。在大理地区，举办这样的大会，人们大多积极参与，当成是为公益做好事，所以中年女性参与的也不少，也有部分男性参加，负责上菜添菜清理卫生等后勤工作。

第三，除了二月八太子会盛况的描述，敦煌遗书记载大会捐施收入和用于举办大会的各项活动支出也较为详细。在敦煌，行像前一两天前，或在行像的同时，由行像社负责收取各家的施僦，个人也可以直接到寺院布施。参与举办大会人员的吃喝用度，请修复、装饰行像以及使用工具人员的支出，行城时抬像人员的支出，行像途中犒劳工作人员的酒肉等，都一笔笔清楚记录，最后要给出结算单，并保存下来。在剑川古城，二月八太子会由妈妈会主办，阿吒力僧团成为雇佣对象，办一场三天的法会，通常支付 1600 ~ 2000 元的劳务费，这是为公众举办法会的价格，如果是私人家庭邀请举办，则价格要高一些。但阿吒力不是纯粹的盈利集团，而是带有"半谋生半做好事"的特点。举办法会的几天里，与敦煌遗书记载一样，有信众专程到寺庙捐助和布施的，太子游四门行城时的沿途散施

---

① 黄征、张涌泉《敦煌变文校注》卷四《太子成道经》载："四门观看，先到东门，见生老，咨车匿'因何而老?'车匿答曰：'有生不免。'太子不乐，便别，却回而入，南门见病，西门见死，北门见削发洁衣凡僧，便是苦行头子……要夜半子时，车匿、白马、太子三人同口而去，太子乘马而上，妻是耶须陀，夫人并不觉，着金鞭至怀孕。四天王承太子马脚，菩萨瑜王城而去。至五更，到雪山。先度归轮，太子后成佛道，一弹指到兜率天宫说法，到头共成无上菩提。"北京：中华书局，1997.

收入也较多，沿途的散施收入一般统一登记。举办法会期间哲母寺门口有专门为施僦者按名字逐笔登记的人员。这些收入归妈妈会管理使用，最后给出结算单。结算有时公布于众，方法是将收支细目抄写在一张大红纸上，张榜公布，多数时候只是内部保留。近十多年来，人们逐渐意识到了收支入账的重要性，也采取铭文形式，勒石成碑，以垂裕后昆。实际上，在大理地区，每当举办重大的祭祀活动，组织者都有挨家挨户收取功德的传统，剑川太子会是在广大信众捐取功德的基础上得以年复一年地开展，所不同的是，10世纪的敦煌地区收取施僦以粮食为主，如今的大理地区以货币为主。

第四，与敦煌二月八行城大会相比，剑川古城太子会举办行城活动的民间化程度更强一些。由寺庙僧团主办和僧人信众参与，到民间信仰团体妈妈会主办，阿吒力僧团参与主持，广大信众参与，这些变化，是太子会佛事民俗活动逐渐深入到民间的体现。而大理市挖色地区举行"迎佛"活动，民俗民间化程度更为明显。"迎佛"活动在挖色境内的村落间进行，并成了村落间迎来送往的"太子会"活动。除了到崇福寺迎接太子，最后送回崇福寺外，在寺庙内举办法事活动以及太子行城游四门的活动都无法体现，因此到了四月初八浴佛节这天，太子游四门的纪念性活动由莲池会举行。如今的迎佛活动，以家庭为单位全民性参与祭拜，有了更加深厚的群众基础。各种祭祀仪式不再具备佛教的仪轨，而是跟大理白族地区普遍信仰的本主节日没有多少区别。如果没有从宗教信仰角度区分，根本无法辨别是本主节日还是佛事民俗节日。

（二）四月八浴佛节与敦煌遗书岁时佛俗记载的比较[①]

在大理地区，凡寺庙里有释迦太子像的白族聚居村落，大都举行洗浴太子金身的祭祀活动，俗称"浴佛会"或"浴佛节"。以下是通过大理市挖色镇崇福寺举办浴佛活动的实地调查后，结合敦煌遗书中相关的佛事民俗资料得出的几点心得体会。关于唐宋时期敦煌地区的佛俗，以谭蝉雪先生的研究最为重要[②]，其文中叙述四月八浴佛节活动主要有四种仪式，以下根据四种仪式的记载进行对比分析。

---

① 张云霞.大理白族四月八浴佛节与敦煌遗书岁时佛俗记载的比较研究［M］//吕建福.白传密教研究.密教研究（第5辑）.北京：中国社会科学出版社，2020：351–366.

② 谭蝉雪.唐宋敦煌岁时佛俗——二月至七月［J］.敦煌研究，2001，（01）：93–104+189；谭蝉雪.敦煌岁时文化导论［M］.台北：新文丰出版公司，1998；谭蝉雪.敦煌民俗——丝路明珠传风情［M］.兰州：甘肃教育出版社，2006.

1. 造幡写经

S.2791《大般涅槃经氾仲妃题记愿文》（拟）：

> 大隋开皇八年（588）四月八日清信女氾仲妃，自知形同泡沫，命等风光，识解四非，存心三宝。遂减身口之分，为亡夫写《涅槃经》一部。以此善因。愿亡夫游神净土，七世父母，见在家眷，所生之处，值佛闻法。天窍（穹）有顶，地极无边，法界有形，同登正觉。①

《优婆塞戒经榲（杨）维珍题记愿文》（拟）：

> 仁寿四年（604）四月八日榲维珍为亡父写《灌顶经》一部、《优婆塞》一部、《善恶因果》一部、《太子成道》一部、《五百问事》一部、《千五百佛名》一部、《观无量寿》一部，造观世（音）像一躯，造四十九尺幡，为法界众生，一时成佛。②

从敦煌遗书的两则记载看，四月八造幡写经供奉于寺庙者有达官贵人、僧尼以及普通男女信众，目的是为父母亲人眷属、师长以及自己求得平安幸福，死者能登极乐净土，生者平安吉祥，甚至通过修行，希望来世女身变男身。而崇福寺举办的活动，四月八造幡写经没有直接的体现，但大理地区的众多寺庙多悬挂有经幡，这些经幡多数由信众自愿捐助，也有信众自愿造像供奉于寺庙，只是没有指定在四月八举行供奉仪式，或者造题记加以记录。敦煌的写经愿文也不一定都在四月八举行仪式，其他时间也有许多类似的愿文，如《观世音经张万福题记愿文》（拟）："天册万岁元年（695）正月壹日。清信士张万福并妻吕，先从沙州行李至此，于今日并发心，为所生父母及七代父母及身并妻息等，减割资粮，抄写《观音经》一卷，愿成就以后，受持转读，灾影（鄣）远离，恒值福音，见存者永寿清安，亡者讬生静（净）土，乘此愿因，俱登正觉。"③举办仪式的时间是正月一日。写经抄经在大理地区历史悠久，《大理丛书·大藏经篇》收录的上千卷写经和刻经就是明证，经卷的后面多有信士或抄写人的题款。如崇圣寺高僧玄鉴于南诏安国圣治六年④撰写的《护国司南抄》，到了大理国保安八年⑤，

---

① 黄征，吴伟.敦煌愿文集（下）［M］.长沙：岳麓书院，1995：858.

② 黄征，吴伟.敦煌愿文集（下）［M］.长沙：岳麓书院，1995：869.

③ 黄征，吴伟.敦煌愿文集（下）［M］.长沙：岳麓书院，1995：895.

④ 即894年，唐昭宗乾宁元年。

⑤ 即1052年，宋皇祐四年。

又有同样内容的"佛弟子比丘释道常举荐七代先亡写疏一卷"①供奉于寺庙。法藏寺出土保天八年②的写经《诸佛菩萨金刚等启请仪轨》尾题"爰有佛弟子持明沙门释照明俗讳杨义隆为幼男杨龙俊为己为人敬写诸佛菩萨金刚等启请仪一百张壹卷,聊申愿曰:行得祖道,学契如源,消烦恼之罪……时保天八年岁次丙辰九月十五日谨记"。③刻本《佛说长寿命经》卷末有"谨具奉佛祈祥弟子董圆通鼎、助道春姐,资为幼男延寿郁、女妙清、堂亲董金刚梁、私下奴成及牛马六畜等,伏愿慈云荫下四百四病而不侵,智炬光中三毒三灾而除净,祛疾病于他方,求禄命以延长。追为慈姐亡人王氏金鸣贵、故姐董氏药师羌等魂神往净邦,识归乐土……",④包含了为生者、亡人甚至家奴六畜祈求延寿、祛病禳灾、亡者顺利通往西方极乐世界等愿望。从两地的愿文内容看,目的是相一致的。直至今天,抄经活动在大理白族民间一直存续。

2.四月大会

S.3879《乾祐四年(951)四月四日河西都僧统全照知诸寺纲管所由帖》:

> 诸僧尼寺纲管□等:右奉处分,今者四月大会,准常例转念三日,应有僧尼大众,除枕疾在床,余者总须齐来。一则功德圆满,共报佛恩;二乃荐国资群,廓□河陇,同发胜心,菲违上愿。限五日早晨并于报恩寺云集,不得一前一后,互劝齐来,更是自家福分。

> 其帖仰仓司转寺,丁宁吉报,如有故犯前戒,不齐同者,责罚取此不轻。毡褥准旧,香□□果,不令阙少一色。诸寺寺扫略,不令恶秽,各仰准此指□,不得违犯者。

> 乾祐四年四月四日应管内外者僧统金光。⑥

S.4632《乾德六年(968)归义军节度使敦煌王曹元忠为四月八日设会请宾

---

①　大理州白族文化研究所,郭惠青.大理丛书·大藏经篇:卷1[M].北京:民族出版社,2007:83.

②　即宋高宗绍兴六年,1136年。

③　大理州白族文化研究所,郭惠青.大理丛书·大藏经篇:卷2[M].北京:民族出版社,2007:262-263.

④　大理州白族文化研究所,郭惠青.大理丛书·大藏经篇:卷3[M].北京:民族出版社,2007:330-331.

⑥　中国社会科学院历史研究所等.英藏敦煌文献(第五卷)[A].成都:四川人民出版社,1991:192-193.

头卢降驾疏》：

> 谨请西南方鸡足山宾头卢颇罗堕上座和尚：右今月八日南赡部洲萨
> 诃世界大宋国沙州就诸寺敬设大会，伏愿：大圣誓授佛□，不舍仓生，
> 兴运慈悲，依时降驾。谨疏。

> 乾德六年四月四日弟子归义军节度使检校太师兼中书令敦煌王曹元
> 忠疏。①

贴中要求各寺庙僧尼都要参加，并准"转念三日"，即活动三天。在大理地区，90%以上的白族家庭都有莲池会经母，经母捐功德、钱粮，举办洗浴太子的活动，目的是为家庭、合村祈求子嗣繁衍、风调雨顺、清吉平安。跟敦煌地区"（俗众到）寺院请佛供养，斋会结束，将佛像归还寺院"是相一致的。不仅如此，大理地区的许多非佛教庙宇中，也供有释迦太子像，逢四月八就是莲池会的会期。

3. 寺院礼佛

P.2940《斋琬文一卷并序》之《王宫诞质·四月八》：

> 斯乃气移琁律，景绚朱躔；祥风荡吹于金园，瑞日融辉于宝树。莫
> 舒八叶，谣翠影于周霄，桂写半轮，掩浮光于鲁夕。池花含秀，十方开
> 捧步之莲；天雨流芳，九龙洒濯襟之液。恒星落耀，珮日扬辉；味甘露
> 以凝滋，盖鲜云而飏影。黄鸎啭树，争吟圣喜之歌，素蝶萦空。竞引蓬
> 山之舞。毛翔（翎）羽族，总百亿而同瞻，神境天空，亘三千二率春。②

P.3103《浴佛节愿文》：

> 方今三冬季序，八叶初晨；飞烟布而休气浮，日重轮而月抱戴。欲
> 今国家延久，阴阳不愆；冀佛日而恒明，愿法轮而常转，彰仁王以无为
> 而化物，示黎庶凭福智以修身，宣传不绝于龙沙，传播无亏与奈苑。所
> 乃效未生怨之盛作，袭祇域王芳之踪，爰当浴佛佳辰，洗僧良节，而乃
> 澄清神思，仰百法以翘诚；除涤笔烦，趣大乘而恳切，繇是求僧侧陋，
> 置席莲宫；导之以合境玄黄，率之以倾城士庶。幢幡晃炳，梵讚訇锵，

---

① 中国社会科学院历史研究所等.英藏敦煌文献（第六卷）［A］.成都：四川人民出版社，1991：179.

② 黄征，吴伟.敦煌愿文集（上）［M］.长沙：岳麓书院，1995：67–68.

论鼓击而念喧填，法旌树而场骈塞，而以法施无竭，唯直出于人天；财舍有穷，能资持于福禄，是即捧金炉而香添五分，披诉情诚；合玉掌而花散四莲，献陈珍异……①

在大理地区，太子的诞辰也称"如来诞"，民间传说太子是"金鞭指腹结为胎"，在母亲耶输体中坐胎从七月十日起，四月八日降生在无忧花树下。对于他的诞生、出家修行等都有故事和传说。对于太子诞生时的情景，莲池会《太子经》中有"夜合开花十瓣花，太子生在它底下。等到午时生太子，放五色霞光。龙头水凤来遮阴，土地婆婆来接生。白玉紫金盆，洗得你金身。……太子生下梵王宫，九龙吐水浴金身。左手朝天右指地，行走七步要回宫。""我佛如来四月八，四月初八午时生，等到午时生太子，紫竹林中洗金身。"②又如《十三号经》中"我佛巍巍下凡来，九龙吐水洗尘埃。九龙吐水三净水，万亿世尊好如来。地涌金莲捧世尊，累修正果成佛道。"③都是对释迦太子降生情景的描写，这些经文不仅与上述敦煌遗书佛事民俗活动的记载相同，也跟敦煌遗书中的佛经故事和佛经变文描述是相一致的。

4. 求儿女

P.2668《乙亥年（915）四月八日布衣翟奉达，因施主请来，故造短句而述七言，如男庆丰同来执砚》：

> 三危圣迹实嵯峨，至心往礼到弥陁。
>
> 岩谷号为仙岩寺，亦言汉高异名多。
>
> 燉煌人民凭此活，龛龛圣瑞接云霞。
>
> 愿其垂同尧舜日，使主利尔人拜国。
>
> 家秀来覩勿为恶，诮愚替练当正道。④

在大理白族地区，作为佛诞求子习俗，一直延续。许多村落的本主庙、文昌宫、三教宫中也供奉太子像，届时人们会集中在寺庙里举行同样的仪式。此外，供奉子孙娘娘在大理地区也十分普遍，也有的村落将金宵娘娘（九天卫房圣

---

① 黄征，吴伟. 敦煌愿文集（上）[M]. 长沙：岳麓书社，1995：379.

② 张云霞. 白族莲池会探析 [M]. 昆明：云南民族出版社，2013：283–284.

③ 张云霞. 白族莲池会探析 [M]. 昆明：云南民族出版社，2013：289.

④ 上海古籍出版社，法国国家图书馆. 法国国家图书馆藏敦煌西域文献（第17卷）[A]. 上海：上海古籍出版社，2001：156–157.

母）、阿梨帝母^①、白衣送子观音作为本主神或生育神供奉。

敦煌遗书关于四月八佛事活动描述的场景发生在千年以前，千年后的大理白族地区，仍然延续着敦煌遗书里记载的四月八佛事民俗活动，隐约间是千年前敦煌佛教社会的影子。作为佛教寺院，四月八是重要的纪念节日，僧尼当然要举办祭祀活动，但作为一种民俗活动，以白族民间的信仰社团莲池会为主，年复一年地延续同样的民俗活动，反映了佛教对大理地区影响之深远。

三、讲经文（俗讲）——变文——宝卷到"大本曲"的发展

从俗讲到变文，再到宝卷的产生，是敦煌讲经不断发展的结果。河西宝卷有三种类型，三种类型都有它的源头。第一类为最基本的一类，是佛教类型的，如《目连三世宝卷》《唐王游地府宝卷》等，它的源头是俗讲（讲经故事的底本为佛变文）。第二类是神话传说类型的，如《天仙配宝卷》《孟姜女哭长城宝卷》，它的源头是敦煌藏经洞发现的，如《董永变文》《孟姜女变文》等俗变文（我国历史上早已有的文学形式。敦煌俗变文就是这种形式的集成和发展，是河西神话传说类宝卷的直接源头）。第三类是寓言类型的，如《鹦哥宝卷》《老鼠宝卷》等，它的源头就是敦煌的俗文学中，如《燕子赋》一类的文学故事。^②宝卷流传以"宣卷"为主要手段，"宣卷"时，听众中有接佛人。接佛人的任务是"念卷人念完一段经文或吟完一首诗后，重复吟诵最后一句的后半句，再接着念'阿弥陀佛'"。这种"念卷"形式与莲池会部分经文的讽诵形式相同。经头母每讽诵一节或全部结束时，众经母接念"谢金口"或"阿弥陀佛"，跟宣卷的"接佛声"相近。部分经文与宣卷"接佛声"更接近，即由经头母讽诵经文，一句结束后众经母跟随讽诵"阿弥陀佛"，经头母将第二句讽诵完后，众经母又接着讽诵最后三个字。如莲池会经文里的《造观音船上品》《造观音船下品》《造玉皇船》就是使用这种讽诵形式。这是莲池会经文及其讽诵形式与宝卷"宣卷"内容与形式上的一致性体现。

而从部分宝卷与大理地区传统大本曲曲本的名字中，我们也会看到它们之间的紧密关系。如《张四姐大闹东京宝卷》在大理地区的大本曲曲本中就有《张四姐大闹东京》《张四姐下凡》《崔文瑞砍柴》曲本，《刘全进瓜宝卷》在大理

---

① 即"诃梨帝母"，佛经故事中的九子母、鬼子母。大理白族地区多称"阿梨帝母"，并作为生育神加以崇拜。

② 方步和.河西宝卷真本校注研究［M］.兰州：兰州大学出版社，1992：1-2.

地区有《刘全进白瓜》曲本，《孟姜女哭长城宝卷》在大理地区有《孟姜女寻夫》《孟姜女哭长城》曲本，《鹦哥宝卷》在大理地区有《鹦哥记》《白鹦哥行孝》曲本，《天仙配宝卷》在大理地区有《槐荫记》《董永卖身》曲本。虽然没能见到这些宝卷的具体内容，但从方步和先生《河西宝卷真本校注研究》一书中的《唐王游地府宝卷》，跟大理地区的大本曲《唐王游地府》相比较，故事发生的时代、地点、人物有十分相似之处，故事里的唐王、袁天罡、渔夫的角色、名称相一致。[①] 故事情节上则变化大，这是宝卷、大本曲曲本地方化、民族化的结果。大本曲曲本来源于宝卷，这是毫无疑问的，但大本曲曲本是经过了文学形式创作和故事情节本土化的变化过程，大本曲曲本将宝卷的七字句形式改编成了大理地区常用的"七七七五"的山花体形式，部分是白语演唱，但从曲本本身来看，是在汉字基础版本上进行白族语言的加工。故事情节上，则尽量跟大理地区的风土人情相结合，例如把苍山、洱海穿插到故事情节中。另外，不论是宝卷、还是大本曲曲本，它们的"劝化"功能十分相似，宣卷、演唱大本曲的最终目的，都是劝化世人孝敬父母，多做善事，不做危害别人、危害社会的事。同时，我们还注意到，宗教宝卷和民间宝卷在大理地区都有遗留，如大理地区既有专门宣讲的《香山宝卷》，也有大本曲演唱形式的《香山祭祀经抄》。部分宝卷到了大理地区以后，经过了地方化、民族化的过程，成了今天在大理地区为百姓所喜闻乐见的大本曲，另一部分佛教宝卷则在大理地区各种民间信仰团体中流行。

这是赵橹先生"白族大本曲就是在继承佛教文化和我国讲唱文学传统的基础上，逐渐发展起来的"观点进一步明证。

四、结　语

除了以上的几个方面，大理与敦煌佛经文本不仅有写经体的继承关系，经文文本也有相互补充印证的功能。如佛图塔出土大理国时期的《高王观世音经》刻本与敦煌本 P.3920 文本内容，结合李小荣《〈高王观世音经〉考析》以及王惠民《〈高王观世音经〉早期版本叙录》[②] 的考证，大理与敦煌本《高王观世音

① 钱光胜.白族大本曲与河西宝卷中的唐王游地府故事初探［M］//白族文化研究（2015）.昆明：云南民族出版社，2015：260–269.

② 李小荣.《高王观世音经》考析［J］.敦煌研究，2003：（01）：104–108.王惠民.《〈高王观世音经〉早期版本叙録》［J］，敦煌研究院官方网站，http：//www.dha.ac.cn/03DE/index.htm.

经》属于三个发展阶段中的第二阶段版本。[①]

从以上论述，大理、敦煌两地佛教文化有以下五个特点。

第一，它们同属于民间宗教信仰的范畴，因而都拥有广泛的信众，宗教民俗活动成为人们生产生活的重要组成部分。千年前敦煌遗书记载与千年以后大理地区的民俗佛事活动，都体现了以寺庙为活动地、广大民众参与的民间信仰的特点。

第二，佛经或变文作为一种文学形式，它们的文学体裁和使用方法有相似性。二者不仅在文体使用上有相似之处，而且白族民间佛教祭祀经文和敦煌佛经变文都属于说唱形式的范畴，同时多数佛教经典以汉字为主，是印度佛教中国化的集中体现。

第三，大理民间祭祀经文与敦煌佛经变文之间有传承性的关系，大理地区民间的莲池会经文、阿吒力教经典在内容、形式上都与敦煌佛教经典有密切的关系。从讲经文—变文—河西宝卷（宝卷）的发展，到"大本曲"曲本的内容及表达形式，更是传承关系的明证。

第四，两地的佛教文化艺术主要在祖国内地的影响下形成。汉唐时期，大理、敦煌跟内地的关系十分密切，尤其是唐代，唐王朝注重边疆和少数民族地区开发，对两地的经营十分用心，也是两地佛教文化发展的重要时期。敦煌是佛教传入祖国内地的前哨，但敦煌佛教文化的兴衰与中原王朝息息相关，"敦煌莫高窟是今天我们所能见到的最集中且最丰富的唐朝文化景观，敦煌藏经洞出土的文献，也是今天我们能够见到的最为集中和最为丰富的唐朝图书博物馆了。"[②]

第五，大理、敦煌两地因独特的地理位置而有着十分重要地位。它们分别作为南方和北方丝绸之路之要冲，成为各种文化的交流交汇地，积累了丰厚的文化资源。作为祖国西南和西北的佛教文化中心，不但影响周围的地区或国家，还同周边地区和国家相互学习和相互借鉴，丰富了两地的佛教文化，巩固加强了作为南、北佛教文化中心的地位，并在今天的一带一路建设中仍然发挥重要的作用。

---

① 张云霞.大理地区《佛说高王观世音经》考析［M］//白族文化研究（2014）.昆明：云南民族出版社，2014：443–453.

② 荣新江.敦煌学十八讲［M］.北京：北京大学出版社，2001：248.

云南省博物馆藏大理国铜鎏金大黑天立像考

赵　云[①]

大黑天（梵文 Mahākāla，藏语 ནག་པོ་ཆེན་པོ།），意译为怙主、大黑神、大黑天等；音译为摩诃迦罗、莫诃葛剌、玛哈嘎拉等。祂属于出世间护法，有战神、福神、冥府神、财宝神的地位。一般认为大黑天是婆罗门教湿婆（即大自在天）的化身，后为佛教吸收成为护法，密宗中大黑天是最为重要的护法神。我国藏传佛教保留浓厚的大黑天信仰，称其为"玛哈嘎拉"，认为祂是毗卢遮那佛（大日如来）降魔时呈现出的忿怒相，藏地各寺庙常见有二臂、四臂和六臂吗哈嘎啦。与菩萨、飞天等题材相比，大黑天信仰在中原地区未形成主流，只有内蒙古、西藏和云南较为流行，其中内蒙古、西藏等地大黑天信仰多来自藏传佛教的传播，而云南的大黑天信仰与唐宋时期的南诏、大理国佛教密宗有着特殊关联。此外，远东日本等国也存在独特的大黑天信仰体系[②]。

一、研究缘起

云南省博物馆收藏的南诏、大理国时期文物，大致来自两个方面：第一方面是考古发掘品。主要来源于 1976 年至 1979 年省文物工作队对大理崇圣寺千寻塔维修发掘所得[③]。当时共在塔刹和塔基清理出佛像、法器、经卷等文物 680 余件，多数文物现藏于省博物馆，其余由云南省文物考古研究所和三塔文物管理所收藏。1956 年由费孝通等学者在大理市凤仪镇北汤天村董氏宗祠发现 3000 多卷

---

① 云南省博物馆研究馆员。

② 日本的大黑天有着福神、衣食神、战神的象征意义，在日本真言宗、日莲宗、天台宗、华严宗、净土宗、临济宗等佛教各宗派都有大黑天崇拜，很多日本学者如弥永信美、中川善教、宫崎英修等分别从大黑天外貌、造像、信仰、由来及演变等方面做出了详细研究。资料参见黄杰华《国外大黑天研究述评》，载《中国藏学》2010 年第 1 期。

③ 邱宣充.大理崇圣寺三塔主塔的实测和清理［J］.考古学报，1981，（02）：245–267+281–294.

册写本和刻本佛经、道经和善书 ①，年代以宋、元、明为主，它们较为系统地见证大理国以来云南宗教文化的发展，这批经书多数藏于云南省图书馆，部分保管在云南省社科院，云南省博物馆也分得大理国《佛说长寿命经》等少量经卷。1958 年、1991 年至 1993 年云南省博物馆两次对南诏蒙氏发源地巍山县垅圩图山城进行考古发掘 ②，发现重要建筑遗址，出土有字瓦、石柱础、鸱吻、花砖和一批石质或陶质佛、菩萨、护法等精美造像。1976 年云南省博物馆对洱源县火焰山塔发掘 ③，清理出大理国梵文砖、水晶、琥珀及多种药材等。第二方面是移交品，主要指建国以来由省文化馆、各级海关、公安、国企等国有单位移交而得。著名案例是中华人民共和国成立初期，昆明公安侦破外国教会人员非法倒卖文物案，其中有大理国铜观音立像。1989 年云南省文物管理委员会鉴定组配合昆明铁路公安局查办 "4·21" 特大文物倒卖案，涉案文物 1100 多件，其中包括国家一级文物大理国铜鎏金阿嵯耶观音立像等传世文物。

本文所要讨论的大黑天铜像是云南省博物馆馆藏所有南诏、大理国文物中造型最为奇特，唯一的一尊九面十八臂三足护法神像。该文物是 1952 年云南省文化馆移交的传世品。文物登记卡原始名称为 "嘛哈嘎啦"，年代不详，类别为藏传佛教类文物。1995 年国家文物局鉴定专家组来云南省博物馆鉴定时，认为此种形制造像极为罕见，为稳妥考虑，将名称改为 "九面明王立像"，年代为明代。2002 年此件文物被云南省文物鉴定委员会定为三级文物，名称和年代沿用 1995 年说法。

观察此尊造像（图 1）：上身赤裸，一身九面，分为三层，每层三面，其中为闭口下向獠牙，左右面为张口上向獠牙，每面皆示三圆睁怒目，阔鼻，耳垂有洞，头戴人头骷髅箍，头发似火焰状上冲，最上层中头顶部饰半段五股金刚杵。肩部饰有双蛇穿五人头项圈，五人头中有发髻者三，无头发者二，间隔对称排列于主尊胸前。此像身垂十八臂，左上一手和右上一手扯一人手足部展于脑后，左上二手持一人头手鼓，左上三手持恶鬼头鬈，左中四手持物遗失，左中五手与右中五手于左胸前对握海螺，左中六手与右中六手于右胸前对握骷髅杯，左下七手持摩尼宝珠，左下八手持物不明，左下九手于腹前持物遗失。另一边右上二手持

---

① 侯冲.滇云法宝：大理凤仪北汤天经卷［J］.云南社会科学，2012（06）：124–127.

② 云南省地方志编纂委员会，云南省文化厅.云南省志·文物志［M］.昆明：云南人民出版社，2004：71.

③ 张增祺.洱源火焰山砖塔出土文物简记［J］.云南文物，1977（07）：2078–2712.

一莲,莲上端有半段五股金刚杵,右上三手持半个五股金刚杵(下半部残,可能是金刚铃),右中四手于右肩前作持物状,持物遗失,右下七手和八手,手中有不明持物,右下九手于腹前持物遗失。每臂皆在腕部饰盘蛇。鼓腹,腰部系人皮裙,扣系于右髋部,人皮头部倒垂于大黑天中部大腿,人皮裙底层为白叠短裤。三腿,富有力量感,每足脚踝部有盘蛇,赤足踩骷髅头,其下有八辐法界轮[①],其中左右足所踩骷髅头位于法界轮边,中足所踩骷髅头位于轮心位置。八辐法界轮下为三角形护摩炉[②],每角躺有一尸。背部开有一边长3厘米方形孔(图2),可能与铸造工艺有关,也有人认为是装藏孔,但其内并没有发现装藏物。整尊铜像通高49厘米,重约十余千克,通体鎏金,金色泛红,由于年代久远局部脱落现象。此尊造像三足、九头、十八臂的外形给人强烈的视觉冲击,迫而察之,其气势威武,细部精致,实乃难得一见的佛教密宗造像精品。

图1 云南省博物馆藏大理国大黑天立像正面

图2 云南省博物馆藏大理国大黑天立像背面

① 《乾隆大藏经·宋元入藏诸大小乘经第1017部·佛说瑜伽大教王经·曼拏罗品第二》曰:"中心作八辐轮安置遍照如来。"此处暗合大黑天是大日如来化身之密义。

② 《乾隆大藏经·宋元入藏诸大小乘经第1017部·佛说瑜伽大教王经·护摩品第九》曰:"复次说护摩成就法。其火天总摄于诸天。而皆恒住护摩真实之理。善作种种事。此护摩能祭一切天。能作诸成就。若持诵者文句阙少仪法不具者。作此护摩即得圆满。是故三世诸佛十方菩萨。皆悉称赞护摩之法。欲作息灾增益敬爱三种护摩。当用钻木出火。若作降伏等护摩。当用㤭陀罗舍中火及尸陀林内火。此护摩炉有四种相。一如圆月相。二如半月相。三四方相。四三角相。此四种炉各有护摩印法。于其炉内安轮金刚杵宝莲花等印相"。

二、名称、年代与样式考

前文介绍过凤仪北汤天董氏宗祠曾发现大理国经卷，侯冲先生对其中《大方广园觉修多罗了义经疏》装册背面的《大黑天神道场仪》①加以整理，发现大理国大黑天有"一身七现，七相一分"的密义，分别是"大圣大黑天""安乐药叉神""日月迦罗""金钵迦罗""塚间迦罗""帝释迦罗"和"宝藏迦罗"。目前学界通过《大黑天道场仪》所描述七种大黑天形象，比照现藏于台北故宫的《宋时大理国描工张胜温画梵像卷》（以下简称《梵像卷》）所绘制大黑天图像一组七神，已经顺利对照出"大圣大黑天""安乐药叉神"和"金钵迦罗"三相，其余四相虽与《梵像卷》所绘有细节上的差异，但是通观画卷从左向右依次描绘七位大黑天模样护法神，题记也顺次为"大圣大黑天神—大安药叉神—金钵迦罗神"的表达情境，剩余四位护法神应为一身七相大黑天的另外四相，虽然面、臂、足的数量和持物有所不同，但均具备大黑天的常见特征：如张嘴獠牙、三目怒睁、毒蛇串骷髅璎珞，赤裸上身、腰系虎皮裙、跣足、持三叉戟、弓箭、金刚杵等。唐代沙门慧琳在《一切经音义》卷十注释唐代密宗大师不空译《仁王护国般若波罗蜜多经》（上卷）"摩诃迦罗"一词时这样描述大黑天：

> 摩诃迦罗，梵语也，唐云大黑天神也。有大神力，寿无量千岁。八臂身青黑云色，二手怀中横把一三戟叉。右第二手捉一青羖羊，左第二手捉一饿鬼头髻。右第三手把剑，左第三手执揭吒罔迦，梵语也，是一髑髅幢也。后二手各于肩上共张一白象皮，如披势。以毒蛇贯穿髑髅以为璎珞，虎牙上出，作大忿怒形，雷电烟火以为威光，身形极大。足下有一地神女天，以两手承足者也。②

这与唐咸亨二年（671）义净在其《南海寄归内法传》③提到印度许多教寺院的大黑天形象④迥然不同：

---

① 侯冲．大黑天神道场仪［M］//方广锠．藏外佛教文献：第六辑.1998：372–381.
② 《大正新修大藏经·事汇部下·一切经音义卷十》，第54册。
③ 义净撰；王邦维校注．南海寄归内法传校注［M］.北京：中华书局，1995：51.
④ Alice Getty 在《北方佛教神灵》中认为义净所记应为丑身（Kuvera）而非大黑天，参见黄杰华《国外大黑天研究述评》。但是唐宋时期的中国民间依然保持义净所记载的大黑天形象及其信仰，之后东传日本。参见李翎《大黑天图像样式考》，载《敦煌学辑刊》2007年第1期。

咸于食厨柱侧。或在大库门前。雕木表形。或二尺三尺为神王状。
坐抱金囊却踞小床。一脚垂地。每将油拭。黑色为形。号曰莫诃哥罗。
即大黑神也。古代相承云。是大天之部属。

慧琳所记年代晚于义净，其大黑天愤怒形象应与密宗在中原的传播有关。之
后唐嘉祥寺神恺《大黑天神法》载：

大黑天神法。师云，此最秘密也。不入室弟子不可传受。大黑天神
者，贻藏界梵号云摩诃迦罗天。亦云大黑天神。用普印。三摩耶形剑。
青色三面六臂。前左右手横执剑左次手执人头（取髻提也）右次手执羊
牝。次左右象皮张背后。以髑髅为璎珞也。故本云黑浅色也。仁王经良
贲疏云。言缝间者所住处也。言摩诃者。此翻云大。言迦罗者。此云黑
天也。上句梵语。下句唐言。大黑天神斗战神也。若礼彼神。增其威
德。举事皆胜。故向祀也。①

北汤天董氏宗祠出土《大黑天神道场仪》和《梵像卷》所记录描绘的"大黑
天七相"与唐代密宗经典所描述的大黑天密法形象存在一致性。之所以产生文本
描述与画卷形象的差异，可能与大理国造像尚未制度化有关（但同时存在一批由
王室控制的铜鎏金造像样式，下文述）。相比较严密的以《造像度量经》为标准
的藏密佛教造像体系，朱悦梅先生认为南诏、大理国时期大黑天造像保存了初期
佛教造像的遗风②。台湾李玉珉先生认为大理国的大黑天图像与西藏风格迥异，
应是直接由印度传入。③

本文所介绍的铜鎏金神像恰好与《梵像卷》所绘大黑天七相之一（图3）呼
应。对比二者形象，非常一致，而铜造像手中所遗失的持物也从画卷中得到了补
充。如下前方左右两手应为拉伸一条毒蛇，左右各有一手持三叉戟，右上三手持
物应为金刚铃，右下七手和八手，手中持物应为杀羊和羊牝。但画卷所绘络腮
胡，身后的黑色羽翼和虎皮裙（铜像表现为人皮）在铜像中没有表现。《梵像
卷》中，其神像旁向站立毗沙门天，也暗示了神像为大黑天的身份。因为在云南
大理国时期，大黑天常与毗沙门天成对出现，这种特殊的组合关系在其他地区不

---

① 《大正新修大藏经·密教部四·大黑天神法》，第21册。

② 朱悦梅.大黑天造像初探——兼论大理、西藏、敦煌等地大黑天造像之关系
[J].敦煌研究，2001，（04）：75-83+195-196.

③ 李玉珉.南诏大理大黑天图像研究[J].故宫学术季刊，1996.13（02）：21-40.

见，但在云南剑川石钟寺石窟第6窟、沙登箐区石窟第16窟、禄劝县密达拉摩崖石刻、千寻塔出土文物中均有明显体现。

图3 《宋时大理国描工张胜温画梵像卷》局部之大黑天与毗沙门天

至于此尊铜像的年代学考察，本文采取直接桥联和提取旁证两种办法推导。首先，鉴于铜像和《梵像卷》所表达形象的高度一致性，我们有理由得出二者存在密切关联，而此种关联必然以同一个时空为基础。目前学术界对于《梵像卷》成画年代意见不一，方国瑜先生等学者认为是1180年，李霖灿先生认为是1172年，侯冲先生认为是后理国段智兴时期，即1173年—1176年。[①]不论何种观点，基本框架在12世纪下半叶，即大理国后期或南宋时期。其次，根据傅云仙[②]和朴城军[③]二位学者的研究成果，在大理国后期存在一种制度化的佛教造像样式，这

---

① 黄正良，张锡禄.20世纪以来大理国张胜温画《梵像卷》研究综述［J］.大理学院学报，2012，11（01）：1-5.
② 傅云仙.阿嵯耶观音造像研究［C］.南京艺术学院，2005.
③ 朴成军.南诏大理国观音造像研究［C］.中央美术学院，2008.

种样式的产生与王室积极参与国家祭祀，并扮演世俗世界中佛王角色①有关。其突出代表就是普遍存在于国内外各大博物馆的铜鎏金阿嵯耶观音造像。国外如大英博物馆、美国华盛顿、纽约、旧金山、圣地亚哥、芝加哥、波士顿和丹佛等地的艺术馆，国内如大理州博物馆、云南省博物馆（前文所提到的"4·21"涉案阿嵯耶观音像）等，这些观音像尺寸大小悬殊不大，最大的一尊是 49.5 厘米，其余大多数在 43.8 ~ 46.3 厘米之间。铜质表面鎏金，有后期髹漆现象。其中美国圣地亚哥的阿嵯耶观音像，其裙裾后面刻有一段铭文，曰："皇帝瞟信段政兴资为太子段易长生段易长兴等造记原禄筭尘沙为喻保庆千春孙嗣天地标机相承万世"，说明此尊像是大理国王段政兴（1147—1172 在位）出资为其子种德植福所造。依此类推，我们确定这批阿嵯耶观音像都是 12 世纪大理国时期的作品。根据对这批观音像的金属成分进行的科学检测，这些观音像都是在云南铸造，采用的是模子浇灌和相同鎏金方法②。它们式样统一，尺寸几乎一致，甚至头部发辫右 10 绺左 11 绺的细节特征都是一致的。傅云仙先生在其博士论文《阿嵯耶观音造像研究》提出，造像是以官方颁布的式样生产，铸造水平和鎏金技术的精湛是王室或官方作坊所为。本文所探讨的大黑天铜像的高度、铜质、鎏金工艺以及非常精致的细部雕塑特征，均与 12 世纪晚期大理国样式如出一辙。我们可以推断大理国王室除了造阿嵯耶观音外，可能还同批铸造了佛和护法。现藏于上海博物馆的大理国"盛明二年（1163）大日遍照日来"就是一尊同时期精美的大理国官造式铜鎏金造像。大黑天是大理国最为重要的护法神，此时期流传下来的经卷、画卷、塔藏文物、石窟造像、摩崖壁画都表达着对大黑天的崇敬和依赖。甚至晚至明清时期的云南，大黑天信仰仍然在大理和昆明地区民间生活中扮演着重要的土主神角色③。因此，我们有理由相信此尊铜鎏金大黑天造像极可能也是 12 世纪晚期大理国王室所铸造。

就已公布的材料统计，此种九头十八臂三足大黑天形象，除云南省博物馆外，美国普林斯顿大学艺术馆、大都会博物馆还各收藏有一尊（图4）。普林斯顿大学收藏品是 1969 年校方由匿名捐赠所得。两尊立像均为铜质鎏金，高49厘

① 连瑞枝.隐藏的祖先：妙香国的传说和社会［M］.北京：生活·读书·新知三联书店，2007：53.

② 李晓岑.南诏大理国科学技术史［M］.北京：科学出版社，2010：99.

③ 1981 年文物普查，昆明地区发现有 132 座土主庙，绝大多数供奉大黑天。大理地区有 40 余座土主庙供奉大黑天。参见王海涛《云南佛教史》，云南美术出版社 2001 年版，第26—28页。

米左右，手中法器保留完整，其足踩骷髅头下方有三个榫头，猜测下方也应有类似八辐法界轮的底座。造像背部也有方形孔。美国学者认为这是中国元代所造密宗护法神（Tantric Dharmapala）。从铸造风格、鎏金工艺、尺寸大小分析，美国这两尊立像就是本文所介绍的大理国大黑天像，它们均为大理国后期官造样式佛像之精品。

图 4　美国普林斯顿大学艺术馆藏大理国铜鎏金大黑天立像（左）
美国大都会博物馆藏大理国铜鎏金大黑天立像（右）

论丧葬文化的本质和意义

邹　华　李　莉①

有关人类自身生与死的问题，不仅是生命科学研究者始终不断探索的重要问题之一，而且也是人文社会科学学者们长期不懈探求的重要话题。如何解释、阐释人类生命现象及生命过程的本质和意义与人类孜孜以求的"我是谁""我从哪里来""我将去往何处"这些命题的答案有着密切的关系。在人文社会科学领域，哲学、宗教学、文学、民族学／人类学、社会学等学科的研究者们分别从各自的角度切入，尝试透过复杂多样的处理死亡事件的心理和行为表现方式，努力获取各自满意的答案。过去的两年中，和红灿、李继群发表了《转换与交融：三坝纳西族丧葬文化及其当代变迁》一文，通过对生活于云南省迪庆藏族自治州香格里拉市三坝纳西族乡6个纳西族丧葬仪式的深入调查，较为全面、细致地叙述了该地纳西族在人死之后遗体摆放位置的变化、超度、出殡、送葬、火葬、骨灰的处理过程，在解释了各环节文化意义的基础上，明确指出"三坝纳西族家屋空间是亡魂不断实现转换的具体场所。三坝纳西族葬礼吸收了不少其他民族的文化元素，体现出交融性变迁，丰富的纳西族丧葬文化的内涵"②；宗喀·漾正冈布与杨才让塔通过对甘南夏河拉扑楞寺周边村庄藏族丧葬与祭念仪式的考察，指出这种仪式兼具了神圣性与世俗性，既表达了对逝者哀思的"常情"，也表达了他们对万事万物无常的坦然，"其实质为个体从一个世界到另一个世界的过渡仪式"③；陈心林在实地调查湖北省西部清江流域土家族丧葬仪式的基础上，着重

---

① 邹华，女，彝族，云南民族大学文学与传媒学院教授。李莉，女，回族，云南省昆明市官渡区晓东小学一级教师。

② 和红灿，李继群.转换与交融：三坝纳西族丧葬文化及其当代变迁［J］.民族研究，2020，（03）：77-89+141.

③ 宗喀·漾正冈布，杨才让塔.甘南夏河藏族的丧葬习俗及其当代变迁——以拉扑楞寺周边村庄为中心［J］.民族研究，2021，（4）：96-109+141-142.

考察了所具有的整合社会、维系社会关系与社会结构的功能问题；①唐胡浩、赵金宝基于对豫中地区席赵村一位赵姓老人葬礼的调查，强调了作为传统文化组成成分的"传统丧葬仪式所拥有的角色转换、社会联结、回馈调适等功能，能够为重塑村落共同体提供公共场域、认同基础和秩序规范"②。窥一斑而略见全貌，对于丧葬仪式的研究，大多聚焦于分析丧葬仪式所具有的社会功能、丧葬仪式对于逝者的意义、丧葬文化的变迁原因与结果，突出了丧葬仪式是为妥善安置死者遗骸和灵魂的心理和行为方式。这样的研究取向，可从李贵生所撰《民间丧葬仪式研究综述》一文得到较为全面的印象。李贵生系统梳理了21世纪以来人类学、社会学、民俗学、宗教学、音乐学、民族学等学科对民间丧葬仪式所做研究情况，分类分析了中外学者的研究成果，指出既往的研究兼顾了历史与现状的视角，着重研究了仪式的象征意义、社会和宗教功能、仪式所蕴含的孝道观念和命运观等问题，③描述、分析的主体都是逝者，所揭示出来的丧葬心理和行为目标的指向无不是为了逝者而为之。对此，笔者并不完全接受。围绕逝者而产生的丧葬行为、丧葬心理、丧葬观念等所构成的丧葬文化，固然包含着活着的亲友对逝去亲友难舍的情感眷恋成分，但是，究其本质，丧葬文化被创造的根本原因，是为了能够确保活着的人活得更安全、更昌盛。可以说，丧葬是为了活人而安置死者。

一、关于生与死的认识

从生理科学的角度看，受孕是一个生命有机体形成的开始，死亡则是该生命有机体的最终消亡形式。这应该是不言自明的道理。然而，综观世界不同地区、不同历史时期、属于不同文化传统的人们对于生命诞生与死亡现象的态度、对死者遗体的处理行为和方式以及由此而形成的相关习俗的具体表现形式，却可以强烈地感受到人们关于生与死的理解和态度却是如此不同于科学的解释，并且形成了丰富多样的认知和行为体系。

在人类社会发展的一定阶段内，世界上的很多人群并不把生命的诞生看作

① 陈心林.清江流域土家族"撒叶儿嗬"丧葬祭祀仪式的功能分析［J］.宗教学研究，2020，（02）：177-184.

② 唐胡浩，赵金宝.重塑村落共同体：乡村治理视角下传统文化的现代价值研究——基于席赵村丧葬仪式的田野调查［J］.华中师范大学学报（人文社会科学版），2021，60（05）：21-33.

③ 李贵生.民间丧葬仪式研究综述［J］.河西学院学报，2020，36（03）：92-98.

是男女两性交合导致卵子受精进而发育形成为一个新的生命有机体，他们有的认为生命有机体的形成是由于受到神灵干预的结果。如"爱斯基摩人认为妊娠是由于一个精灵孩子爬到一个女子的拔靴带上，再受到精液孕育而成的。特罗布里恩群岛人有个很著名的信条，他们认为生育和精液无关。他们还相信当精灵孩子爬进女子的阴道，该女子就怀孕。他们认为男子在这方面唯一起的身体作用是把通向子宫的过道扩大"①；在中华民族古老的传说中也不乏此类认识，甚至在文献典籍中也有相关记载，如《史记》中就有这样的记述："殷契，母曰简狄，有娀氏之女，为帝喾次妃。三人行浴，见玄鸟堕其卵，简狄取吞之，因孕生契"②；涉及周代的祖先时，该书又云："周后稷，名弃。其母有邰氏女，曰姜原。姜原为帝喾元妃。姜原出野，见巨人跡，心忻然说，欲践之，践之而身动如孕者。居期而生子"③。同样地，他们中的很多人也并不把"死亡"事象看作是由于构成一个生命有机体的生理器官机能衰竭后导致该生命有机体在一个世界永远消亡的结果，反而认为这只不过是这个生命有机体在离开了人生现实世界后，旋即去到了另外一个世界并以另外一种型式体的重新开始，也就是说，人的生命其实是永生不灭的。关于对此生命型式体转换原因的认识，本质上是建立在他们认为任何一个生命有机体都是由所谓"灵魂"以及灵魂的附着体——"躯体"——二元构成的思想基础上。在他们看来，人的"死亡"只不过是灵魂的附着体——躯体的"死亡"。当躯体"死亡"后，灵魂就离开此附着体而转到另一世界继续其存在，亦即所谓"灵魂不死"。可是，并非所有生命有机体的躯体在"死亡"之后附着于其上的灵魂都能够顺利地离开并转换到另一世界，"生—死—生"的转换过程是至关重要的。如果这一转换能够顺利进行，那么灵魂就可以得到安定，对活着的亲友而言，通常说来是有利的；但是，如果不能顺利转换到另一世界，那么它就会因为得不到安定而变成孤魂野鬼，游荡于活人世间，对活着的人们时刻形成威胁。民间多有因为某人死后下葬的时间、地点等不当，进而导致在其原来所属群体中经常发生"闹鬼"一类事件的传闻。此类传闻往往被叙述得活灵活现，与传闻事件相关的时间、空间、主体、行为现象及结果等要素一应俱全，致使活着的人们对此深信不疑。究其本质，其实不过就是所谓"灵魂不灭"观念的

---

① 马文·哈里斯.文化人类学［M］.李培茱，等译.上海：东方出版社，1988：157.

② 司马迁.史记（卷三）殷本纪第三［M］.北京：中华书局，1987：91.

③ 司马迁.史记（卷四）周本纪第四［M］.北京：中华书局，1987：111.

具体体现。所以，为了安抚好死者的灵魂，消除潜在的威胁，努力让所有无益于活着的人们的因素向着有益于他们的方向发展，就必须想方设法地让"死者"的灵魂能够顺利离开其所附着的躯体前往另一世界。为此，"死者"的亲属及众乡亲们必须妥善安置好死者的躯体，由此也就产生了对死者进行安置的各种行为方式和习俗。较为常见的遗体安置方式有土葬、火葬、水葬、露天葬、二次葬、保藏尸体、尸体分解等，[①]针对各种葬式，人们都分别地建构了特定的观念和解释体系。

总体而言，纵观人类全部的历史，在其谋求生存与发展的道路上，由于受到诸多来自于生存空间和自我的不确定性，始终是充满艰辛的，生与死都是那么的不能自已。同时，在努力谋求更好地生存与发展的过程中，人类关于自我和生存空间知识的增长以及自身包括体质、知识、技能、组织等能力的不断增强也是一个确定的趋势，人类逐渐在越来越广泛的领域和越来越深的程度上能够较为稳定地实现自身的诉求。但是，时至今日，人类仍然无法完全按照自己的意愿掌握生与死。基于对种种不确定性的知识欠缺和能力受限等因素的影响，他们始终无法彻底摆脱未知甚至是无知给他们造成的心理压力。这种压力常常导致恐惧心理的产生。因此，活着的人们为了更好地活着，在踏实勤奋生存和发展的同时，把诸多美好的诉求幻化为臆想的理念，创造了一系列行为方式，以确保内心的诉求可以实现，哪怕只是局限在意念的层面上得到实现，以为继续的生存与发展求得心理的保障。这种心理，从根本上催生了"灵魂不灭"观念的产生，而且正是"灵魂不死"的观念，支配着人们对死亡现象的认知和处理。在"灵魂不死"这一核心观念的驱动下，人们创造了种种丧葬习俗，促使由关于死亡的知识、理念、处理死亡现象和死者遗体的种种丧葬习俗构成的丧葬文化最终得以形成。

持灵魂不灭观念并谨慎遵循相关习俗的人并不仅仅限于相对缺乏现代科学知识和精神的人群中，"即使是在科学发展的今天，仍有很大一部分人相信，死者只不过是去了另一世界——基督徒的'天堂'、穆斯林的'天国'、佛教徒的'西方极乐世界'、中国老百姓的'阴曹地府'。更不用说那些浅化民族对死亡的看法了。他们为死者所设计和想象的世界，更是光怪陆离，或在丛林，或在深

---

① 汪宁生.文化人类学调查——正确认识社会的方法［M］.北京：文物出版社，1996：211.

山；有的和人间一样，有的充满神奇色彩"①。对于死亡现象及死者本人，尽管在人们的情感世界中确实包含有对生命存续可寄托者、可依赖者的逝去恋恋难舍的悲恸，但是在那所有的情感中，究其意义和本质而言，更多的实际上是一种高度恐惧的心理。

二、为生者而安葬死者的丧葬文化本质

人们开始思考、探索自身生命的"生存与死亡"现象，并得出一定的结论——"灵魂不死"观念，其形成及因此而产生相应的丧葬行为的最早时间，据目前已掌握的资料，较为明确的应该是出现在距今约十多万年前、属于旧石器时代中期、人类进化史上所谓"古人"阶段的索姆河畔尼安德特小峡谷的尼安德特人遗址中，其确切证据是在对尼安德特人遗址的发掘中发现，"许多尼安德特人都由他们的伙伴埋葬。尼安德特人的墓葬已经从岩棚和洞穴堆积中和开阔的营地中发掘出来。单人葬最常见，通常有燧石工具、食物祭品甚至烹饪好的猎物的肉随葬（由烧焦的骨头显示出来）"②。在中国，最早的迹象则出现在距今约一万八千年前的旧石器时代晚期北京周口店山顶洞人的遗迹中，他们把死去同伴的遗体集中安放，并在遗骸周围撒赤铁矿粉，并以燧石工具、钻孔兽齿、石珠、骨坠等生前用品作为随葬品，以供其在另外一个世界生活使用……从此以后，"灵魂不死"的观念实际上就一直在支配着人们关于死亡现象的认识，以及对死亡者所采取的恰当的安置行为方式。

尽管说丧葬行为并不是伴随着人类脱离动物界、进入人类进化史上的所谓"新人"阶段成为一般意义的"人"而同时产生的，但是自从人类开始审视、思考自身生命的生存与死亡现象并形成了安置死者的各种行为方式后，丧葬就成为了人类社会的一个永恒事象。这样一种关于生命生与死现象的思考，无论是建立在非科学认识基础上而得出的错误结论（如"灵魂不死"观念），还是以生理科学的发展为基础所作出的正确阐释（死亡是一个生命个体的永久且正常的消亡），都是人们积极而努力地探索、认识生命现象的一种反映，其具体表现形式就是人们对于死者的各种安置行为以及由此而形成的相关传说与习俗。关于死亡

① 汪宁生.文化人类学调查——正确认识社会的方法［M］.北京：文物出版社，1996：210.
② B.M.费根著.地球上的人们——世界史前史导论［M］.云南民族学院历史系民族学教研室，译.北京：文物出版社，1991：172.

的终极形式及原因的解释和安置死者的行为与方式，既体现了人们关于生命现象认识发展的状况，又在很大程度上反映了人们的世界观、人生观、价值观等。因此，对具体的丧葬行为及相关习俗的考察，其实就是对人们关于人自身、人类社会、人类所处自然环境等以及彼此之间各种互动关系认识状况的研究，具有很强的理论与现实意义。

一般认为，对死亡现象的处理态度与行为方式以及相关习俗，主要反映的是活人对死去亲友的情感纪念，是血脉情深的一种真情表露，而且最主要的是出于为死者的灵魂作考虑，"丧葬礼俗的内涵便主要针对那个不会死亡的死者的灵魂。死者肉体的消亡，是早已熟悉了的音容笑貌的消失，早已成为习惯的日夕相随的感情的泯灭，是一件值得悲恸的事。但是，当死亡已成为无可挽回的事实以后，人们考虑更多的还是死者的灵魂在另一个世界将怎样生活。仔细分析云南少数民族丧葬礼俗，对于遗体的处置虽然名目繁多，诸如洗身、穿新衣、喂含口钱、放随葬品……实际上主要是为死者的灵魂作考虑。至于装殓以后的一切礼俗如停灵祭奠，出殡埋葬，以及埋葬之后的礼俗，更是以灵魂为直接对象。所以，灵魂不灭观念是各民族丧葬礼俗的核心，贯穿于全过程""丧葬礼俗中的灵魂不死观念并不是悬空存在，它与人们的感情趋向和功利要求融合在一起，既具有感情色彩，又能联系血缘感情和民族感情。具体表现在下述几个方面。一、祖魂归宗。各个民族都有迁徙历史……所以，尽管人们在新的地域生活了数百年甚至数千年，已经具有深厚的感情，但人们还是怀念祖先最早居住的地方，希望死者的灵魂回到那里与祖先的灵魂团聚。正是这样一种怀念祖先故地的感情，使少数民族的丧葬礼俗具有祖魂归宗的感情趋向。……二、增强血缘家族和民族的内聚力。……三、一切为了生者。……这种思想，贯串于丧葬礼俗的全过程。它具体表现在下述几个方面：（一）接气继宗。在一些民族的观念里，继承祖先的气比继承财产要重要，因为这不仅意味着继承祖先的气血，而且意味着继承了死者的气质和品德。……（二）安魂求福禄。各种安魂仪式都有功利目的，即让死者的灵魂保佑生者的幸福。……（三）迅速增殖，绵延种族。对种族繁衍的关注，往往因血亲的死亡而变得更加强烈，因而在祭奠死者、埋葬死者的仪式中出现了实现增殖的象征行为和实际行为，使死与生、悼亡与增殖出现在同一礼俗之中。"①

---

① 杨知勇，秦家华，李子贤.云南少数民族生葬志［M］.昆明：云南民族出版社，1988：8-14.

丧葬行为产生于"灵魂不死"观念是毫无疑问的，而且这样一种思亲、思友情感的寄托确实也是丧葬行为及相关习俗的重要组成部分，但是通过进一步分析可以认为，在很大程度上这些都只能算作是一些表象特征，透过表象而论，一切丧葬行为、方式及相关习俗的产生和存在，实质上是出于人们对死亡现象和死者"灵魂"的归宿怀有高度的恐惧，活着的亲人为死者所做的一切，无不是出于对生者利益的考量。有学者认为，少数民族中存在着豁达的、以辩证观点看待生死问题的朴素唯物主义观念，其依据是在西南地区很多少数民族的丧葬行为过程中，人们并不过分悲哀，甚至有谈情说爱的现象存在。[①] 对此，笔者有不同认识：在丧葬行为过程中确实存在的这些现象其实正是一种唯心主义观念的体现，它是导致人们产生对待死亡现象不悲反乐的坦然态度的思想基础，如前所述，在他们的观念里，人实际上永远不会死亡，死去的仅只是身躯，死者不过是离开此世界而到祖先所在的另一世界继续生活，既然不存在永久的"死亡"，又何需过度地悲哀？

三、对灵魂的祈望

鬼和祖灵通常被认为是根源于人的超自然生物，也就是死去人们灵魂的另一种表现形式，虽然死者之灵魂不再能够（通常也不希望）与活着的人们共同在一起生活而是以另外一种特殊的形式或转到另一世界继续存在、或游荡于人世间，但是它们却始终与活着的人们保持着密切联系，而且在任何时候任何场合都可以施加影响于活人及活人世界，它们或保护其后裔生存活动之一切具体事象能够顺利进行（如健康状况、种族繁衍、生计劳作、个人与家族的繁荣等），或惩罚那些违犯社会文化规则、对鬼与祖灵不敬的人们。因此，在日常生活、生产活动等的所有方面，活人们都渴望着得到鬼与祖灵的庇护，甚至于在客观积极努力工作的同时仍然寄望于这种神奇力量的帮助，如很多中国人在很大程度上把后代的发达与否和祖先墓地的所谓"风水"好坏紧密地联系在一起即为明证；云南省的很多少数民族在抛洒了一年辛勤汗水于秋天收获劳动果实前，为了当年的丰收及确保来年的风调雨顺、五谷丰登、人畜平安等，必须举行"尝新"仪式，在仪式中对各种超自然力量和祖灵的感谢至关重要……由于鬼与祖灵所具有的这种影响能力的存在，使得人们对死亡现象及死者本人在内心深处产生了高度畏惧和满怀希

---

① 杨知勇，秦家华，李子贤.云南少数民族生葬志［M］.昆明：云南民族出版社，1988：13-15.

望的矛盾：既惧怕死者灵魂所施加的惩罚，又希望因此得到可祈求庇护的对象。从以下几个实例中就可以深刻地感受到人们这种复杂的内心矛盾。

生活在非洲乌干达的卢格巴拉人（Lugbara）把死者看成是加入了生活在家园附近的祖先的行列，他们保持着对活人行为的兴趣，对活人有奖有罚，"尽管信鬼几乎带有普遍性，但是，死者的灵魂在所有社会中都不会对活人起积极作用。……尽管个体成员一个个地死亡，但继嗣群却是跨越时间而存在的、从遥远的过去直至不可预料的将来。死者和生前一样，强烈地关心着其继嗣群的兴旺、荣誉和延续。正像一位卢格巴拉长者所说的那样，'我们的祖先难道不是我们世系群的人吗？他们是我们的父辈，而我们都是他们所生的孩子。那些去世的人就生活在我们附近，我们给他们吃的并尊敬他们。一个人能不帮助他的老父亲吗？'"①。

生活在美洲西南部的祖尼（Zuni）印第安人认为，人死后就加入到被称为Katcinas的村庄中，那是死去祖尼人灵魂生活的地方，他们在那里过着歌舞升平的生活并给活着的祖尼人带来雨水，而且还动不动就对不尽责的祭司或者在节日舞会上戴着假面具装神弄鬼的人进行惩罚②。

生活在西双版纳傣族自治州的布朗族一般实行土葬，对于因病致死者，在安葬前不仅要请和尚念经、停尸三日，而且停尸时必须把茶叶、芭蕉、饭团、蜡条等捆在死者手上，同时在死者的大拇指上拴一根白线，将线头拽出棺外，抬棺出门时须用刀砍断白线，以示死者从此就脱离了该家庭，所谓"人走鬼也走了"，并由此斩断了鬼魂的归路；送葬者向死者作最后告别时，须一一向死者说："你不要让人看见你，听见你，要好好地躺下，保护好你"，这其实就是祈求死者的灵魂不要回来危害活着的人。即便是对八十岁以上死亡的高寿者，除崇敬之外，对其灵魂也是战战兢兢，具体表现在送葬回寨途中，头人"达曼"在最后边走边抛撒一些树叶，同时不断地呼叫："XXX已经不是我们寨子里的人啦，他已经是鬼山上的人啦，那鬼山是很脏的地方，你们不要再待在那里。"经过叫喊之后，参与送葬者的魂就能顺利回到寨子，生命由此而安全。③

---

① C.恩伯，M.恩伯.文化的变异——现代文化人类学通论［M］.杜杉杉，译.沈阳：辽宁人民出版社，1988：476.

② C.恩伯，M.恩伯.文化的变异——现代文化人类学通论［M］.杜杉杉，译.沈阳：辽宁人民出版社，1988：482.

③ 《布朗族简史》编写组.中国少数民族简史丛书：布朗族简史［M］.昆明：云南人民出版社，1984：75.

生活在西双版纳傣族自治州的哈尼族认为人死后其灵魂便离开肉体变成鬼，回到遥远且缥缈的祖先居住地，与先祖一起生活、生产和娱乐，所以在埋葬死者时须以其生前用过的生产工具、生活用具等作为随葬品掩埋于坟边；停尸祭奠期间，全村人必须停止一切生产和娱乐活动，且人人都要在帽子或衣服上系一块姜以防死者的阴魂缠身；要请巫司"贝玛"念咒送鬼："你去了，我们剽杀大牛敬献你，把你送到温暖的坟山上，把你送到我家祖先的身边；你走吧！不要挂念你遗留下的人，这里已不是你居住的地方，你不是我们的人了。"送葬途中，要将死者生前用过的草席、被子和衣物等在路上烧毁，埋葬后，参加送葬的每一个人必须拿一段抬棺材的绳子，当返回途中到达大路口时，用红毛树叶、野姜叶和竹笋叶各三片扫除身后脚印，以迷惑死者的阴魂使之不能跟随活人的足迹返回家里对活人形成危害，随后便抛弃手中绳子，争先恐后地蜂拥狂奔至死者家，在门口洗净手以除去邪气。①

生活在大理白族自治州的白族，其丧葬仪式，尽管饱含着对去世亲人的悲痛悼念之情，但对死者灵魂的恐惧同样充斥于整个治丧过程，如"点主"仪式后，孝女们立即把堂屋里的稻草等杂物打扫得干干净净，再由一位乡里老人手持柳枝和桃枝在堂屋的各个角落处劈打，边打边厉声呵斥："鬼魂出去""邪祟出去""立即出去"，把每一个角落打遍后即丢下柳枝、桃枝，左手托起供奉于灵牌前的冷水饭碗，右手挥起一把长刀，口中大喊一声"杀"，一刀将冷水饭碗劈得粉碎，"杀"声一起，早已准备好的八位汉子便抬起棺材匆匆走出堂屋并出院门，直到巷道里才放下棺材，仔细拴好抬杠……送葬途中，凡遇沟、桥，孝子们要争着匍伏在沟、桥上让棺材从身上抬过，否则死者的灵魂就过不了沟、河，而且到不了坟山，会变成孤魂野鬼。这样的结果，既于死者不利，更会对活着的人们形成极大的威胁；送葬者不能由原路返回村子，因为担心死者的灵魂会跟着回到村子危害活人；回到家门口时，须从在大门口点燃的一盆蒿枝柏枝的火头上跨几遍后才能进入院子，然后还要用热乎乎的蒿枝水洗脸洗手，这样就能熏去洗尽因参与送葬而沾染的"邪气"。②

主要生活在独龙江和怒江峡谷的独龙族认为人死后就变为鬼魂，如果冒犯了

---

① 杨知勇，秦家华，李子贤.云南少数民族生葬志［M］.昆明：云南民族出版社，1988：95-97.

② 杨知勇，秦家华，李子贤.云南少数民族生葬志［M］.昆明：云南民族出版社，1988：87-88.

这些鬼魂，就会受到惩罚，甚至导致灾害发生、疾病流行，因此对死者怀有敬畏心理。凡村里有人去世，众亲友及同村的人都必须携带粮食、鸡蛋、酒等物品，前往死者家哀悼，并帮助挖制独木棺、编织竹篾席以装殓；出殡时，必须从住房后壁或地板上另挖一道门抬出，同时由一位老人走在最前面挥舞砍刀驱赶鬼魂，否则村里就会有人继续死去；埋葬当天，全村人必须停止劳动，否则庄稼不能顺利成长，甚至已经孕育的果实也会被鬼魂吃掉。[①]

再如彝族《送魂经》之"喀吉思"第二部"归去"中的"亡人你听着，人已亡故了，要把秽气除，不能把家污"，这表明了人们通常把死亡视为不吉利现象的观念。

类似或相同的例子在其他很多民族中都存在。透过对丧葬行为全过程的考察，我们可以强烈感受到人们对死者灵魂潜在威胁的巨大恐惧。为了消除这种威胁，人们就以自认为恰当的方式安置死者，安抚其灵魂，使其顺利离去，这就是产生丧葬行为的根本动因。因此，包含在丧葬行为及相关习俗中的实质内涵，其实是为活人的安危着想，是为生者而安葬死者。

---

① 覃光广.中国少数民族宗教概览［M］.北京：中央民族学院出版社，1988：308-309.

南诏大理国碑刻铭文整理研究概述

张锡禄 [1]

一、历史概况

我国西南地区在唐宋时期曾以现在的大理洱海为中心，先后诞生过两个较大的由当地民族首领建立的政权，一个是以乌蛮和白蛮为主体民族建立的南诏（738—902），另一个是由白族为主体民族建立的大理国（938—1254）；在南诏和大理国之间，又先后出现了长和、天兴、义宁三个较小的短暂的由白族为主体民族建立的政权。从南诏、长和、天兴、义宁至大理国，5个王朝共存在了516年，与当时的唐宋和五代十国差不多是一同诞生一同覆灭的。其中，前后的南诏国和大理国立国时间较长，影响较大，而中间三个王朝立国时间较短，史料极少，影响不大，所以，对这段历史时期，一般习惯简称为南诏大理国。而本文涵盖了上述5个王朝。

南诏大理国在政治上先后臣属于唐宋王朝，有相对独立的一套较完整的政治制度。其经济上也经历了奴隶制、封建制，并在农业、手工业、商业与城镇等方面有相当的发展，在文化艺术、生活习俗及宗教等领域，都具有特别显著的民族特色和有很明显的地方性特点，而所有这些又都不同程度地受到内地汉族和周边（包括今天东南亚、南亚地区）民族的影响，显现出地方民族文化与外来文化在交流交融中发展的轨迹。

大理国和南诏国在我国的历史上起到举足轻重的作用，尤其在西南民族史和地方史地位更为重要，它使云南等地完成了统一，政治、经济与文化达到一个新的高度，为我国的云南边疆地区的开疆拓土做出了重大的贡献，同时也为后来元王朝的建立奠定了重要的基础。

---

[1]　张锡禄，大理大学民族文化研究院研究员。

二、南诏大理国之疆域

在唐代南诏国的疆界东边到了今贵州遵义附近，西边直接与印度接壤，南面到达越南、老挝一带，西南接缅甸，北面到四川地界，西北接西藏。地域的面积从整体上比现在的云南省要大出很大一部分，这样的格局一直持续到后来宋代的大理国。

公元937年，政权被段思平夺取，大理国建立，政治上更加团结和统一。按《元史·地理志》记载，其国境"东至普安路之横山，西至缅地之江头城，凡三千九百里而远，南至临江路之鹿沧江，北至罗罗斯之大渡河，凡四千里而近。"

"东至普安路之横山"，元代普安路驻今之贵州盘县与普安之间的旧普安，范围则在东部包括今镇远县在内。

"西至缅地之江头城"，说到江头，如今在缅甸的杰沙。杰沙东部为今缅甸克钦邦，则今缅甸之克钦邦一带当时仍在大理国的疆域范畴之内。这一带是大理国的西部边境。

"南至临江路之鹿沧江"，鹿沧江亦写作兰沧江。《元混一方舆胜览》临安道宣慰司说："七十城门甸方二百余里，兰沧江经其中入交趾。"本文整理的碑铭的分布都在此疆域的范围之内，详见后文。

三、碑铭的价值和意义

南诏大理国由地方民族所建，有500多年历史。由于中原封建王朝的大汉族主义，视西南民族为"蛮""夷"，记载不多。南诏史料用汉文记载的在《蛮书》《新唐书》《旧唐书》等还有一些，大理国的就极少，在宋史《大理国传》上仅有602字记载，主要讲的是贸易的事，在周边的吐蕃王国文献中也只有零星篇章，给研究其政治、经济、文化的专家学者带来极大的困难，现在要从中原唐宋史料或吐蕃王国文献中再寻找这类史料难之又难。而从南诏大理国寻找史料，还有点点滴滴的新希望所在。台北故宫博物院的李霖灿先生经过努力，在海外寻找到《南诏中兴二年画卷》《大理国张胜温梵像卷》和《阿嵯耶观音像铭文》等，扩展了南诏大理国的史料。我国历史悠久，文化辉煌。除纸质本史料之外，又创造了以金属和石料刻录文献的史料，其学科称为金石学。此类史料的保存有其优点，而金石铭文是我国自古以来重要的史料。南诏大理国的碑刻铭文记载其政治、经济、文化的信息，为历代金石学家、历史学家所重视。

四、碑铭的发现和著录简况

首先，在唐代樊绰的《蛮书》中记载："城（太和城）中有碑，阁逻凤清平官王蛮利之文，论阻绝皇化之由，受制西戎之意。""阁逻凤尝谓后嗣悦归皇化，但指太和城碑，及表疏旧本呈示汉使，足以雪吾前过也。"此是有关《南诏德化碑》的最早记录。太和城是南诏国立国时的都城。天宝战争之后，南诏王阁逻凤曾"立碑国门"，此碑又称"赞普钟蒙国大诏碑"。《袁滋摩崖碑》的内容等在唐代的文献中也有记录，详见后文。据考《蛮书》成书于唐咸通四年，即公元863年，此时已有《德化碑》的记载。

元代郭松年来大理之后，曾著有《大理行记》，载："入关（龙尾关）十五里，有城曰太和（太和城）中有大碑，阁逻凤明不得已而改号南国大诏，立《德化碑》"。

明清两代云南学风渐盛，明嘉靖年间周弘祖的《古今书刻》录有《云南碑目》，清代金石学更为发达，乾隆年间王昶在云南搜访金石拓片，所作《金石萃编》中有南诏大理国金石专卷，录文并撰题跋。

清代中叶，阮福随其父阮元来到云南，留心收集碑刻铭文，阮元主编的道光《云南通志》中便立"金石"一门。民国年间，袁嘉谷辑成《滇南金石萃编》，李根源先生编成《云南金石目略初稿》，又作《续编》。方树梅、何秉智等人都作出过贡献。

清王昶的《金石萃编》卷一百六十为南诏大理金石专卷中收录有金石铭文。明清云南省志和各府、县志对南诏大理国时期的金石的收录，以《新纂云南通志》卷五为代表，共收入现存南诏大理国碑刻铭文19通[①]。

近人著作有：

（1）方国瑜先生在前人基础上，作出了更大贡献，在《新纂云南通志》和1957年编印的《云南民族史料目录解题》及后来编的《云南史料目录概说》三书中，对当时发现的南诏大理碑刻铭文作了考说。[②]

（2）1972年，王云、方龄贵二先生在大理古城内"五华楼"其址发现的元碑中，也发现了大理国碑刻和相关资料，1985年出版了《大理五华楼新出元碑

选录并考释》一书，书中收有 3 通大理国碑刻^①。

（3）云南民族学院（今云南民族大学）汪宁生教授著《云南考古（增订本）》录有《南诏德化碑》《袁滋摩崖》《段氏与三十七部会盟碑》《护法明公德运碑赞摩崖》《兴宝寺德化铭并序》《襄州阳派县稽肃灵峰明帝记》和《昆明经幢造幢记》7 通，后增补《高兴兰若碑》《高姬墓碑》《杨俊升碑》和崇圣寺千寻塔上的 3 件刻片，共 6 通，所以汪先生的著作共收录 13 通。

（4）1992 年 2 月《南诏大理文物》一书由文物出版社出版，其中有孙太初撰写的《南诏大理国碑刻》一文，介绍碑刻 18 通。

（5）段金录、张锡禄两位先生主编出版过《大理历代名碑》^②收录了 11 通南诏大理国的碑铭，在每通碑铭之后都用简略的文字介绍碑铭的价值，为读者提供了较大方便。

（6）2010 年 12 月增订出版的《大理丛书·金石录》新收录南诏时期及玉溪通海大理国火葬墓纪年碑共计 46 通，代表了最新成果。

（7）2004 年 11 月国家民族事务管理委员会少数民族古籍整理研究室编《中国少数民族古籍总目提要》，由中国大百科全书出版社出版，此书收录南诏大理国碑铭 23 通。

综上所述，我们可以知道，南诏大理国碑铭的发现和著录绵延一千余年，最早在唐代，最迟至当代。分布地区以南诏大理国的核心区的洱海区域为重点，体量较大，文字较多，内容较丰富，是重点地区。而数量最多的是今玉溪地区通海县，其余分布在整个疆域内，北有丽江藏文格子碑，南有巍山"明应二年"瓦文，东有昆明地藏寺经幢和通海火葬墓碑，西有腾冲火葬墓碑，所以分布既全面又有重点。

此次在原有资料的基础上，有如下几次新收获：

（1）2006 年 4 月，大理学院（现大理大学）民族文化研究院张锡禄、赵敏、寸云激等人到丽江九河白族乡白王塔遗址考察，发现一批大理国的塔砖，上有印模文字，后全部做了拓印，现拣选较好的，新收入本成果 21 通。

（2）2012 年 10 月我们到玉溪通海县考察，到民间文物收藏家王建昌先生家中，拓印他收藏的大理国碑 37 通，并将此 37 通碑运回大理市博物馆收存。在

———————

① 方龄贵，王云．大理五华楼新出元碑选录并考释［M］．昆明：云南大学出版社，2000：3.

② 段金录，张锡禄．大理历代名碑［M］．昆明：云南民族出版社，2000.

此前，为鉴定此批碑的真伪和价值，曾邀约云南人民出版社资深文史编审李惠铨先生、云南省博物馆研究馆员黄德荣、副研究馆员吴华先生等一同到王家考察，经大家共同认定这些碑是真实的，是有一定价值的。后来，他们整理的这批碑刻收入《大理丛书·金石录》卷五·续编（2010 年版）。通海这批资料是近百年来大理国碑刻发现的数量最多的一次，现全部收入此成果。收入的这批碑刻主要工作者有几位同仁，他们以不同方式为这批碑的发现及著录做了大量的工作。另有其他人也做了部分工作。

（3）四川凉山地区历史上是南诏大理国的北部疆域，有碑铭发现，原凉山州博物馆的黄承宗[①]先生告诉我们此事，我们建议他将发现的碑铭进行收集整理，后其文在《大理文化》杂志上刊载，可惜模糊不清，后来刊印这些碑的拓片较为清晰，现已翻拍收入此书。

（4）云南腾冲地区历史上是南诏大理国的西部边疆。云南省博物馆工作人员在那里发现火葬墓的碑，并命名《史梅风墓幢》。

（5）大理市是历史上南诏大理国的王都所在地，近二十年发现多件重要碑铭。大理州文物管理所的夏泉生老所长在剑川石宝山石窟发现了《信境兰若》摩崖石刻一通。大理市龙首关考古时，州文物管理所孙健等人发现了砖铭，现已收集到了清晰的拓片。

（6）杨德文等人在太和城遗址发现了一块有关仓贮的新碑[②]，这是继《南诏德化碑》之后的又一关于南诏经济的重要碑铭。他们在巍山双券河考古时发现一片瓦，瓦上刻有"明应二年"字样，这些新发现也收入此成果。

综上可见，继增订版《云南考古》（收录 11 通）之后，本成果新增碑铭 89 通，是迄今为止较全面的收集整理本子。它涵盖了历史上金石学家的著录、考古专著的研究、民间收藏者的私存和近年来一系列的新发现，是一部集古今官方与民间同类金石铭文之大成的著作。

五、碑的质地

所有发现的碑铭总共有 100 通，其中石质的居多，有 64 通，占 64%，金属的有 11 通（其中铜 8 通、铁 3 通），砖瓦的有 25 通。大理州文物工作者在南诏

---

① 黄承宗.西昌大理时期石刻综述［J］.大理文化，1982（5）.

② 汪宁生主编.民族学报（第 4 辑）［M］// 田怀清.南诏王都太和城遗址仓贮碑考释.昆明：云南民族出版社，2006：1–10.

大理国遗址上发现了上千件有字瓦，有的专家称其为"瓦文"。田怀清同志作了系统收录、拓印，出版了《南诏大理国瓦文》[①]一书，收录了南诏大理国时期各类瓦文拓片 700 余张，每张拓片均有明确的出土地点及明晰考释。田怀清是大理州有名的考古专家，收集的材料翔实，考订较好，因已经成书公开出版，故不收录在此。

六、相关问题研究

（一）年号

年号是中国古代封建王朝纪年的一种名号。后被周边汉字文化圈国家，如日本、朝鲜、越南学习使用。南诏大理国作为汉字文化圈的古国也学习汉唐文化使用过年号。

作为历史中原地区汉唐至清代的年号记载是清楚清晰，有史可查的。其变化轨迹也是明晰的。而南诏大理国的年号一直在学者的探讨之中。

李家瑞先生指出："记南诏大理国纪元，始于宋代王应麟的《玉海》，但这两国的纪元至少应共有八十多号，而《玉海》只收有十七号，所差甚多。"近七十年来，几位文史研究专家依靠文物，尤其是金石碑铭的逐步发现而一点一滴地做出一些贡献。这里首先要提及的是大理城剑川县甸南白族学者李家瑞先生，他 1958 年在《历史研究》上发表了《用文物补正南诏大理国的纪年》论文。他据此整理成的纪年表收进中国历史纪年表的系列，编进多种字典、辞典、史志之中，弥补了这方面的一大空白。

接着张增琪[②]、李惠铨、王军[③]、黄德荣、梁银等先生也在李家瑞先生整理成果的基础上，逐渐探索，不断完善南诏大理年表。金石碑铭在保存文献上有比竹木纸张更好的优越性，其遭毁灭的可能性更低。现存的这些碑铭在记录南诏大理国的时间方面比其他考古手段更精确。现在的碳 14 测量其时间正负可延若干年，而有的碑铭可以精准到年月日，如崇圣寺铜钟和弥渡铁柱的铭文。不仅如此，还涉及南诏历法的一些问题。

---

① 田怀清.南诏大理国瓦文［M］.昆明：云南人民出版社，2011：　.

② 张增琪.《中兴图卷传》文字卷所见南诏纪年考［J］.思想战线.1984（02）：58-62.

③ 李惠铨，王军.《南诏图传·文字卷》初探［J］.云南社会科学，1984（06）：96-106.

用上述两通碑铭与《蛮书》中的誓文互证，然后用陈垣《二十史朔闰表》对照，完全相同。证明南诏历代所采用记录月、日的历法也使用唐历，虽然年号用南诏年号，但仍奉唐朝为正朔。或者说，南诏的历法学习采用了唐王朝的先进文化，为我所用。正可见唐灿烂文化对周边民族文化的影响。

梁银[①]先生对《云南发现的南诏纪年文物及其相关问题研究》得出有关 7 个南诏年号。

从《南诏德化碑》考证出南诏第一个年号"赞普钟"始于公元 752 年，那么公元 738 年南诏正式宣告立国之后 14 年又第一次启用了自己的年号，这是南唐天宝战争催化的结果。

《南诏图传·文字卷》中得知，全义四年为唐宪宗元和十四年，即 819 年，保和二年为唐敬宗宝历元年，即 825 年。嵯耶九年为唐昭宗乾宁四年，中兴二年为唐昭宗光化元年，即 898 年。从昆明西寺塔铭文塔砖文字记载得出：天启是劝丰祐年的年号，天启十年相当于唐宣宗大宗三年，即公元 849 年。从崇圣寺铜钟和弥渡南诏铁柱铭文可知，建极十二年为 872 年，十三年为 873 年。

黄德荣先生在《谈谈腾冲新出的大理国纪年砖》（《云南文物》2000 年第 1 期）中《大理国广运年考》一文，根据 1998 年 8 月腾冲来凤山新发现"大宝八年"纪年砖，认为大宝年号存在了 8 年，比传统看法大宝年号为 7 年多了 1 年，此纪年可补史书之不足。

1985 年在腾冲来凤山火葬墓地出土了一块青灰色板瓦，内容为买地券，首行为"维广运二年岁次己未十一月……"

"广运"纪年的文物过去从未发现过，李家瑞说，"广运不知起年。""广运"是大理国第十六代皇帝段正严的年号，因此文物证实广运二年，岁次乙未是宋高宗绍兴九年（1139），止于绍兴十七年，即 1147 年，广运年号使用时间为 1138—1147 年，共 10 年。

另，鉴于新碑铭的出现，黄德荣撰写文章，再次订正了南诏大理国纪年。是用碑铭研究纪年的最新成果。[②]

① 梁银.云南发现的南诏纪年文物及其相关问题研究［J］.大理民族文化研究论丛，2012：142–150.

② 黄德荣：通海大理国火葬墓纪念碑研究［J］.大理民族文化研究论丛，2012：12–16.

（二）书法艺术

1. 南诏大理国碑铭书法

孙太初先生曾总体评价南诏、大理国的碑刻书法说："书法水平也相当可观。多数碑刻都是当时流行的写经体，结构严谨，用笔挺拔犀利，深受欧、柳楷法的影响。个别碑刻则能于写经体之外别树一帜，如《段氏与三十七部会盟碑》，体皆行楷，运笔流畅，大似李北海；《护法明公德运碑》，端庄厚重，出入于徐记海、颜平原。"[①]

（1）政治记事性碑刻

①《南诏德化碑》，从其书法风格来看，深受唐代大书法家李邕（678—747）的书风影响；《袁滋奉旨册封南诏开石门路题记摩崖》，此书正文用笔粗壮、结体方正、字势开张，有颜书风貌。"袁滋题"三字为典型的唐篆风格，因摩崖写刻的不易而略显草率。

②《仓官丘罗宽碑》，从书法风格看，该碑楷书中略带行书笔法，率意简朴，字距紧密，行距略松，基本反映了当时民间书写汉字的状态。

③《段氏与三十七部会盟碑》，清人黄诚沅《蜗寄庐随笔》曾评价此书书法风格说："字径寸余，大类李北海书，惟其中半杂夷语，多不可解。"

④《护法明公德运碑赞摩崖》，此碑书者据孙太初先生《云南石刻丛考》考证："撰文者乃中原士人，故其词藻斐然可观。书法厚重似颜平原，较它碑作经生体者更胜一筹[②]。"

（2）佛教碑刻

佛教类碑铭书手多为僧侣，受中原写经体影响较为明显。这些造像记大多文词简朴，书风率意。从书法水平来看，以《元玫造像记》最高，其字体势开张、结构停匀中微见险峻，气势峭拔中又不乏中和之象，似胎息褚遂良书风而出。除上述文字较多、较完整的题记外，南诏、大理国时期的造像题记在四川西昌、凉山，楚雄、晋宁、安宁、禄劝等地也有零星分布。

（3）墓葬碑刻

这些碑刻多为大理国当时的释儒（阿吒力僧）所书，多为楷书，夹杂行书笔意，受写经体风格影响明显，书法水平一般。

---

① 孙太初. 南诏大理的碑刻［M］// 云南省文物管理委员会. 南诏大理文物. 北京：文物出版社，1992.

② 孙太初. 云南古代石刻丛考［M］. 北京：文物出版社，1983.

（4）其他金石遗存

纪年砖。据《云南文物》1989 年第 25 期载，在西寺塔塔基修缮时发现了一块南诏天启年纪年砖。文左行，为"天启十年正月廿五日段義造砖处题书"，横画、捺画较长，字形左敧现象突出，纵横开阔，颇类东汉刑徒砖。

2.南诏、大理国书法的主要传承方式

（1）原生演变

从汉晋出土的《孟孝琚碑》《爨龙骧刻石》《爨宝子碑》《爨龙颜碑》、朱提堂郎器铭文以及大理地区的汉晋墓砖和题记来看，汉晋以来云南各地通行的文字仍然是汉字，且使用汉字的能力并不比中原人弱，且形成了一个相对独立的传承系统。这一传承系统虽然与中原书法发展的系统并不同步，但也时时在与中原文化的交流过程中不断修正和变化着。

（2）中原传入

南诏到大理国时期，唐宋文化对云南的影响尤为深远，已深入到各个生产生活中的方方面面。这种文化的渗透，体现在书法上，一是依靠中原人口迁徙传入，二是源于云南对中原文化的主动学习，三是依靠中原文字物品（如佛经）的传入。

3.南诏、大理国书风的三种风格类型和发展轨迹 [①]

由于书法传承的渠道不同，南诏、大理国的碑刻书法呈现出了以下特点：①中原书风的影响；②经生书体的碑化；③自然质朴的民间书风。一共有三个比较清晰的风格类型和发展轨迹。

从第一种风格形态看，南诏、大理国的文化主要是中原唐、宋文化向南辐射的结果，一是依靠外来人口的迁徙将中原书风带入云南，《王仁求碑》《南诏德化碑》《护法明公德运碑》均属此类。这类碑刻文辞华美、书写精美，堪与中原比肩。二是云南本地子弟到中原出访、留学从中原获得书法发展的相关信息，代表人物如传奇人物张志成，此类碑刻作品还有待考古发掘的进一步深入。

说到第二类，这种形态风格是阿吒力教也是一种佛教直接影响的，其中僧侣都是世袭的，对于他们来说，佛教经典是再熟悉不过的了，而且对儒家文化也颇有研究，在朝中也任过职位，因为他们有着高贵的身份，较好的文辞以及丰富的知识，因此常常去书写民间以及宗教的碑刻，并且，在他们的日常生活中，抄经和读经是必不可少的，这就影响了他们的书写风格，这种隋唐的风格也成为当时

---

① 张云霁.南诏大理国时期存世的碑刻与书法琐谈［J］.云南书法艺术，2015（2）.

的主流，如此看来，人们常说的碑化的"经体书"，也就是指的这种碑刻的结果。

再有第三种就是指造像题记以及纪念砖瓦，这些都是一些在民间的工匠随意完成的。然而，与人们所猜想不同的是，这种万能的工匠并不具有极高的身份地位，甚至从没认真练习过书写，可是基本的汉子技巧是必不可少的，掌握了这些之后，再对佛教进行造像，就能书刻出基本的供养人的姓名以及造像的题榜，因此给人的感觉是非常之美，其中剑川石窟尤为典型，就属于这种形式，也就与龙门造像记差不了太多了。而《仓官丘罗宽碑》、纪年砖瓦、有字瓦反映的则是一般工匠比较拙劣的书写水平。

（三）使用文字

收入本书的碑铭使用了四种文字：汉文、方块白文、梵文、藏文。

1. 汉文

南诏大理国碑铭中汉字书写占绝大多数。从重大的以最高权力机关名义发布的文告式的碑铭，如《南诏德化碑》等用汉文写成。由此可推知，南诏大理国以汉文作为国家发布文告的通行文字。这些公文起草者遣词造句、信达雅有较高的水平。

2. 方块白文

有少量碑铭的人名、地名、度量衡名采用白族语记汉文，即方块白文。这一时期白族人信佛，故寺院塔幢、塔名及墓志铭很多用方块白文，如《高兴兰若碑》。

3. 梵文

由于佛教的传入，特别是佛教密宗的深入传播，故寺院的碑铭、塔幢、墓志中梵文大量出现，有梵文、梵汉、梵白交融文字，梵文书咒也成了白族人的宗教习惯。故有梵汉两种文字，如杨俊升碑，一面汉文，一面梵文，有的仅见梵文，有德塔幢两种文字都出现，如昆明地幢寺经幢。

南诏大理国碑铭中汉字书写占绝大多数，其次为方块白文和梵文，藏文极少，不见其他民族文字，如彝、傣、缅等民族文字，所以从文字表看，南诏大理国吸收了丰富的汉文化、部分印度文化，与邻近的藏族同胞有少量交往，白族文化在吸收大量汉族文化、部分印度文化、少量藏文化中形成发展。

4. 藏文

有一通，即《格子吐蕃藏文碑》。

综上所述，南诏大理国的碑铭是研究其政治、经济、文化的重要文献资料，为历代史学家重视，其发现研究有一个逐步展开、累积发展的过程。到如今发现的数量已是清末直至三十年前的数倍，其内涵也更丰富，是令人欣喜和赞叹的。
这个研究也是循序渐进的，本成果的研究在综合研究上仅是开拓的、初步的，有
待进一步开展，相信以后会有更新更好的成果问世。

文化认同与艺术重构

——宋代《大理国梵像卷》原作和清代摹本《法界源流图》比较①

12 世纪，中国西南地方少数民族政权大理国，诞生了一幅绘画长卷名作《大理国梵像卷》。五百多年后，实现一统的大清皇帝命宫廷画师在藏传佛教僧侣指导下，对《大理国梵像卷》进行分解和另摹，形成《法界源流图》和《蛮王礼佛图》两个摹本。分析《大理国梵像卷》和《法界源流图》（《蛮王礼佛图》已轶）在整体结构和表现细节的差异，我们可以看到，这一从原作到摹本的"仿制"式艺术重构，由于时空差异、意识形态差异、权力关系差异、族群认同差异和艺术风格差异，实际上已经成为统一国家意志下的政治规训和文化再造事件。这样的文化再造行为嵌入进视觉文献（文物）中，修改了艺术，也重塑了历史。两件视觉历史文本，显示了不同时代不同身份在意识形态、图像认知和艺术表现上的微妙差异，透露出中国社会变迁和文化认同的丰富历史信息。

《大理国梵像卷》，又称《张胜温梵画卷》，为大理国时期画工张胜温，奉崇信佛教的大理国皇帝段智兴之命绘制。画卷为纸本彩绘，贴金，长 1636.5 厘米，高 30.4 厘米，以"南无释迦牟尼佛会"和"药师琉璃光佛会"为中心，两边展开描绘菩萨、天王、罗汉、尊者、龙王、力士、飞天、供养人、妖魔、群臣、官贵、僧人、十六国王众、南诏诸王及王后等 628 貌，加上云气、山水、动物、植物、建筑、器物等，洋洋大观，刻画精致，代表了宋代西南地区佛教艺术的最高成就。画家张胜温的身世，我们一无所知，只知此画现藏台北故宫博物院，为镇院之宝。

《大理国梵像卷》清乾隆年间进入皇帝内府。信奉佛教的乾隆皇帝认为原

---

① 国家社科基金艺术学重大项目"多民族艺术交融与中华民族认同研究"（20ZD27）阶段性成果。

② 邓启耀，广州美术学院视觉文化研究中心教授。

作经水渍装池屡易产生错简，命宫廷画师丁观鹏仿照张胜温的《大理国梵像卷》另摹一卷。出于政治自尊的考虑，乾隆要丁观鹏将原作所有"颇为不伦"的大理国王及天竺十六国王众，统统从画卷中剔出，"仿其法"另绘成一卷《蛮王礼佛图》（其图至今无下落）。而主体的宗教内容，则在藏传佛教格鲁派活佛章嘉国师的指点下，将原作诸佛、菩萨、龙王、罗汉和高僧进行整理，有所增删，"正其讹舛"后，摹为《法界源流图》（现藏吉林省博物馆）。丁观鹏摹本完成于乾隆三十二年（1767），纸本设色，比原作尺寸稍大。乾隆题为《法界源流图》（又名《千佛图》），并亲自在卷首和宝幢内题字。[①]

我与《大理国梵像卷》的缘，说来也有二十余年了。1995年，我应李亦园先生邀请参加一个神话学方面的学术研讨会，得以在台湾故宫博物院一睹《大理国梵像卷》真容，并获李霖灿先生的《南诏大理国新资料的综合研究》一书。1998年，云南省博物馆馆长李昆声教授邀我参加云南民族美术全集（第三卷）《南诏大理国雕刻绘画艺术》的编写，内及《大理国梵像卷》，算是初涉。2015年浙江大学汉藏佛教艺术研究中心举办"汉藏与多民族佛教艺术研究学术讨论会"，我因主持国家社科基金重大项目"中国宗教艺术遗产调查与数字化保存整理研究"，故以本文初稿提交论文，以求业界批评。

李霖灿先生的《南诏大理国新资料的综合研究》1967年以黑白图版形式出版后，台湾故宫博物院又以彩色图版形式，于1982年精印再版。那时《法界源流图》刚刚发现，书中选刊了其中几幅黑白图像，并做了部分对比研究。李霖灿先生一直期待《法界源流图》彩版的完整印行，认为色彩对于图像学的研究十分重要。近年，我有幸在云南大理得到一本由某文化传播公司内部印行的彩色版《法界源流图》，得以两相对照，对《大理国梵像卷》和《法界源流图》两件视觉历史文本在整体结构和表现细节的异同细细观摩，发现更多有趣的问题，特将本章再做修订。我获得的《法界源流图》虽印制粗陋，但形貌完整，与《大理国梵像卷》做对比研究也可以。

细品两件视觉历史文本在文化认知上的差异，正是视觉人类学很感兴趣的分析文本。

一、多元与一体：原作和摹本的时空差异

视觉人类学"读图"，常常要先读"图外"的东西，也就是它的"背

---

① 李霖灿.南诏大理国新资料的综合研究［M］.台北：台北故宫博物院，1982：76.

景"——体现在自然、社会和历史中的时空形态。所以，欲理解两部作品中的时空差异，必须先概观大理国的历史地理情况。

《大理国梵像卷》绘于公元 1180 年（大理国利贞八年），时间相当于南宋（乾道十六年）。大理国为中国西南少数民族地方政权，辖区以现中国云南大理为中心的滇西、滇中大部分地域，延展及西南、东南亚部分地区。

从自然地理看，亚洲东部三个重要的自然地理区域即东亚温带和亚热带季风区、青藏高原区、南亚和东南亚热带季风区相重合，大理恰好处于这一地理几大板块交汇的核心位置。通过卫星地图，可以清晰地看到，横断山系统之云岭山脉的雄奇之势，南至苍山即戛然而止。再往南延伸，便整个地下了一个台阶，其中望东南方向去的是郁郁葱葱的哀牢山山脉和无量山山脉。就在这一溜连绵斜跨近十个纬度不断气的山脉——青色云岭和绿色哀牢山、无量山三大山脉之间，峰回水转般出现一个结，承上启下。结点中心就在大理的洱海坝子。

从人文地理看，自秦汉以来，已有数条驿道开通了蜀汉、印度（身毒）及东南亚的商道（即著名的"蜀身毒道"等）。仅经过洱海地区的，就有秦时五尺道、汉时灵关道、博南道、唐时永昌道，东西向横越了横断山；到唐宋时期，南诏大理成为西南地区的一个政治经济文化中心，交通以此为中心八方辐射，下连掸国、上结吐蕃的茶马古道，也依它们纵向的主脉，南北向贯穿了横断山。南诏大理与各方"使传往来不绝"，甚至"年内二三至者"。在有的时期，从大理派到成都留学的王室贵族子弟多达数千人，历时半个世纪。大理的越赕马亦为南宋争购的战马，大理国和南宋来往密切。如果加上和南亚东南亚诸国及吐蕃的交往，当时的空间流动和经济文化交流活动是极为频繁的。这样的地理位置，使得南诏大理国游离于汉、藏之间，与唐宋朝廷和吐蕃关系微妙。直到近百年，抗战时的滇缅公路和现在修的高等级公路，都在这个"结"的边缘找到一条大致相似的缝隙，延伸拓展。

汉地、吐蕃、南亚和东南亚的文化汇集于此，经过千余年碰撞交合，终形成一种让世人不得不刮目相看的高度发达的物质文化和高度开放的精神文化。

大理在中国自然地理和历史文化上所具有的重要地位，在唐宋时期被南诏大理人用实力阐释了。它的重要性不仅在于它处在亚洲几大地理区划结合部的核心位置，而且也是几大文化类型的交汇点。北与大宋和吐蕃成三足鼎立之势，南与东南亚诸国互动频繁。东西向的茶马古道和南北向的南方陆上丝绸之路，以大理为中心向四方辐射，也吸纳了来自汉、藏、东南亚和南亚经济、文化的诸多精华。正是这一人文地理上的特殊性，大理在中央集权制国家形成之前，具有自己相对独立又兼容的权力空间和信仰空间，在历史上出演了无数壮伟而鲜活的史剧，在文化上作出了特殊贡献。①

由于这样的地理状态，大理地区乃至整个云南作为几大文化板块的结合部，历史上一直在地方自治与中央统辖、文化多元和行政一体之间来来去去。

秦汉时，雄心勃勃的秦皇汉武几度试通"蛮地"，打通中原到东南亚和南亚的另外一条通道，初受阻，后终在滇设郡，将云南纳入统一国家的辖属。唐代加强了与边地及外域的弹性互动，和南诏国以兄弟相称，行羁縻制度；后虽因官员误事，引发"天宝之战"，打胜的南诏国还是专立"德化碑"，表达对唐王朝的忠心。大理国建于公元937年，23年后赵匡胤称帝立宋。大理以贺示和，宋太祖在军事地图的大渡河上挥玉斧为界，谓"此外非吾所有"。大理国作为独立的地方政权，与大宋不是臣属关系，而是平等交流的关系。在大理国时代，时间的标示未被划一，空间的界定各自为政，几大文化板块正在接触、碰撞或交融，世无定相，法无定法，许多事无法预计，许多人无法盖棺定论。

那是一个很有意思的时代。它戏剧化的神秘不仅仅来自"苍山派"奇侠或"天龙八部"的怪诞——像金庸武侠小说所妙想天开的那样。它的魅力来自真实的历史，那些让秦皇汉武、唐宗宋祖和吐蕃都不得不刮目相看的历史。唐朝派剑南节度使鲜于仲通和大将李宓先后两率大军二十万众两度征伐南诏，结果全军覆没。这便是历史上有名的"天宝之战"。连著名诗人李白和杜甫，也为此事大动感情："借问此为何，答言楚征兵，渡泸及五月，将赴云南征。怯卒非战士，炎方难远行，长号别严亲，日月惨光晶，泣尽继以血，心摧两无声。困兽当猛虎，穷鱼饵奔鲸，千去不一回，投躯岂全生，如何舞干戚，一使有苗平？"（李白《古风》）……"无何天宝大征兵，户有三丁点一丁。点得驱将何处去？五月万里云南行……应作云南望乡鬼，万人冢上哭呦呦。"（杜甫《新丰折臂翁》）如今，万人冢早被新兴的城市所包围。但直到现在，闹市中的万人冢遗址周围几百米内仍荒败不堪。当地人说那里阴气太重，不敢住，有点房子，也都廉价租给了来打工的外地人。

而在不远处山脚的"将军洞"，大唐的败军之将李宓，却又成了当地本主庙里供奉的神灵！在每月的许多日子里，"将军洞"都挤满了人，主要是当地的白族和彝族，偶尔也见来自东南亚的人，脸上抹了泥土样的斑纹白粉，虔诚地奉上自己的香烛。有一白族老妇抱只大红公鸡来还愿，问她供谁，她说："供我们的

---

① 邓启耀.大理——亚洲文化十字路口的古都［J］.山茶·人文地理，1999（1）.

大将军。"有人提示，这不是唐朝时来打南诏国死在这儿的李宓么，为什么还供他？老人宽和地笑道："民族团结嘛！他保佑我们，也保佑你们，大家都好！"南诏大理人的兼容之心，于此可见一斑。

这一时期也是佛教在南诏大理国地区传播的鼎盛时期。佛教传播的来源渠道较多，在这一地区多有遗留。陈寅恪在《滇黔佛教考》序中概括："其始自西传入，多属密宗，其继自东传入遂广有诸宗。"① 也就是说，佛教在这里的传入渠道和呈现形式比较复杂多样。

一是西传。据南诏末年的图像文献《南诏中兴画传》描述，南诏始祖细奴逻得益于西域梵僧的"授记"，建大蒙国（即南诏国前身）并传十三世，按年代追溯，梵僧西来此地，应在公元 649 年以前。《南诏中兴画传》中的文字卷亦述：南诏第十世王劝丰佑"保和二年乙巳岁（825），有西域和尚菩立陁诃来至我京都，云："吾西域莲花部尊阿嵯耶观音，从蕃国中行化至汝大封民国，如今何在？"② 也就在这一时期，西僧赞陀崛多被封为国师，具有密宗色彩的佛教被尊为国教。一方面征战频繁，密教僧人"阿吒力"参与战争，于阵前施法；另一方面大兴土木，先后修建八百大寺，三千小寺，一时佛像遍地，梵音满空。剑川石窟、阿嵯耶观音像、南诏王城遗址出土石雕佛像等佛教艺术杰作，皆成于这一时期。后南诏国因权臣郑买嗣篡权而亡，郑杀蒙氏后裔杀得心虚，也要铸佛万尊供奉。到了大理国时期，佛教在大理地区更具影响力，以至于 21 代大理国国王，有 10 位因各种原因禅位为僧。开国国王段思平"岁岁造寺，铸佛万尊。"③ 鄯阐城地藏王经幢佛像石雕、张胜温梵画卷等佛教艺术名作亦完成于大理国时期。

一是东传。南诏建国前，来自汉地的佛像已在大理地区供奉。《南诏野史》载，公元 714 年，南诏初王盛逻皮派张建成使唐，得佛像佛经回来供奉。南诏派往汉地留学的弟子一年有数次，其中不乏带回汉传佛教经典的。即使关系交恶，南诏也会到巴蜀一带掳掠文教、工匠等类人才，其中石匠、木匠、画工等类人才，在大理地区佛教造像的雕琢、铸造和描绘等方面，起到了重要作用。《南诏中兴画传》中观音化身一穿汉服的老人，帮助当地土著把铜鼓分解熔铸为阿嵯耶

① 邱宣充."张胜温图卷"及其摹本的研究［M］//云南省文物管理委员会编.南诏大理文物.北京：文物出版社，1992：183.

② 李霖灿.南诏大理国新资料的综合研究［M］.台北：台北故宫博物院，1982：145–146.

③ 王叔武.大理行记校注·云南志略辑校［M］.昆明：云南民族出版社，1986.

观音像，无意中透露了汉人铸造工艺技术在当地人心目中的可信度。云南大理地区剑川石宝山佛教石窟那种烟火味十足的人间气息，与重庆大足石刻也有异曲同工之妙，难怪有人要把云南石宝山石窟、重庆大足石刻和四川乐山大佛，视为一条与茶马古道或南方陆上丝绸之路一脉相承的"石窟之路"。①

而在民间，沿秦代所筑"五尺道"东去汉地学习汉传佛教，沿"博南道"西行或沿"茶马道"南下东南亚学习南传上座部佛教，沿"茶马道"滇藏线北上吐蕃学习藏传佛教的信众，更是不计其数。其佛教造像，由此兼容了汉传佛教、藏传佛教造像的风格，亦有南传上座部佛教及中世纪印度和东南亚宗教造像的影响。如具有明显藏传佛教密宗色彩的阿吒力教、大理地区普遍流行的观音信仰等，都在这里杂然并存。而之前流行的民间信仰、道教和儒家传统，亦融入了佛教的许多内容，蔚为大观。所以，南诏大理国在史书里又被称为"佛国"或"妙香国"。

三百年后，忽必烈为南下包抄南宋王朝，跨革囊渡金沙江顺势灭了大理国，大理国原有的辖区，再次纳入了元王朝统一国家的版图。元明时期继续推行"以夷治夷"，土司制度是这种治边方略指导下的典型产物。②到清代，为了改变"土人知有土官而不知有国法久矣"③的现状，强化"我朝统一寰宇，凡属内外苗、夷，莫不输诚向化"④的帝制一统，中央王朝的治边方略，以大规模的"改土归流"⑤为主要手段，推行各种"化夷"或"因俗而治"的文化改造工程。

《法界源流图》和《蛮王礼佛图》对《大理国梵像卷》的修订，正是这种"化夷"工程的一个生动案例。《法界源流图》和《蛮王礼佛图》绘于清乾隆三十二年（1767），与绘于公元1180年（大理国利贞八年）《大理国梵像卷》相差近六百年。那时，中国作为统一国家的政区空间，已经确立；按皇帝年号定于一尊的时间，必须全国一致；历史的书写，无论是文字文献（如"四库全书"）、图像文献（如"皇清职贡图"）还是工具书（如"康熙字典"），也已

① 张有林、李雨霖：《石宝山道路与王朝的往事》，见微信公众号"彩龙社区"云与梦之间编发《探秘石宝山，一个隐秘王朝的千年往事》，2019年10月14日。
② 李世愉.清前期治边思想的新变化［J］.中国边疆史地研究，2002（1）.
③ 蔡毓荣.《筹滇十疏》//方国瑜主编；徐文德、木芹、郑志惠纂录校订.云南史料丛刊（第8卷）.昆明：云南大学出版社2001：426.
④ 《清实录》第12册，《高宗纯皇帝实录》卷390.北京：中华书局影印本，1996：120-121.
⑤ 即改世袭土官（土司）为外派流官制。

按钦定标准全部统一"修订"过。从日理万机的乾隆对《大理国梵像卷》一件作品如此具体的指示，可以看到这种文化再造和万法归一的国家行为，是如何无所不在地规训着地方，重塑着历史。

所以，两部作品的时空差异，不仅仅是地理和时态上的，更重要的是政治、文化和心态上的。

二、灵聚之地的信仰：原作与摹本的意识形态差异

文化和心态的差异，重点是意识形态差异。

这里所指的意识形态，在特定的历史语境中，主要指已经成为国家指定并主流化的信仰体系。

大理国时期的信仰体系，是以佛教为主，兼容儒、道和民间信仰的混杂型意识形态。在大理这样多元文化交汇之地诞生的佛教，杂糅了来自巴蜀及汉地、西藏乃至印度、东南亚的宗教成果，由此产生了一种既兼得释道儒各种文化特别是汉传佛教、藏传佛教等某些思想和仪轨，又与其都不尽相同的地方性佛教——"阿吒力"教。"阿吒力"教在南诏大理国时期被定为国教，"阿吒力"高僧被聘为国师，除了主持法事，还参与政治和军事行动。

"阿吒力"教融合了汉传佛教的一些精神和仪轨（如兼容禅宗、净土宗门派，敬奉儒道释的"三教合一"思想和水陆道场等仪式）。到大理国时期，阿吒力僧被尊称为"释儒"，甚至官员的选拔多从"释儒"中考虑："段氏有国，亦开科取士，所取悉僧道读儒书者，以僧道为官属，亦以佛法为治。称之为佛教国，亦未始不可。故其民咸知佛法，易于治理，不尚军旅。"[①] 佛法治国，为的是让"民咸知佛法，易于治理，不尚军旅"。但由于"阿吒力"教本质上属于密宗，又常以居家修行为老百姓做法事的方式生存，沿袭了本土宗教（如本主、土主信仰）的认知模式和某些仪式行为，所以，与巫教、印度原始佛教、藏传佛教的密法仪轨，有更直接更深的关系。

《大理国梵像卷》的神佛系统，呈现多源共生的状态。辨教宗，有密宗阿吒

---

① 见（清）倪辂集《南诏野史》，载方国瑜主编《云南史料丛刊》第4卷，云南大学出版社1998年版，第788页。其中，"亦以佛法为治。称之为佛教国，亦未始不可。故其民咸知佛法，易于治理，不尚军旅"几句，见王本《南诏野史》，转引自李东红《白族文化史上的"释儒"》，云南民族大学学报（社会科学版）1993年第3期，第69页。

力教以莲花部阿嵯耶观音为主的各式观音，有金刚部造像（五方佛、明王、大黑天神、多闻天王等），有华严宗三世佛及华严佛会盛况，也有禅宗七世祖师；论神佛高僧，有来自东土，有来自西域，也有出于本土。

图1　《大理国梵像卷》中龙王、龙女及部众的蛇冠

　　《法界源流图》在仿《大理国梵像卷》重新绘制神佛系统时，对源自藏传佛教和印度原始佛教的诸神，进行了十分专业的修订。如《大理国梵像卷》上引人注目的龙王们，有两种截然不同的造型，有的有背光或头光一样具有九头蛇的蛇冕，与古印度秣菟罗那迦神形制如出一辙，散发着浓重的原始气息；有的则是汉地的仕女或文官武将式造型，仪表堂堂。《大理国梵像卷》和《法界源流图》都兼容了这两种文化背景和来源完全不同的龙王。但由于水渍破损重新装裱造成的错简和失落，《大理国梵像卷》只有六位龙王，与传说中"应真"天龙八部的龙王差了两位。《法界源流图》增加了"优钵罗龙王"和"摩那斯龙王"，剔除了有汉式青龙白虎意象配侍汉装侍女皂士的护法"左执青龙"和"右执白虎"（亦有认为是龙王[①]）两帧。

---

①　邱宣充."张胜温图卷"及其摹本的研究［M］//云南省文物管理委员会编.南诏大理文物.北京：文物出版社，1992：176.

图2　南传上座部佛教寺庙中张
贴的眼镜蛇为佛祖遮雨故事的绘画
（邓启耀摄）

图3　目真邻陀龙王护
佛雕像（陈建华摄）

对汉传佛教高僧和地方高僧的"清理"，体现了清朝主流意识形态对汉文化和其他族群及地域文化的某种排斥，也反映了《法界源流图》对法界源流"正宗"的认知状况。

《法界源流图》对十六尊者（罗汉）和迦叶、阿难，造型及排列，基本按《大理国梵像卷》，名号全都按章嘉活佛的语音用汉字写出，与《大理国梵像卷》发音差异很大，如"阿氏多尊者"写为"阿资答尊者"，"伐那婆斯尊者"写为"拔纳拔西尊者"之类，只有对照原图，才知皆为同一尊者。

尊者之后是禅宗大师，《大理国梵像卷》描绘了自达摩到神会的禅宗七祖，《法界源流图》则删去神会，只留六祖。在指导丁观鹏作画的章嘉活佛看来，有衣钵作为"信体"的六代禅宗祖师，可以列进禅宗一脉的传承系统，其他不算。六祖惠能按照始祖达摩要求，认为衣钵易生竞争心，故"衣不合传"，只有以心传心的"心法"才是禅宗正法："汝等守护，递相传授，度诸众生，但依此说，是名正法。今为汝等说法，不付其衣。"[①]"从上衣法双行，师资递授，衣以表

---

① （唐）释法海撰录.《六祖坛经》"付属品第十"。据明代泰仓禅师刻本，憨山德清勘校，北京：华文出版社，2016：236。

信，法乃印心。"明确需将法衣"置而不传"。①但在章嘉活佛看来，法衣没传了，法脉即中止，故删去神会。这还是只看"衣"，不看"法"，囿于外相，不认心法，未解禅宗之本意。

《法界源流图》接着禅宗六祖之后是十六观音，而且每尊观音像都注了名号。比起《大理国梵像卷》观音位置相对错杂、部分名号缺失的情况看，似乎是规范了。但仔细对照，发现《大理国梵像卷》中的一些观音图像被删改了。比如在《大理国梵像卷》中居首位的"建国观世音菩萨"，主像为有阿嵯耶背光的观音化身梵僧。背景上方所绘山野中的耕夫、耕牛和二牛抬杠式犁，描绘的是南诏始祖细奴逻从农夫被梵僧点化为王的故事；梵僧两边有两侍童，座前是梵僧携带的白犬和施法时出现的白象白马。下面坐着戴头囊穿红袍、已经变成"奉明圣感灵通大王"的细

图 4　《大理国梵像卷》中的建国观世音菩萨

奴逻，身后侍立的女子当是妻子浔弥脚，对面站立扶助初王的武士各群矣和文士罗傍。这些人物，都是《南诏中兴画传》故事的沿用和缩写。《法界源流图》删去此帧，用意十分明确，即不能出现另外的王。

被《法界源流图》做了较大改造的，还有"真身观世音菩萨"和"十一面观世音菩萨"。《大理国梵像卷》中的"真身观世音菩萨"，高髻、赤裸上身、着笼基式裙。是标准的阿嵯耶观音造型。在他下面，几乎完全套绘了《南诏中兴画传》里抡锤打碎铜鼓的村民和熔鼓铸为圣像的汉装老人。《法界源流图》把他们全删了，阿嵯耶观音也被披挂上一些装饰，遮住赤裸的上身。由于"十一面观世音菩萨"在南诏国有重要护佑作用，传说他曾帮助战胜了唐军，所以在他下面簇拥着南诏十三

① 见《五灯会元》卷五。转引自张勇《〈曹溪第六祖赐谥大鉴禅师碑〉的禅学意义》，见2015年中国佛教协会、广东省佛教协会主办"中国佛教与海上丝绸之路学术研讨会"交流论文。

173

代王，以及对初王获得梵僧"授记"做出巨大贡献的妻子浔弥脚和儿媳梦讳。《法界源流图》把他们删得干干净净。这样的删改和历史上所有专制王朝一样：不能出现与中央集权分庭抗礼的地方政权，哪怕这是历史事实也不行，必须从图像文献上抹掉，以秉承大清一统天下的政治正确。

图5 《大理国梵像卷》 　　图6 《法界源流图》中 　　图7 《大理国梵像卷》
中的真身观世音菩萨 　　　的真身观世音菩萨 　　中的十一面观世音菩萨

　　《大理国梵像卷》中继禅宗六祖之后，是八位被《法界源流图》删去的地方高僧贤达。他们依次为和尚张惟忠、贤者买□嵯、纯陀大师、法光和尚、摩柯罗嵯、赞陀崛多和尚、沙门□□、梵僧观世音菩萨（图8）。

　　据方国瑜考，和尚张惟忠为禅宗南派的第九世传人，《滇释记》曰："荆州惟忠禅师，大理张氏子，乃传六组下菏泽之派，建法滇中。"贤者买□嵯，方国瑜识为"买纯嵯"，即传法到云南的禅宗高僧买顺禅师："六祖之道，传至云南，自师为始。""长庆间，游化大理大弘祖道，时南诏昭成王礼为师。"（《滇释记·买顺传》）纯陀大师和法光和尚不获见于记录，方国瑜据赵祐《大理国渊公碑》等文献，认为他俩可能是受法于观音，曾住大理崇圣寺的施头陀和道悟国师。"摩柯罗嵯"为梵语，意为大王。南诏王和大理王都有用此名号的。赞陀崛多和尚"自西域摩伽陀加来，为蒙氏（南诏王）崇信。"（《云南通志》）"阐瑜伽法，传阿吒力教"（《滇释记》）。沙门□□疑为密宗，[①] 而梵僧观世音菩萨列此有些突兀，亦僧亦菩萨。若按菩萨排，他不应放在这里；若按僧排，他作

---

　　① 方国瑜.张胜温梵画长卷概说［M］// 方国瑜主编；徐文德、木芹、郑志惠纂录校订.云南史料丛刊（第2卷）.昆明：云南大学出版社，1998：455-457.

为西来梵僧，开化南诏，传密宗阿吒力教，似也说得过去。

图 8 《大理国梵像卷》中八位被《法界源流图》删去的地方高僧贤达［从右至左依次为：和尚张惟忠、贤者买□嵯、纯陀大师、法光和尚（上）；摩柯罗嵯、赞陀崛多和尚、沙门□□、梵僧观世音菩萨（下）］

将地方高僧贤达删去，是章嘉活佛以所处主流文化（政治的和宗教的）的标准，否定地方的历史和文化的做法。观音化身的梵僧，在《南诏中兴画传》里是主角。他从西域传佛法至大理巍山，以成王的"授记"施惠良民，以密宗法术震慑暴民，使其熔毁本土宗教神器铜鼓，铸造阿嵯耶观音像，实现了信仰的转型。所以，《大理国梵像卷》沿袭《南诏中兴画传》记述，将其与对地方文化做出贡献的高僧贤达放在一起，而且在画卷中多次出现。但是，这位大理地区佛教的重要传入者梵僧，在《法界源流图》中被移到观音类群像中，成为观音诸多化身中的一尊。从类型上，把梵僧归到观音系列，也无不可。但《法界源流图》把原作中观音前的铜鼓省略，就有些意味深长了。显然，西来的梵僧熔鼓（本土信仰法器铜鼓）铸圣（佛教密宗观音）这个重要文化转型事件，在这里被再次屏蔽了。

图9　《大理国梵像卷》中的梵僧观世音菩萨　图10　《法界源流图》中的梵僧观世音菩萨

三、王者与禅者：原作和摹本的权力关系差异

丁观鹏本仿制的《法界源流图》与张胜温原作《大理国梵像卷》最大的不同，是遵照乾隆旨意，在章嘉活佛的指导下，对原作的"正其讹舛"和"净化"。首先是对原作疑因水渍等原因重新装裱造成的错简、缺失部分做了调整和增补。梵像位置和次序有所更改，并全部注明名号。梵像名号的确认，对于后续研究，提供了很大的方便。其次，所有进入梵像卷被视为"不伦"的大理国王、天竺十六国王众、地方高僧甚至禅宗六祖之后的著名高僧，均已剔除。这些变化，由于章嘉活佛这位佛教局内人的指导，更显严谨，却也透露出在艺术融合（其实总体还只是仿制）这样一件小事上，处处体现了"中心"对"地方"的认知差异和裁定法界源流"正宗"的权力意识。

指导梵像仿制和净化工程的章嘉活佛虽然是佛教局内人，但"局内"之"局"，也是有不同站位，处于不同"法界"范围的。章嘉活佛是藏传佛教僧侣，对藏传佛教诸佛菩萨系统当然很熟，但把清代中央集权御用的藏传佛教，套在宋代地方政权崇奉的以地方性佛教"阿吒力教"为主、兼容净土宗、禅宗的梵画上，出现多重认知和表现的差异。这些差异，反映了从原作到摹本的过程中，主流政治和法界源流"正宗"对艺术品的"规驯"。这样的文化再造行为嵌入视觉文献（文物）中，修改了艺术，也重塑了历史。

我注意到，被《法界源流图》删掉的《大理国梵像卷》八大高僧贤达里，还有一位身穿红袍，头戴与南诏大理国国王类似的头囊，注为"贤者买□嵯"的人。他座下有和尚侍奉，说明地位特殊。他与《南诏中兴画传》中的文士罗傍，穿着的几乎就是同一款衣装。方国瑜先生考证，这位可能是南诏昭成王曾"礼为师"的高僧。他以这身装扮位列于"八大高僧贤达"里，难免让我联想起南诏国的王弟、王后出家为僧，或聘僧人为国师，把公主嫁给梵僧，以及大理国历史上甚至国王都屡屡禅让出家、皈依佛门的故事。

图 11-12《大理国梵像卷》八大高僧贤达里的贤者买□嵯、王公贵族　　图 13　《南诏中兴画传》中的文士罗傍

另外一位椎髻、佩大耳环、赤裸上身、仅着一短围裙（滇西及东南亚称"笼基"，为当地少数民族常服），名为"摩柯罗嵯"的，身份确为王者。《元史·信苴日传》述，大理末代国王段兴智献地图，"宪宗大喜，赐兴智名摩柯罗嵯。"① 还有一些文献也有此说，如张道宗《记古滇说集》曰："大理摩柯罗嵯段兴智建元天定。"② 方国瑜因此称"不识即为（大理国末代王）段兴智否"。③

---

①　（明）宋濂、王祎《元史》之"信苴日传"，见《二十五史》卷九，上海：上海古籍出版社、上海书店，1986：7686.

②　张道宗.记古滇说集［M］//方国瑜主编；徐文德、木芹、郑志惠纂录校订.云南史料丛刊（第2卷）.昆明：云南大学出版社，1998：662.

③　方国瑜.张胜温梵画长卷概说［M］//方国瑜主编；徐文德、木芹、郑志惠纂录校订.云南史料丛刊（第2卷）.昆明：云南大学出版社，1998：455.

但《大理国梵像卷》绘于1180年，段兴智在71年之后（1251）才立为第二十一代大理国王，画上的摩柯罗嵯显然不会是他。如果从服式上看，他这身装扮我们很熟悉。在《南诏中兴画传》里，以他为首的地方首领在刚铸好的阿嵯耶像前合十礼拜，位置在下令绘制《南诏中兴画传》的"中兴皇帝"之前，且身形比"中兴皇帝"高大。他尽管光着上身，一副土酋打扮，还是排在首位，可见其地位在南诏非同一般。他身旁注有"骠信蒙隆昊"并有"摩柯罗嵯土轮王担界谦贱四方请为一家"的题记。[①]查其身份，"骠信"之谓始于南诏第七代王寻阁劝，"自称骠信，夷语君也"，[②]"夷人称王为诏，称朕为元，称帝为骠信。"[③]是南诏后期到大理国时期诸王的尊称。"蒙隆昊"即为南诏第十二代王隆舜，[④]是下旨画《南诏中兴画传》的末代王"中兴皇帝"舜化贞的爹。他把爹放在自己前面是说得过去的。

南诏第十二代王隆舜本为昏君，又凶死，为什么《大理国梵像卷》还把他列入高僧贤达之列呢？据说因为此人好铸佛像，尤其喜欢铸观音像。而《大理国梵像卷》本身，也像《南诏中兴画传》一样，绘于大理国晚期，都有相同的目的，即期望通过意识形态（宗教信仰）行为，把君主与神圣事物联系在一起，以此确认君权神授的合法性。而在《法界源流图》中，这些人因与南诏大理地方政权创立的历史相联系，在中央集权的政治体制指标下，均为另类。所以，即使是历史事实，也需抹去。

我们还是要看当时的社会历史文化背景。据文献记载，南诏国时代，已经屡有政教合一的苗头，王族出家当和尚（如第五代南诏王阁罗凤的弟弟阁陂当和尚、第十代南诏王劝丰祐的"母后出家，改名惠海"[⑤]），或是僧人从政（如官员任用以"释儒"优先），甚至国王把女儿嫁给梵僧，均为常见。大理国由于宋

① 李霖灿.南诏大理国新资料的综合研究［M］.台北：台北故宫博物院，1982：137.

② 宋祁.新唐书·南蛮传［M］//二十五史：卷六，上海：上海古籍出版社，1986：4803.

③ 倪辂.南诏野史［M］//方国瑜主编；徐文德、木芹、郑志惠纂录校订.云南史料丛刊（第4卷）.昆明：云南大学出版社，1998：770.

④ 汪宁生.《南诏图传》考释［M］//云南省文物管理委员会.南诏大理文物.北京：文物出版社，1992：194.

⑤ 倪辂.南诏野史［M］//方国瑜主编；徐文德、木芹、郑志惠纂录校订.云南史料丛刊（第4卷）.昆明：云南大学出版社，1998：780.

挥玉斧划界的"不管"政策，三百多年无对外战事，有了自己和平建设的时间。

和平年代重精神文明建设，那个时代的精神文明就是宗教、文学和艺术。

佛教是中国三大意识形态的思想来源之一。力倡佛教的统治者，历史上不少。但放弃权力出家的君王不多，批量地不当君王当和尚的更是鲜见，除了大理国。我们看一下大理国历代王，有多少"好佛"或"为僧"的：

公元937年，大理国立。开国君王段思平"帝好佛，岁岁造寺，铸佛万尊。"

公元945年，段思平卒，子段思英嗣立，"叔思良争立，废（第二代王段思英）为僧，法名弘修大师，叔段思良立。"

公元1026年，第七代王段素隆"禅位为僧"，其子段素真立。

公元1041年，第八代王段素真避位为僧，其孙段素兴立。"在位四年，无道，国人废之"，另立开国国王段思平的曾孙段思廉为王。

公元1075年，干了三十一年的第十代王段思廉"禅位为僧"，其子段义连立。

公元1081年，第十二代王段寿辉即位那年"日月交晦，星辰昼见"，仅做了两年便"因天变禅位"。

公元1094年，第十三代王段正明干了十三年，也"禅位为僧"。国中缺主，"国人遂奉善阐侯高升泰为主"。代理三年后，临终诫其子把国还给段氏。段氏复国，段正明弟段正淳立。

公元1108年，因南诏大疫，第十三代王段正淳"禅位为僧"。

公元1147年，在位四十年的第十五代王段和誉"禅位为僧"，其子段正兴嗣立。

公元1172年，第十六代王段正兴（易长）避位为僧，其子段智兴嗣立。

公元1238年，第二十代王段祥兴嗣立，但他次年即禅位为僧，[①] 以至于让王位空置十三年，在元兵初攻大理时群龙无首，相国出战亦战死。后来好不容易把他儿子段兴智找来顶上（1251），仅两年，忽必烈率元军再打来，段兴智举国降，大理国彻底"出家"。[②]

我们看到，大理国存在三百余年间，是大理地区佛教最盛的时期。在这期

---

① 此为邱宣充在《南诏大理大事记》中所述，但《南诏野史》中未见记录。

② 以上统计出自（明）倪辂集《南诏野史》，见方国瑜主编；徐文德、木芹、郑志惠纂录校订《云南史料丛刊》（第4卷），云南大学出版社1998年版，第784–788页。同时参看邱宣充《南诏大理大事记》，见云南省文物管理委员会编《南诏大理文物》，文物出版社1992年版，第210–213页。

间执政的 21 位国王，竟有 10 位出家当了和尚。当和尚的方式有两种：除一例为"废帝为僧"外，其余均为"禅位为僧"。"废帝为僧"是被动的，"禅位为僧"是主动的，同时又有几种情况，一种是干不好，国人不满意，只好辞职为僧；一种是遇有大的天灾和瘟疫，引咎"避位"；一种可能属于当时的一种非终身制任期制度，即不必等老王薨了，新王才上，而是让年轻人提前接班，老王避让养老。估计在当时情况下，当和尚是一种比较高雅的修身养老方式。

至于政治上呢，如果仅从大理国的大事记上看，虽然也有你杀我我杀你谋反篡权的事，但好像没有别的地方那么频繁，反而屡屡出现扶上新人后老国王即"禅位为僧"的事，甚至连连出现某某"为国人所立"或"国人废之"的字样。且无论"废"还是"立"，均少出现宫廷政变时常见的刀枪相见、兄弟相残的情况。我一直搞不懂这算哪门子的"民选"？所谓"国人"，包括哪些层级的人？国王"为国人所立"、"国人废之"或"奉之"，又通过什么方式实现？尚需深究。比如公元 1080 年至 1097 年这十余年间，便有一些很富戏剧性的事件发生：第十二代王段寿辉干了一年国王，即"禅位"给非嫡传的段正明。第十三代王段正明勉强维持了十三年，因政绩不突出，"国人废正明"，只好辞职当了和尚。一时国中无主，因善阐侯高升泰"屡建功绩，国人戴之"，"人心归高氏，群臣请高升泰为君"，[①] 而且改了国号，段氏王朝顺理成章地变成了高氏王朝。但高升泰似乎也只有做看管政府的意思，临终时诫其子把政权还给段氏，于是一年后其子守诺将前国王和尚的弟弟找来复国，接任大理国国王。

这种互相让权的事稀奇得悬乎，但史书又是这么写着的。这种政治格局的形成，外因是由于宋太祖鉴于唐征南诏误国的教训，"挥玉斧"把大理国列为不管之地，从而使大理国有了较长时间的和平发展时期。内因除了"开放"时代引入的佛教作为一种新意识形态产生的巨大吸引力，可能还与这一带历史上部落联盟体（"会盟"）的部落选举制传统有关。南诏时，即有"铁柱会盟"，即因鸟飞到乌蛮首领逻盛肩上，被认为神示而使白蛮首领禅让盟主权力的故事。在大理国时期，最高权力虽沿袭世袭制，但"国人"的意见仍然举足轻重，所以才会屡屡出现最高统治者"为国人所立""国人戴之""国人废之"或"禅位为僧"的

---

① 以上引句均见（明）倪辂集《南诏野史》，见方国瑜主编；徐文德、木芹芹、郑志惠纂录校订《云南史料丛刊》（第 4 卷），云南大学出版社 1998 年版，第 784–788 页。同时参看邱宣充《南诏大理大事记》，见云南省文物管理委员会编《南诏大理文物》，文物出版社 1992 年版，第 210–213 页。

事。这对于以皇权一统绝对专权的清王朝来说，这种"越位"做法是"蛮徼"所为，不可思议。所以，乾隆要把"蛮王"们清理出画卷，也不允许他们出现在高僧大德中。原作和摹本，虽为画作修订，却折射出两个时代不同的权力关系，体现了迥然有别的权力认知。

还有就是文化上的原因。由于和平时期较长，地方经济和文化的发展也就有了基础。查此时的大理国史，除有两三次异文化部落的局部动乱，大多为"贩马""议市马""贡金装碧阡山毡""贡象马"及麝香、牛黄、金刚经等，和"入宋求经书、药书""入宋求大藏经一千四百六十七部"等，皆为商贸及文化交流之事。从许多记载和艺术品上看，南诏大理国的君王臣民们，似乎更热衷于精神领域的活动，沉迷于宗教、艺术和对外文化交流的事。置身于几大文化板块交汇处的南诏大理人，并不愿使自己所据的交通要冲位置变成兵家必争之地，而是千方百计使其成为文化艺术之都。此种与世无争的禅性心境，当与佛教的熏陶有很大关系。

由此，我们便也可以理解，大理国的人为什么倾其所有，铸造那么多佛像观音像的原因所在。他们是将自己精神的追求，熔结在一种灵性的象征物上了。对于《大理国梵像卷》中所绘八大高僧贤达中有王族打扮的人，也就不奇怪了。

当然，这种"灵性"或精神的追求，并不像我们考证的那么枯燥和虚幻。在大理地区，我看这种文化人嘴里的"追求"，其实就是当地人们的一种生活方式，就像穿衣吃饭一样来得自然而然。元代李京著《大理行纪》中描写当时他所见所闻佛教在大理地区兴盛之景象："其俗多尚浮屠法，家无贫富，皆有佛堂，人不以老壮，手不释数珠；一岁之间，斋戒几半，绝不茹荤饮酒，至斋毕乃已。"[①]直到现在，在大理，所有能显示某种精神性存在的地方，都被人的脚踏遍了，巨大的石板被来来往往的人磨得光润如玉。老斋奶们心满意足地舞动着扇子、霸王鞭和草帽，老头子吹着一管恐怕已经成精的竹笛，而壮实的马大哥们则赶着马帮在石板路上送去茶叶、彩布和金刚经，运回麝香、药材或大藏经。他们将家乡的圣迹和远方的圣迹连在一起，一点也不挑剔地驮运着它们来来去去。

四、"类附"的诸"蛮"

还有族群认同差异。这是一个很容易被忽略的因素。

---

① 郭松年.大理行记［M］//方国瑜主编；徐文德、木芹、郑志惠纂录校订.云南史料丛刊（第3卷）.昆明：云南大学出版社，1998：136.

据巍山彝族民间传说，来自西部的移民细奴逻在巍宝山耕牧，生活富足，可惜到老都没有子嗣。后来经过梵僧点化，祖师母60岁以后连生三对双胞胎儿子，成为后来的六诏诏主。而据正史记载，六诏之中，除越析诏的诏主是磨些蛮（今纳西族的先民）外，其余蒙舍诏、蒙嶲诏、施浪诏、邓赕诏、浪穹诏五诏的诏主都是乌蛮（今彝族的先民），而且系同一部族，所以《蛮书》说："六诏并乌蛮"。皮罗阁统一六诏建立南诏国后，统治者蒙氏家族是乌蛮，辅佐的清平官、大军将、军将及武将等主要是白蛮。在南诏国的政治经济文化中心大理洱海区居住的民族主要是白蛮，同时也有乌蛮、磨些蛮等民族。①

治南诏大理国史的学者普遍认为，南诏大理国时期，主体民族是称为乌蛮和白蛮（今白族、彝等族）的南方少数民族，有学者认为亦包含摆夷（傣族）等民族，还有类似诸蛮"鬼主"这样的部族联盟以及时分时合的"三十七部"民族群体，加上南诏时多次掳掠成都、西川、洞蛮、骠国、弥诺国、安南等族民百工，动辄数千人，把这些强制性"移民"纳为国民或奴隶，族群关系应该比较复杂。但南诏大理国在族群关系处理上，似乎比较宽松。有的杰出工匠、士人和管理人才，还会得到重用，如做到清平官（类似宰相）的汉人俘虏郑回。同时与汉、吐蕃（藏）及东南亚、南亚诸民族来往较多，民族来源多元化。而和蛮、西洱蛮等，时而附唐，时而降吐蕃，时而与南诏大理结盟，族群关系也千变万化。直到现在，民族众多，是云南乃至西南地区的普遍情况。多民族共生，文化多样性，族群认同和文化认同是这里比较突出的问题。

由于人类学的职业习惯吧，我看宗教艺术，对圣像下的芸芸众生（供养人等）会有较多关注。因为圣像是确定的，被无限崇拜"固化"、被度量经"规范"了的；而芸芸众生是不确定的，他们会因时代、地域、族群而千变万化，呈现丰富的社会文化信息。

读《大理国梵像卷》和《法界源流图》也这样。我们试看《大理国梵像卷》侍者或供养人的服式，显示了很大的族群差异：有的裸身缠巾、披发戴头箍（图11、12），有的上裸下裙（袴），其中骑驴的女人，很像印度人（图13），有的上穿无袖衣或缠巾、下着束腿裤（图14），有的着披裹式、披搭式衣和齐膝裤、长衣和束腿裤（图15），有的穿贯头式披巾齐膝裙或穿宽袖长衣加包头（图16），有的穿宽袖长衣、头襆或披贯头式大披单（图17），有的穿长衣、半长

---

① 参见笔者负责的田野考察群成员在巍山县收集的巍山民间故事残本及薛琳编纂的《巍山彝族回族自治县民族宗教志》，昆明：云南人民出版社，1992：31—33.

衣和长裤（图18），有的穿短衣束腿裤或广袖长衣（图19-20）；十六大国王众服式是上述服式的萃集（图21），而最豪华的，是大理国利贞皇帝礼佛图中的王公贵族服式（图22）。

图14　大圣左执下人物　　图15　大圣右执下人物　　图16　摩利支佛母座下人物
　　　　（缠巾式）　　　　　　　　（缠巾式）　　　　　　［上裸下裙（袴）式］

图17　苏频陀罗和跋陀罗尊者座下人物　　　图18　那迦犀那尊者座下人物
　　　（无袖衣、束腿裤和缠巾）　　　　　　（披裹、披搭和齐膝裤、长衣和束腿裤）

图19　伽里伽尊者和宾度罗跋罗堕座下人物

（贯头式披巾和齐膝裙，宽袖长衣加包头）

图20　戍博伽尊者座下人物

（袖长衣和头襪，大披单或贯头式披单）

图21　迦诺迦伐蹉尊者座下人物

（长衣，半长衣和长裤）

图22　文殊问
疾维摩身后人物

（短衣束腿裤）

图23　真身观
世音菩萨像下人物

（广袖长衣）

图 24　广袖长衣

图 25　《大理国梵像卷》利贞皇帝礼佛图中王公贵族服式

图26 《大理国梵像卷》十六大国王众服式

服饰是民族辨识的外显标志。在《大理国梵像卷》里，我们看南诏王公贵族服饰，具有鲜明的族群特色；侍奉诸佛、菩萨、罗汉、金刚、龙王、高僧大德等的侍女、皂士和供养人，服饰更是千差万别：有的大襟宽袖长袍，有的如贯头披肩，有的上身赤裸下体围蔽，有的仅以素巾披裹缠身。"十六大国王众"的服饰，更无一式雷同。没有现实的模特儿，没有对各民族生活的了解，甚至烂熟于心，画不出这些细节。我们可以想象，南诏大理国时代，人们对异邦外族的认知，已经非常具体了。这样的图像民族志，我们曾经在古滇青铜贮贝器盖上看到过。

与《大理国梵像卷》人神共处的混杂格局不一样的是，乾隆明令将边地诸"蛮"另行归类，列入"附"卷。后来，为了治理诸蛮，清王朝也叫各边徼之地的官员，把辖区不同"种人"样貌描绘呈送，这就是"职贡图"，极富民族学人类学价值的古代图像民族志。

虽然乾隆因《大理国梵像卷》的文物价值和艺术价值而在题识里这样写道："旧画流传若此，信可宝贵，不得以蛮徼描工所为而忽之。"[1]提醒人不要因作品出于边徼南蛮之描工之手而"忽之"，其实核心是不要忽视好不容易流传若此的精美古董；至于画家，其身份界定依然是"蛮徼"的描工。一是视其族群身份

---

① 李霖灿.南诏大理国新资料的综合研究［M］.台北：台北故宫博物院，1982：75.

为边徼蛮地，二是贬低艺术家档次为描工。还有一些话没有说出来，但在仿画过程中，已经对一些被认为不雅的"野蛮"画面，进行了"净化"处理。例如，《大理国梵像卷》"金色六臂婆苏陀罗佛母"座下，有全身光溜阴部外露、只在腰上挂几片树叶的男女二人（神怪），在《法界源流图》中，就把二人腰间的树叶下移、加长加大，遮住了阴部。

图27 《大理国梵像卷》（左）和《法界源流图》"金色六臂婆苏陀罗佛母"座下男女二人（神怪）图像比较

还有一个细节。张胜温《大理国梵像卷》对大理国周边十六国王的身份说明，是"十六大国王众"，把包括大宋皇帝在内的周边诸王共列一起，称其皆为"大国王众"；而丁观鹏遵旨将十六国王从梵像卷剔除，和大理国王一起"类附"为一册并名之为《蛮王礼佛图》，把他们统统归入"蛮王"类别。两件作品对异民族的不同认知和评估标准，由此可见一斑。

乾隆之所以要丁观鹏将《大理国梵像卷》一析为二，主要是觉得"貌其国王执罏瞻礼状，以冠香严法相，颇为不伦。卷末复绘天竺十六国王，释宗渤谓是外护法之人，亦应以类附。"[①] 中央集权的大清大帝，看着这些边地小国君主与佛菩萨同处一图，心里不爽。所以乾隆硬要把一幅完整作品拆为两件，把他认为放到里面"不伦"的边地诸"蛮"，"类附"在《蛮王礼佛图》中。清代是以满族为统治核心的北方少数民族，满族的地位、利益至高无上。其他的族群，或视为蛮夷，或需警惕，防止其在政治上"上位"。不过，毕竟乾隆还有些文化，立了新作，不至于一把火烧了旧作。所以我们今天能够并观不同文本，两相对照，

---

① 李霖灿.南诏大理国新资料的综合研究［M］.台北：国立故宫博物院，1982：76.

细味其间的奥妙，还是应该谢谢他手下留情。

前述《大理国梵像卷》所绘大理著名高僧贤达中，那位赤足裸身仅围一条土著式笼基裙的"摩柯罗嵯"，在乾隆、章嘉活佛和丁观鹏眼里，颇为不伦，所以一删了之。但其中折射族群关系信息，却因此被忽略了。

图28　《大理国梵像卷》八大高僧贤达之"摩柯罗嵯"
（"十一面观世音菩萨"中的十三代南诏王，除"摩柯罗嵯"外，个个衣冠楚楚）

"摩柯罗嵯"即南诏第十二代王隆舜。二十三岁的隆舜继承王位后，即派人至岭南求和，希望结束十一代南诏王世隆多年的战乱，随后又入唐请求和亲。但他不懂大唐朝廷那一套繁文缛节，求亲"无表牒，内称弟，不称臣，"唐认为"南诏无礼，恐贻后笑"。唐原许南诏和亲不称臣的，让隆舜耗了五年，才回话说可以了。隆舜兴高采烈派人去西川迎公主，不料迎亲者被杀。年轻气盛的南诏王隆舜，被大唐狠狠耍了。可以想见，隆舜自尊心所受刺激有多大。但这样自然继位的王N代，未曾经历创业之难，稍有挫折，即举止失态。从此后，他与唐结仇，对外连年用兵，以至于"帑藏不给，横敛于民，上下皆因"。人也变得性格暴虐，"内嬖失道"，常信谗以诛其下。举止放肆，"好畋酣"，沉于酒色，巡幸无度，^①国事交由权臣郑买嗣打理，以至于让权臣坐大，最终被臣下所弑。他那身土酋般的行头，或许是故意高扬自己的"蛮"性，以示对"衣冠中土"伪君子的反讽。隆舜不穿王袍，汪宁生先生认为这是对其凶死的一种表现方法。^②我觉得不然，因为第八代王劝龙晟也是凶死（被臣下所弑），但在十一面观音座前南诏十三王里，他依然衣冠楚楚，唯有隆舜赤足裸身。隆舜的做派，可能是受唐刺激后，对自我族性的一种刻意张扬。

隆舜死后，年仅十岁的儿子舜化贞即位，感到危机，又已控制不住局面，所以想通过强化意识形态以确证政权的合法性。那时足以控制人心的是信仰，于是有了改年号为"中兴"，下旨描述君权神授故事的《南诏中兴画传》和铸崇圣寺雨铜观音的国家行为。当然，历史已经证明，这种企图以控制意识形态实现"中兴"的梦想没用。画完成、像铸好没多久，南诏就被权臣郑买嗣亡了，蒙氏王朝遭致毁国灭族。郑买嗣杀原王族杀得心虚，赶忙建了个普明寺，铸佛一万尊，以此求得意识形态方面的认同，也是居于同样的心态。

五、"妙出于手，灵显于心"

最后谈谈两部作品的艺术风格差异。^③

在艺术表现方面，《法界源流图》布局更集中，梵像的塑造和用笔设色也有变化，构图似更用心，用色更为丰富，特别是青绿色之用，大大多于《大理国梵像卷》。但《法界源流图》毕竟本于《大理国梵像卷》，原作与续作的长短，需在比较中观察。乾隆曾这样评价《大理国梵像卷》："顾卷中诸像，相好庄严，傅色涂金，并极精彩。"^④不过是表象之谈。九百年前，僧人释妙光评价《大理国梵像卷》是"妙出于手，灵显于心"，^⑤方为神评。

先说"妙出于手"。

① 倪辂.南诏野史［M］// 方国瑜主编；徐文德、木芹、郑志惠纂录校订.云南史料丛刊（第4卷）.昆明：云南大学出版社，1998：781-782.

② 汪宁生.《南诏图传》考释［M］// 云南省文物管理委员会.南诏大理文物.北京：文物出版社，1992：197.

③ 本节部分内容来自笔者《南诏大理国造型艺术寻访》一文，参见李昆声主编《南诏大理国雕刻绘画艺术》，云南人民出版社、云南美术出版社，1999年版。

④ 李霖灿.南诏大理国新资料的综合研究［M］.台北：国立故宫博物院，1982：75.

⑤ 李霖灿.南诏大理国新资料的综合研究［M］.台北：国立故宫博物院，1982：123.

俗话说："不怕不识货，就怕货比货"。欲观《大理国梵像卷》之妙，我们应该和《法界源流图》相比较。比如作为两部作品核心部位的"释迦牟尼佛会"图：

图29　张胜温绘《大理国梵像卷》中的释迦牟尼佛会图（局部）

图30　丁观鹏绘《法界源流图》中的释迦牟尼佛会图（局部）

当我将这二位画师的作品相互比较、仔细对照之后，立刻发现：丁本梵像图，虽也属精品之列，但与张本梵像图相比，是绝不可同日而语的。

首先，从造型上看，张本梵像图的形象个个鲜活，动态变化无穷，性格差异较大，造型颇富想象力。张本梵像图上的神佛、菩萨、龙王、金刚和人物生气勃勃，没有一个相同的造型，连他们四周的各种灵异怪兽，也个个生动而富有灵气。就是作为背景的云纹水涡，皆千变万化、少有雷同。而丁本梵像图上的诸灵，"规范"程度较大。两相比较，前者处处神采飞扬，内中蓄力，后者就略显呆滞死板。

其次，从形式上看，张本梵像图以线为主体形式，其线疏密有致、流韵生风，让人叹为观止。如"佛会图"，线之精美绝妙，真是到了让人无话可说的地步——只一句"曹衣出水""吴带当风"，说不尽张胜温大师那种震撼人心的线韵和富于弹性的魅力。而丁本梵像图的"佛会图"，用线则拘谨得多——他显然意识到了这一点，便使用带状结构的深色块分割画面，以此提神。尽管如此，两图技法之功力，也是一眼即可见出的。再细观两图众佛僧的眼神，亦判然有别。张本的神韵，只能用"极品"二字可言。

图 31 张胜温绘《大理国梵像卷》中的动物　图 32 丁观鹏绘《法界源流图》中的动物

再从意境上看。同是"佛会图"，张本梵像图诸佛如圆融于某种奇异的超自然空间之中，丁本梵像图诸佛则似凝着于某个庭园门口。此图丁本抄摹张本较多，却为何会产生如此不同的感觉呢？仔细观摹，才知妙处：张本全以流畅灵动的线条结构全图，线条轻盈而饱满，灵异之气随之飞扬回旋，充塞全境；没有起点，也无终极，故清然满目，不知所止。丁本则太重"着落"之处，先是带状、块状和深色块面沉滞画面（连马腿象脚也加了深色，且将动态改为呆站，如同陷入泥淖一般）；再是背景加绘了四棵写实的树，树叶深滞，树干下坠而让人感到生硬死板，如同人造背景。事实上，张本"佛会图"背景也有花树，但那些花树勾线较轻，且与云流水波焰纹浑然为一，恰如飞来的花、雾里的树，在不可寻"着落"处，处处有它，率性而为、任意飘洒，这不正显菩提非凡，暗合"郁郁黄花、无非般若"的禅意么?

　　甚至极写实叙事的"文殊问疾维摩诘图",两者也有差距。在张本梵像图中,维摩诘虽有疾劳之态而显智慧之相,他目光有神,嘴唇微启,似止沉浸于有关人生之苦的辩诘之中。而丁本梵像图中的维摩诘,则似乎只流于表面的病态,与张本梵像图中维摩诘那种平静而坚定、久经风尘而归于平淡的神情,岂在一个层级上。人物造型也有高下之差,张本梵像图中的维摩诘衣下的人体结构实在,丁本梵像图中的维摩诘照样临摹而分寸未到。懂画的,看两图人物的肩膀处的衣服处理,即一目了然。

图 33　张胜温绘《大理国梵像卷》中的维摩诘图

图 34　丁观鹏绘《法界源流图》中的维摩诘图

　　再看张本图卷中被丁本图卷删去的"左执青龙",下面的侍女,造型极为传神,衣纹疏密有致,畅若行云流水;线条或细若飞蛛吐丝,或飘似风中柳条;红色的运用,强化了这一飞扬灵动。还有"建国观世音菩萨",也是整个被丁本图卷删去的。这一帧图描绘的是《南诏图传》上梵僧幻化、授记南诏建国的故事。且不说该幅画上几位主角人物用线造型的潇洒,只看那匹白描的白马,就看得你心服口服!此马画得极简洁,可谓一笔多余的描绘都没有,不仅是形的勾勒一气呵成、笔力遒劲,细看每一根线条,也在流动中或顿或扬——顿可凝力,游则生风,真到了随心所欲的地步。韩干之马,亦不过如此!

图35　《大理国梵像卷》中的仕女服饰与白马勾线，出神入化

两相比较之后，我终于明白：艺术上的事，到了精妙之处，那是绝对独一无二的。真正的艺术，是不可复制也无法摹仿的。

再说"灵显于心"。

"灵显于心"，是我这样的俗人无法直观的。于是，依照人类学习惯，我把这个问题留给"田野"，请文化持有者主体，也就是出家人观看，并对其做参与观察和访谈。我展开《大理国梵像卷》的核心部分"南无释迦牟尼佛会"，请一位经过专业禅修训练的出家人观看。静观片刻后，我们有如下对话：

笔者：你看到了什么？

妙宇法师：我看一个佛教的东西，会先感觉这个东西的能量场。我在看的时候，能感觉到一种气，冲到了我的头顶，说明这个东西传达出的状态，有一种高能量的状态。看画的时候，我没有系统地知道这些人物谁是谁，先看到几位坐者（佛）的状态，看他们面部的表情，很端庄的样子，如果从觉悟的程度来说，就比站着的那几位（菩萨、力士）高。（指着画上的罗汉和力士）你看有些形象，看他们面部的表情，有一些特定的指向状态，比如惊讶、严厉、威吓。在佛教里面，菩萨、力士、罗汉，表示的是你的生命状态，开悟到什么等级。

笔者：你也画画。过去俗人的你看画和现在修行者的你看画，有什么不同呢？

妙宇法师：过去我首先关注到这个形象是长什么样，穿啥衣服，是什么样的一个造型，色彩如何，是在感觉层面。现在我更多的是看这个形象传达出的整体是什么状态，是在一种觉知状态，觉知到绘画透出的能量。原来我是没有能力知道人此刻是什么状态的，因为我没有觉知，所以我永远是在自己的情绪里面，看别人也是在看自己。现在我可以剔除掉过去的刻板印象，以及形式上的束缚，一眼看出这是什么样的状态，并直接进入身体。觉知力切切实实地改变了感知的身体，对身体产生改变之后，才会有这样的体验。

笔者：是绘画自身带有的能量呢？还是属于你对于它的觉知？是不是由于你受过禅修的训练，所以你才可以对这些信息产生反应？

妙宇法师：一幅画，它的载体不重要，它放在哪里不重要，重要的是，这个形象，它传达的是不是真。它带着创作者的信息。比如我们看这幅画（张胜温《大理国梵像卷》），画工很细，这是一个实打实的，有信仰的人。他画得很细是我们经验的结论，但是这个经验不是凭空产生的。它可能关系到认知科学的问题了。之前我没有看过这幅画，我是看到了以后，才接收到这些信息。不是说我之前知道宋代的佛画是什么样的，然后再看这幅画，套在这个经验里，哦，它就是这样的。我只是佛家说的如实观照。我本身是没有任何态度的，我也没有任何知识或经验的框架，我只是保持一种修行的开放状态。修行就是要把基于我过往的经验过往的知识这些东西剔除掉，你就是一个很纯然的状态，是一个空的状态，犹如六祖说的"自性清净"。这些信息进来，反射到你身上，如果你是开悟的，你就可以觉知到它本来带有的那些信息。你用觉知观照到了这些信息，它们在你的身体里反应以后，你才能读到这些信息反映的信息。

笔者：你看到的不是原作，而是印刷品。它反射的信息也一样吗？

妙宇法师：由于多了印刷这个程序，虽然看印刷品在一定程度上会影响对原作的判断，但是，如果它是与原作较高程度的复制，它的精神状态，就不被任何形式所限制。至于形式本身的信息，如雕工在石头上雕刻的力度，印刷品当然感觉不到，不过这是我们不太在意的。形式所载的精神性的东西，是不被形式限制的。所以即使这件作品破败了、残缺了，还可以从里面读出精神的东西。

笔者：也就是说，有禅修经验的人更关注作品精神层面的东西，所以即使作品残损，它穿越历史传达的信息还是会被觉知。而形式层面如力度、质感、色调、构成之类，可能是艺术家偏爱的东西。

妙宇法师：对。①

通过对梵画文本的"局外人"（俗人）观画，以及对"局内人"（出家人）观画的观察与访谈，可以看到，佛教艺术观看的局外人和局内人，视角是有所不同的；甚至同样一个人，出家前的观画，与出家后的观画，"看"的层面也不同。俗人的视觉，偏于艺术层面的形式审美，对"妙出于手"比较敏感；出家人的视角，似乎更重于"灵显于心"，偏于宗教层面的灵性"觉知"。

九百多年过去，这件杰作静静躺在台湾故宫博物院的玻璃柜里，让世人得以跨代瞻仰"国宝"原作。

一件杰作展开在我的眼前，我无法对此妄加评说，只有满怀敬意地让目光在画面上流淌，就像几百年来所有的目光在上面流淌一样。它像一条超越时空的河流，默默地接纳着不同时代、不同敬仰者的眼光——从俗人到禅者，从诗人到帝王，从史家到商贾，都试图融入这条审美的然而更是灵性的河流。

大理国时期的佛教，多元交汇，来源复杂，并已经和本土民间信仰或巫教融合为一种特殊的佛教类型——"阿吒力教"。《大理国梵像卷》作为历史现场的图像文献叙述者，正好"记录"了这种多元一体的状态。这正是《大理国梵像卷》除了艺术价值之外，还有丰富的历史价值和文化价值之所在。我们现在看来，《大理国梵像卷》是错讹还是历史事实，是"不伦"还是反映了一种文化真相，值得探讨。而借助现代传播媒介，我们也可以通过大量复制的印刷品和网络数字化图像，隔时空观摩这一杰作。

真个是诸圣并举，人神共处，运笔赋彩，随心所欲，而这一切，竟毫无唐突抵牾之感，尽如一气呵成，让人看得目瞪口呆。这一切的意义，不在于什么"原生""派生"的考证，而在于它透露出这样的信息：在这个人文地理的交接部位，文化的多元性、扩散性、交融性以及宽和兼容的文化心态、文化气度，的确是令人由衷叹服的。

也许我们不要太拘泥于这种混杂，不要太执着于什么"正宗真传"。南诏大理艺术的魅力，从根本上说，正来自于这种站在十字路口的大胆交合。

我们引以为自豪的《大理国梵像卷》，就是一件文化杂交的杰作。

---

① 被访谈人：剃度于南京定山寺的妙宇法师。访谈时间：2017年6月11日。访谈地点：广州。

从历史与地理看大理青铜时代的文化交流与互鉴[①]

樊海涛[②]

一、从石器时代到青铜时代

大理不仅是一个地理概念，也是一个历史的概念，我们在观察大理青铜时代的时候，应把它放入到更大的范畴中，甚至要在亚洲乃至于世界的范围中，来研究其价值和意义。大理在云南乃至亚洲都占据着重要的地理位置，在云南省地图上，无论在南北向或东西向，它都是重要的主通道。在亚洲地图上，大理也是纵向上连接欧亚草原与中南半岛、横向上地处"滇缅印古通道"的关键交通节点。[③]文明因交流而多彩，文明因互鉴而丰富。地处交通干道上的大理，逐渐形成了因文明交流互鉴而丰富多彩的古代文化。

大理地势西北高，东南低，有山地、盆地、河谷三种地形，具有高原湖盆和横断山脉纵谷两大地貌。西部是云岭、怒山，澜沧江、怒江，山高谷深；东部地势相对平远开阔，金沙江奔流其间；北部剑川老君山为海拔最高点；南部是哀牢山无量山系，多高山峡谷地貌。中部以点苍山、罗坪山为代表，群山纵横。主要河流属于澜沧江、金沙江、怒江、元江、李仙江5大水系，160多条河流遍布全

---

① 本文所论及的大理即大理白族自治州，在云南省中部偏西，包括大理市、漾濞彝族自治县、祥云县、宾川县、弥渡县、南涧彝族自治县、巍山彝族回族自治县、永平县、云龙县、洱源县、剑川县、鹤庆县，共1市11县。地处东经98°52′～101°03′、北纬24°41′～26°42′，总面积29459平方千米。资料来源：大理白族自治州人民政府官网，http://www.dali.gov.cn/dlrmzf/c101684/yxdl.shtml.

② 樊海涛，云南省博物馆副馆长，研究馆员，云南大学客座教授。

③ 滇缅印古通道，其实就是蜀身毒道从云南境内经缅甸到印度这条通道，也就是蜀身毒道的主体部分。虽然在不同历史时期，有不同的称谓，但是这条通道的主要走向却是基本一致的，即从云南叶榆（大理）经博兰（永平）渡兰津（今澜沧江渡口），经不韦、瓷唐（保山）到滇越（腾冲），然后"经过掸高地的各个山口，特别是曼尼坡高地一带，穿越帕脱开山和阿拉干山脉之间的盆地，直接进入阿萨姆地区，到身毒（印度）"。周智生《滇缅印古道上的古代民族迁徙与流动》，《南亚研究》2006年第1期。

州。高原湖泊有洱海、剑湖、茈碧湖、西湖、东湖、青海、草海、天池等。大小盆地俗称坝子有 108 个。①

早在石器时代，云南与周边甚至外域文化已经有了或多或少的沟通往来。这种沟通对大理文化不无影响。北方的藏缅语族群（或称氐羌族群）同南方的濮越族群两大族群之间交汇、联系、融合并不始于青铜时代，而能追溯到 1 万多年前的旧石器时代。② 大理是两大族群交流汇集的重要区域之一。现代学者对云南旧石器时代晚期文化的区域性进行了新的划分，认为"在旧石器时代晚期，云南地区包含有三种不同的区域文化类型，即呈贡 - 路南文化类型、木家桥文化类型和橄榄坝文化类型"。③ 大理的地理位置无巧不巧位居三种文化类型的交汇处，可见其便捷交流的优势。④

丽江木家桥旧石器时代遗址中出土了 5 件石球，这种石球我国华北许家窑人遗址、丁村遗址均有发现，而且制作技术惊人的相似，大小形态都非常一致。足证滇西地区旧石器文化的发展在很早时候就已经和黄河流域旧石器文化有了密切的联系。⑤ 类似的石球在大理剑川海门口也出土过，时代在新石器时代，体现了文化交流发展传承的史实。

新石器时代滇西北、滇西与黄河流域的文化交流主要是古代西北地区的族群自北向南通过澜沧江、金沙江、怒江等水系，沿横断山脉纵向的古道迁徙过程中实现的，河谷就是天然的通道。滇西的元谋大墩子、宾川白羊村等类型的新石器文化就明显体现出黄河流域的仰韶文化、龙山文化的影响。"大墩子、白羊村遗址的房屋遗址建造技术与仰韶文化基本一致……马龙遗址清理的半地穴式圆形住

① 《大理白族自治州概况》编写组.大理白族自治州概况［M］.昆明：云南人民出版社，1986：4.
② 石硕.从旧石器晚期文化遗存看黄河流域人群向川西高原的迁徙［J］.西藏研究，2004（2）：32-39.
③ 张涛.试论云南地区旧石器时代晚期文化的区域性特点［J］.四川文物，2016（1）：61-71.
④ 2008 年，云南省文物考古研究所、大理州文管所、剑川县文管所调查发现了剑川象鼻洞旧石器遗址。该遗址位于洱海区域北段，填补了洱海区域史前古人类考古资料的空白。参见李云晋《洱海区域旧石器时代古人类文化遗址考古与发现》，《云南文物》2017 年第 1 期。2019 年对鹤庆蝙蝠洞旧石器时代遗址的发掘发现该地石器的类型组合和石器加工技术上表现出较多的区域性。
⑤ 卫奇，黄慰文，张兴永.丽江木家桥新发现的旧石器［J］.人类学学报，1984（3）：225-233.

屋，屋基系凹入地下的浅穴，坑壁即作为墙壁而与西安半坡仰韶文化相同。""大墩子、白羊村遗址的幼童葬式与仰韶文化相同。"[①] 在大理点苍山马龙峰遗址中还曾发现过鼎的残足，这证明了中原文化直接或间接实质上对大理的影响。

黄河流域之外，长江流域和东南沿海地区的新石器时代与大理新石器时代也存在很多的共性。四川巫山大溪、西昌礼州、雅安沙溪村、斗胆村、沙湾村和西藏昌都卡若等都是长江上游的新石器文化重要遗址，而宾川白羊村与之都存在不少共同之处，如屈肢葬的墓葬方式，陶器、石器的器形、制作方法等。[②] 此外，大理境内有澜沧江、怒江、元江等跨境河流，所以它与南亚、东南亚文化的交流也不能否认。

商周之际，大理地区多个地点出现了青铜文化，[③] 开始冶铸青铜，但未完全取代石器。海门口、银梭岛两地出现青铜器时间较早，在时间上也有重合，但具体文化面貌差别大，并不属于同一文化序列。这也昭示了大理青铜时代文化与族群的复杂性。[④] 云南一些"早期青铜时代遗址"，从出土铜石器的比例看，更多的还是在"铜石并用"时期徘徊，不宜定为已经进入了"青铜时代"。青铜器真正在大理社会物质生产中占据主要地位，（消耗性的青铜箭镞、大型的青铜铸件、礼乐器等出现）并且社会发展到一定的社会组织结构的时候，从目前考古材料看，时间应已经到了春秋时期了。[⑤] 从发现青铜器到进入"青铜时代"，其间距离颇远。大理考古发现为我们探索两者关系提供了关键而系统的材料，这在云

① 阙勇.试论云南新石器文化［M］// 云南省文物考古研究所.云南考古文集.昆明：云南民族出版社，1998：17-40.

② 阙勇.试论云南新石器文化［M］// 云南省文物考古研究所.云南考古文集.昆明：云南民族出版社，1998：17-40.

③ 青铜文化与青铜时代是不同的概念，从青铜器诞生那一刻，青铜文化就已经出现了。

④ 李安民先生认为，剑川海门口、海东银梭岛两个聚落中心的周边聚落是缓慢发展的，导致其社会组织结构也未能向复杂酋邦或者早期国家的结构转变。参见其《云南早期文明演进研究》，云南人民出版社 2013 年版，第 205-206 页。

⑤ 云南青铜时代的相关测年、断代问题一直是考古学界关注多、争论也较多的问题，近年来，科技考古的开展，提供了不少新证据，识者可参看李晓岑、员雅丽、马仁杰等人有关论著。笔者认为，目前发现的材料来看，春秋时期云南进入青铜时代应该问题不大，但地区差异较明显。大理属于较早发现青铜器的地区，已经发现的早期材料不足证明该地区商代就已经广泛使用青铜器。审慎地说，春秋时期剑川海门口进入青铜时代是相对客观的，能否再继续往前推，还需更多的考古资料和研究来证明。

南是罕见的，值得深入研究①。

大理既是云南青铜文化的重要起源地之一，又是滇西北、滇中两大青铜文化板块的过渡带。它承前启后，连接中外东西南北，是云南青铜文化发生发展的重要节点。②

二、从边缘到中心

在云南省洱海坝子是最重要的核心区之一，③而大理宜居住地第一序列为洱海附近，第二序列是剑川、祥云、巍山、弥渡、鹤庆等坝子，多数是平地且水源丰沛的地方。此外都属第三序列。因为地处交通干道，剑川、大理、祥云在历史发展过程中获得的资源及接收外来先进的文化影响又相对更为便利。④大理云龙县是历史上著名的铜、锡、铅、银矿区，青铜时代的大理或早已经采用了该地的矿料。

现大理出土及发现铜器的主要地点有：大理市洱源凤羽、江尾、三营北山、河东、鹿鹅山、海东三棵树；金梭岛、银梭岛、南诏风情岛、大墓坪（龟山）、五指山、苍山马耳峰山腰、磻曲；剑川海门口、鳌凤山、马街、沙溪江尾；弥渡苴力、合家山、青石湾、石洞山、新民村；祥云大波那、红土坡、检村、马街；

---

① 大理早期青铜文化的区系梳理、划分也还有很多工作值得深入，尤其在系统性理论性研究上。

② 大理青铜时代的研究，必须联系滇西北地区与滇中地区甚至更广阔的远方来做整体性的思考，限于篇幅，本文未做深入讨论。

③ 尹绍亭先生提出了云南青铜文化的"三角中心"论，"三角中心"即滇中连接大理、江川、曲靖三点形成的三角形地区，他敏锐地从历史地理的条件来分析云南青铜文化发生的必然性。他"中心论"的主要地域就是云南最大的两个高原湖泊附近——滇池与洱海地区。这两个区域的青铜文化的发生发展具有历史必然性。参见其《云南青铜文化地理初论》，《云南社会科学》1986年第6期。洱海坝子不仅生态环境优越，而且地处点苍山、鸡足山之间，只有南北两端可出入，天然具有战略价值。从宏观发展来看，云南青铜文化存在一个"自西向东"的发展趋势。目前考古材料证明，滇西地区，特别是大理，具有早期青铜文化的明显特征。

④ 从地理环境分析我们判断，环洱海地区，特别是点苍山麓到洱海边缘的坡地、平地是最适宜人群聚集的地区，但考古尚未发现较大的青铜文化遗址。另，洱海水位历史以来有过较大的变化，最高的时候现整个大理坝子都淹没在水中。人类活动相对密集的商周汉晋、唐宋以来，水位变化较大，所以对滨湖地区的遗址调研，要充分考虑海拔的问题。参见沈鸣杰、崔之久、易朝路《洱海环境演变与大理城市发展的关系研究》，《云南地理环境研究》2005年第6期。

宾川黄坪、古底、平川、力角、红土坡、太和、宾居、新发村、康宁村、安石桥、椿树坪、自锁营；永平杉阳、仁德村；南涧浪沧、乐秋；云龙布麻、坡头村、三岔村；巍山马鞍山；鹤庆黄坪。不完全统计目前大理发现铜器已经超过2000件，红铜器占比较大，合金成分复杂；制作方式以铸造为主，铸后冷加工、热锻均有；类型上以兵器最多，其次为生产工具、生活用品，装饰品、礼乐器等。

　　大理发现的主要青铜文化墓葬遗址可以分为两大文化系统：即土坑墓系统与石棺墓系统。[①] 前者以剑川鳌凤山、祥云大波那、鹤庆黄坪等地为代表；后者以祥云检村、红土坡、宾川古底、弥渡苴力等为代表。这两大文化系统又有不同的支系。同一墓葬文化系统中，大波那与鳌凤山区别也很明显，鳌凤山带有游牧文化色彩，而大波那比较明确是定居的农业族群；弥渡苴力与祥云检村虽都是石棺墓，但也有区别，苴力应是游牧系的土著化，而检村的游牧性质更明晰。这些情况提示我们：在接受外来文化影响上，大理青铜文化因地域、族群的不同，也存在相应的程度差，融汇发展的步伐并不一致。有的就是直接的外来者为主，如检村、红土坡[②]；有的是外来者定居下来，如苴力；有的是外来者与本地土著相互融合而形成新的面貌，如鳌凤山；有的是以强有力的统治建立了新的文化中心，融汇多元，自成一体，如祥云大波那。总之复杂多样，远超史载，随着考古与研究进展，定还会有更多的资料刷新我们的见识。[③]

　　从石器时代一直到青铜时代，大理因为特殊的地理区位，交通优势，它都是各种外来文化的最先接触者之一，它亦是云南青铜文化的起源地之一。云南青铜

---

　　① 两系统外，还有大石墓、火葬墓与瓮棺葬等，但不是青铜时代的主流。大石墓多认为与石棺墓有一定联系，可能与川西南的"邛都夷"是同一文化系统。参见周志清《云南洱海地区石棺墓初步研究》，《四川文物》2002年第5期。张增祺认为"大石墓""土坑墓"是青铜时代洱海区域基本的两种文化类型。参见张增祺《洱海区域的古代民族与文化》，《云南民族学院学报》1987年第4期。

　　② 科技考古工作者分析红土坡铜器后认为祥云红土坡古墓群出现了"砷铜"，在祥云地区是唯一的，认为这种技术可能与西北方向的外来民族关系密切。参见马仁杰、崔剑锋、闵锐、张谷甲《祥云地区出土铜器 PXRF 成分分析——昆明夷铜器工艺类型初探》，《文物保护与考古科学》2018年6月第3期。

　　③ 周志清认为"大量考古资料表明，从战国中期至西汉晚期，甚至更晚，洱海区域广大地区的居民，大都是属于农业为主，同时有着发达的畜牧业和青铜冶铸业的民族，这些民族的内部已出现阶层分化，社会发展阶段已处于奴隶社会"。参见其《云南洱海地区石棺墓初步研究》，《四川文物》2002年第5期。

时代的时间序列中，即使有部分年代争议，但滇西地区青铜文化遗址、出土青铜器明显带有早期特征。

目前的考古成果证明，云南青铜文化受到了沿横断山脉从北向南而来的甘青等地的游牧族群的影响，云南最早的青铜冶铸技术很可能就是他们携来的①。科技考古工作者也谨慎表示"从对制作工艺的分析上看，我们更倾向于海门口的青铜技术来自中国西北地区早期的青铜文化，青铜器在本地制作，使用的矿料则来自海门口附近矿山"。②游牧者在滇西北、滇西地区的活动，青铜冶铸技术也随着商贸、战争、迁徙而自西向东逐渐传播开来，逐渐形成了以"坝子"为中心的一个个大小不等的政治经济文化中心。③大理目前发现的相对规模较大的青铜文化遗址如剑川海门口、祥云大波那等均是"坝子"中建立的。

站在中国甚至亚洲青铜文化的视角来看，中原商周青铜文化的辉煌对周边青铜文化的发展造成了巨大的影响。西南地区以三星堆、滇文化为不同地点、不同时段的最典型代表，在直接或间接接受中原文化为主的多元文化同时，根据自身优势快速发展，营造出具有自身文化特征的区域青铜文化，并对周边产生了或大或小的影响。中原—三星堆—滇文化，三者看似无直接的传承关系，但历史的发展逻辑是从中心到边缘，又在边缘构建了新的文化中心和新的文化边缘，在相对对立中实现各自具体的统一发展与转化转变，最终形成相似或相异的文化面貌。这种文化的传播与发展是漫长历史时期、通过多种不同的渠道、方式，众多古代族群交流、互动形成的结果，交通渠道在其中占据了很关键的因素。因历史周期、气候、自然、地理环境、族群移动等多种因素合力并不恒定，所以大多数

---

① 科技考古证明商代滇东北地区的铜矿料已经开采并冶铸成铜料块运输到中原地区，但从考古发现来看，滇东北对滇中及云南其他地区的青铜冶铸影响还没有重大发现。滇中青铜文化的发达，自西而来的影响很明显，但从理论推测，也不能排除自东、北而来的作用。滇中青铜文化的起源，近年来考古新发现较多，但材料未完全公布，暂不讨论。滇中地区青铜文化必然存在深厚的基础，才能在战国西汉时期绽放出最炫目的光彩。目前云南发现的具有早期特征的青铜文化遗址多位于滇西北、滇西地区。

② 见崔剑锋、吴小红《铅同位素考古研究——以中国云南和越南出土青铜器为例》，文物出版社2008年版，第68页。另注，根据对剑川海门口出土青铜器铅同位素比值的分析，崔、吴指出分析的数据中铅同位素分别在不同的小组，证明有的器物可能是直接由南迁的族群带来的，参见同上书第64页。

③ "坝子"是云贵高原上局部平原的地方名，坝子内地势平坦，土壤肥沃，灌溉便利，是云贵高原上农作物的主产地和人民群众的主要栖身地。见张述清、王爱华等《云贵高原地区坝子划定技术与方法研究——以云南省为例》，《地矿测绘》2012年第4期。

的传播与发展不是直线性或共时性的。大理青铜文化的形成、发展也应作如是观。

应予以高度重视的是，在大理祥云大波那出土了一件重达257公斤的铜棺，这在中国和云南都独一无二，在世界青铜发展史上也是罕见的重器。[①]从中国西南地区来看，目前都未发现战国时期大小或重量接近的类似大型青铜铸件，足证大理青铜文化的辉煌伟大。它的出土证明了大理不仅是云南青铜文化的重要起源地，也是高度发达的核心区。

三、作为中国南方联通世界的重要驿站——大理

概言之，大理青铜时代对外交流的主要方向是北方、西北方，具体通过"藏彝走廊"来实现。它与东南方的联系主要通过红河、湄公河来实现，铜鼓就是这一区域内主要的共同文化代表。它与西南方，特别是古印度的联系，目前可以肯定是存在的，但早到什么时间或达到了什么水平，还需更多的考古特别是境外考古发现来推进研究[②]。就主要的文化因素而言，大理青铜时代从北方、西北方向接受了甚或远至欧亚草原的游牧文化因素，接受了中原黄河、长江流域的中原文化因素（包括蜀、楚文化等因素）；从东南方向接受了中南半岛的濮越系族群的文化因素[③]；还可能从南亚次大陆接受了一些文化因素。[④]同时，大理也对上述渠道相关地区的族群、文化产生了一定的影响，它产生的影响主要是南下发展而非北上，是东向扩张而非西进。北上的难度在于西北游牧族群的南下压力，西进的难度在于横断山脉的横向阻隔、热带雨林气候的困扰。大理青铜文化必然是从北到南，自西向东的发展主趋势，这在一定程度上也决定了云南青铜文化发展模

---

① 广西西宁曾发现过一具铜棺，但未保存下来，相关资料也模糊不清，无法讨论。

② 蒋廷瑜先生认为"东汉以前云贵高原的对外交流，主要是北方、东方和东南方"，参见其《西宁铜鼓墓与汉代钩町国》，《考古》1982年第2期。大理西南方的交通以保山、腾冲入缅甸尤为重要，抗战时期修筑的"滇缅大道"，其核心价值就在于连接云南和世界的战略公路。

③ 李晓岑认为滇西青铜器受到了泰国的影响很明显。参见韩汝玢、李晓岑《云南古滇地区的金属制作技术与北方草原文化》，载中国文化遗产研究院编《文物科技研究》（第5辑），科学出版社2007年版。员雅丽、李晓岑认为洱海地区青铜文化与泰国班清文化有诸多相似之处。参见员雅丽、李晓岑《云南洱海地区出土青铜时代金属器的技术研究》，中国社会科学出版社2018年版，第239-249页。

④ 李朝真.云南大理出土胡俑及其相关问题之探讨［J］.东南文化，1991（6）：52-55.

式。^① 见图—大理青铜时代对外交流的几种渠道。

云南地势北高南低，高低悬殊；山地高原为主，谷坝镶嵌其中；地貌类型众多，地域组合复杂，垂直差异明显。自然环境复杂多变。^② 地理、自然、气候的特殊导致了文化传播中的不完全性、间断性和在长距离长时段传播过程中的变异。从石器时代直到青铜时代，多种文化在大理交汇融合。大理青铜文化的发展是多族群共同努力的成果，土著民族与外来多族群的交融是大理青铜时代的主旋律，从战国至秦汉逐渐形成了极具地方特色的区域性青铜文明。

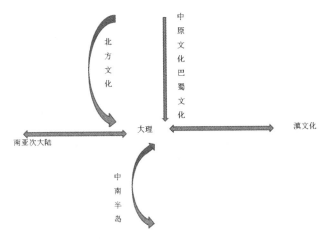

图一　大理青铜时代对外交流的几种渠道

中国社会科学院考古研究所郭物研究员 2013 年发表了名为《边地文化传播带：以石寨山文化的考古发现为中心》的论文^③。这篇论文主要以石寨山文化的考古发现为中心来进行文化传播地带的研究，更重要的是，他以国际性的视野对中国边地青铜时代的文化传播的路线、特征，在我国考古学界比较熟悉的"从东北到西南的边地半月形文化传播地带"概念基础上做出了补充和新的思考。他指

---

① 在从北向南、自西向东的发展主趋势中，也存在从南向北、自东向西的交流，文化传播从来都不是单向的，李晓岑先生对大理地区石范的研究认为受到了与泰国青铜文化的影响。

② 张怀渝.云南省经济地理［M］.北京：新华出版社，1988：1-3.

③ 郭物《边地文化传播带：以石寨山文化的考古发现为中心》，载刘庆柱先生七十华诞祝寿论文集编辑委员会编《考古学视野下的城市、工艺传统和中西文化交流刘庆柱先生七十华诞祝寿论文集》，北京科学出版社 2013 年版，第 240-267 页。

出在这个边缘性的地带中，这些不同的人群和文化能够得到来自多个方向的滋养，同时也能够相对独立发展各自的文化，形成不同的区域文化。[①] 大理属于边地文化传播带的重要节点，自古以来一直接受着多元文化的影响。得益于优越的地理条件与交通，在云南全省内，大理青铜文化起源较早，达到了相当的高度，并且自西向东逐渐传播，对滇中从战国至秦汉辉煌的青铜文化的影响举足轻重。南诏、大理国发展重心之所以集中在大理以及拓东城的崛起，具有历史和地理的必然性。

---

① 郭物.边地文化传播带：以石寨山文化的考古发现为中心［C］//刘庆柱先生七十华诞祝寿论文集编辑委员会编.考古学视野下的城市、工艺传统和中西文化交流——刘庆柱先生七十华诞祝寿论文集.北京：科学出版社，2013：240-267.

从石宝山石窟看密宗佛教和白族文化的接触地带

李钊铭[①]

一、海门道夫及其接触地带

海门道夫作为第一位深入喜马拉雅山地区的夏尔巴人中从事田野调查的学者，在近五十年的田野工作中，撰写了大量的印度和尼泊尔部落社会民族志资料。其主编的文集《印度、尼泊尔和锡兰的亲属和种姓制度——佛教、印度教接触地带的人类学研究》中提到并使用了"接触地带"这一概念。该书通过对特定社会情况的独立研究、从不同的角度阐明两种截然不同的意识形态和生活方式之间的联系和相互渗透问题。接触地带通常为多种文化在地理上的交汇之处。在这个地方多种文化和意识形态之间会相互联系并相互渗透，在长时间的发展过程中会契合与交融。

南诏国地处今中国西南，西临迦楼缕波（现印度阿萨姆邦），北临吐蕃，东临唐帝国，南与骠国（今缅甸）、南奔府（今泰北）、北真腊（今柬埔寨）接壤，受到多种文化外力的影响，是一个非常典型的接触地带。而始于唐朝结束于大理盛德四年（南宋）的石钟山石窟记录并向我们呈现了这一古国璀璨而又多姿多彩的文明。

二、阿吒力教

（一）密宗佛教

密宗佛教又叫秘密佛教，又名金刚乘，是佛教的一种修行方法，与印度教的怛特罗密教同时，在印度笈多王朝时期兴起。相对于密教，其他的佛教流派被称为显教，包括大乘佛教、上座部佛教等。

密教流传地域广阔，传入藏区后被称作藏密，传入中国中原地区被称作唐密，日本密教则传承于此。目前世界上日本和西藏是密教最为兴盛的地方。藏密

---

① 李钊铭，云南民族大学社会学院硕士研究生。

流传于西藏、青海、蒙古和云南、四川西部，本尊是普贤王如来、金刚总持。日本密教又分为东密和台密，本尊是大日如来。南诏大理国盛行的阿吒力教，又被称作滇密。

在印度也有其自己的密教，印度密教、西藏密教、唐密，因为喜马拉雅山脉的阻隔，在南诏这条通路上相遇、碰撞，相互渗透，相互交融，形成并发展了阿吒力教派。佛教于公元7世纪末由印度、缅甸、西藏和中原多路传入云南，因为多源导致多派，教派较为丰富。按经典分类，云南佛教分属四个系列，即梵文经典系佛教印度密教或称云南阿吒力密教，汉文经典系佛教汉地佛教或称汉传佛教，巴利文经典系佛教南传上座部佛教、俗称小乘佛教，藏文经典系佛教藏传佛教，俗称喇嘛教。① 阿吒力教作为云南佛教的主流之一，主要分布地区为大理及昆明地区，为白族及部分彝族、汉族的主要信仰宗教。

（二）阿吒力教

滇密，又称阿吒力教、阿吒力派、白密，白族称为"阿吒力轰"，是中国云南的佛教密宗。于南诏时期传入云南，在大理国时期达到鼎盛，后由于元人入侵大兴灭佛运动而逐渐衰败，"阿央白"原有主身菩萨可能就是该时期被毁，后重塑的。但由于大理地处偏远政策实施较为困难，得以保留。后来直至20世纪80年代后才逐渐恢复活动。

阿吒力教进入南诏地区后白族中出现了一批精通汉文、佛典、道行高深的"儒释"。可以说阿吒力教的进入使得白族拥有了文字，同时也在命名、丧葬、信仰方面都影响了南诏地区。儒家和佛教密宗支派阿吒力教结合，一方面使佛教在白族中普及开来，成为大理国的国教，另一方面，也把"朵兮薄"教所崇奉的本主和宗教活动内容，融合进阿吒力教经籍和仪规中来，使白族地区的阿吒力教形成自己独特的特点。

三、白族本主崇拜

本主崇拜是一种白族的原始崇拜，包含了白族先民的山川崇拜、英雄崇拜、祖先崇拜、龙崇拜、生殖崇拜等，并由此基础上发展起来的"神格化"与"人格化"相互交融的全民族性的神灵崇拜，也是白族"朵兮薄"的崇拜核心。

本主崇拜历史悠久。王崧本《南诏野史》中便曾有"蒙氏平地方，封岳

---

① 杨学政.密教阿吒力在云南的传播及影响［J］.云南社会科学，1992（06）：84-92.

渍。以神明天子为国步主，封十七贤为十七山神……""蒙晟罗皮，唐玄宗开元元年（713）立，年十五岁。立差法，收商税，立省城建成入朝于唐，立土主庙。……"这就是最早有记载的本主，其中所述的神明天子便是发现南诏多处盐井的杨波远，而十七贤则因年代久远无从考证其姓名，有可能多位南诏开国的文臣武将和部族中的英雄。

本主一般供奉在本主庙，其布局为本主位于正殿正中，作为本主庙中的"主神"，左右配置"战将"，身边还配有文武判官、书吏，座前有响木、签筒、笔架，完全按照地方行政执法官员的标准来配置，同时桌案上还有一只木雕的"护甸神鹰"。在其两厢，则有行业神，在剑川白族地区因为有很多从事木匠的手艺人，多祭祀鲁班，也有其他不同"功能"的神，如痘花娘娘、田公地母、六畜之神等。庙门两侧，一般塑有两个威武勇士执神马之缰的高大塑像。

这种完整配置的本主庙在石钟山石窟中一号窟"异牟寻议政图"里就有部分的体现，其中虽没有两厢的"配祀之神"，然主神所拥有除桌案以外所有文武将一应俱全。这一窟所展现的是一种政治力量，这种政治崇拜也属于白族独特的本主崇拜内容。

四、石钟山石窟

（一）石钟山石窟

石钟山石窟位于云南省大理白族自治州剑川县沙溪镇石钟山上，开凿于南诏中后期至大理国。因山上有大石如巨钟，因而得名石钟山。石窟分布于石钟寺、狮子关、沙登箐三区，共17窟，造像233尊。造像题材有佛、菩萨、天王、明王、僧人、居士、供养人，以及南诏王及其侍臣、亲属等。造像具有浓郁的唐宋艺术风格及地方民族特色；多用圆刀技法，布局严谨而有层次，线条圆润流畅，人物身材匀称，带有生活气息。这三区石窟的造像题材和造像样式存在着明显的差异，沙登箐区流行弥勒佛和阿弥陀佛题材。造像面相方圆身著双领下垂式架裟造像特点显示年代上应较早。石钟寺区和狮子关区则流行观音像、八大明王、毗沙门天王、大黑天像、南诏王及其眷属为主像的窟。造像样式多丰满圆润，与前者差别明显。

大理国时期的龛像，如八大明王、地藏菩萨和华严三圣，与四川地区的佛教造像有密切关系。观音的信仰在南诏、大理时期极为兴盛，到了大理国时期，观音信仰成为主流，并且演化出了具有当地特色的观音，如狮子关和沙登箐的"梵僧观世音"和名为阿嵯耶观音的"真身观世音"，都是大理独有的观音造像。由此可见白族地区造像在受到汉地佛教的影响之外，本地的因素也对佛教造像有着重要影响。这就构成了独特的石窟造像风貌。

（二）石钟山石窟包含的密宗佛教元素

在崖壁上开凿石窟寺之举，源于印度，印度著名的阿游陀石窟寺，就是开凿了大、小二十九个石窟所组成的。印度石窟一般分为两种：一是"支提"窟，又被称作"招提""制多"或"制底"，这些都是同一个梵文词的音译。它的特征是，在半圆形的中心安置一座舍利塔，因此也被称为"塔院"。窟底为有着丰富装饰的并列六角或八角石柱。另一个是"毗诃罗"窟，译作"精舍"，这两种形式的石窟是东方石窟的鼻祖，随着佛教传入中国，从莫高窟到石钟山寺都是该类型的石窟寺。其结构布局为：在窟室中央设方形广堂，堂的两壁开若干小窟，仅容一、二僧居住。堂后壁安置舍利塔，或设讲坛，其形制、用途均与"支提"差不多，"精舍"入口有石柱，其上亦有雕饰，后世的"精舍"石窟内壁，更有精美的壁画为饰者。①

南诏佛教不仅受到印度和中原佛教的影响，也有藏传密教的影响。现在石钟山石窟中依然还保存有两则藏文书题，分别是题在五窟两柱左侧的"六字真言"和第7窟内壁上的6行藏文。这两则书题来自前来石钟山石窟朝拜的西藏佛教徒之手，由此可以说明石钟山石窟不仅在开凿之时受到了藏传密教的影响，在建成后也获得了西藏密教徒的认同和供奉。

石钟山石窟所表现的另一个特点是以观音像为主，有一种崇尚观音的风气，如沙登箐区，5窟之中造观音像就有3窟之多，而且多以男性观音为主。在印度笈多王朝时期，佛教传统中以《瑜伽师地论》经为主，传习教义，开创了瑜伽宗，进一步演化成了印度密宗。这时的观音只是阿弥陀佛的二胁侍之一的观自在菩萨而已。直到后来公元七世纪印度密教兴起之后，观音菩萨才被奉为莲花部尊，地位才得到提高，颇受密教崇尚。洱海区域的滇密，在这种崇尚观音的潮流中使得石钟山石窟的造像里观音像占大多数。

石钟山石窟受到密教影响最明显的是石钟寺区第六窟的造像，"明王堂"中的八大明王、天王、力士等菩萨。这是只在密宗佛教独有，而大乘显宗佛教中所没有的造像。

---

① 剑川石窟考古研究课题组.剑川石窟——1999年考古调查简报［J］.文物，2000（07）：71-84.

（三）石钟山石窟的本土文化

石钟山石窟融合多种佛教密宗流派文化元素的同时也有着自己独有的白族本土化元素。白族的本主崇拜在石钟山石窟有着很好的体现。如石钟寺一号窟：异牟寻议政图，开凿于大理国末期。内容上雕刻了坐在双龙头靠椅上，戴冠，身穿圆领宽袖长袍的王者异牟寻。其座前有一童子头顶莲花托盘，左手扶膝，右手托盘，盘中供有香、花、果。王左侧有三人，持短棒、长柄扇和曲柄剑；右侧两人，一个捧盒，一个身背斗笠手持曲杖。龛左右两侧各有文官一驱，对坐。而窟右壁有阴线雕刻的人像一个，是一位天竺僧人。这是南诏异牟寻王议政时的情景雕刻，学界认为本窟开凿于大理国时期，而尊像系前代领袖，因此，该窟不可能是功德龛。与一号窟布局类似的二号窟是阁逻凤出巡图。二号窟所雕刻的也是一位坐在双龙头靠椅上，戴冠，身穿圆领宽袖长袍的王者，有一位身穿袈裟手持念珠的僧人向后撑伞。

两窟所雕刻的主体都是南诏国的帝王，将这两位帝王雕刻在此，与诸密教菩萨共同接受后世百姓的香火，这应和了白族本主崇拜里将政治领袖作为自己本主供奉的传统习俗。这就是白族本主崇拜的表现。不同于中原地区将帝王尊像与佛像融为一体的石窟，用以宣示"皇帝即当今如来"，这两窟都是于诸菩萨平行存在，并没有融合也没有冲突，是单独于其他石窟在石钟寺接受供奉的。所以这两窟应系白族本主崇拜所开凿的石窟。同时，这两窟中，帝王旁边都有僧人的形象，可以说明，阿吒力这一佛教密宗支派为当时南诏及大理国的国教，且极有可能政教合一。而且也能表明，当时当地的政治力量和地方文化也深刻影响了当地的宗教信仰与发展。

白族至今仍保留着原始社会留存下来的泛自然原始崇拜，包括天地、山川、动植物。作为原始崇拜的一种，白族对于生殖力量也十分崇拜。石钟山石窟内的"阿央白"便是典型的生殖崇拜，石宝山林泉庵内也有"送子观音"和"祈嗣台"，都是白族生殖崇拜的表现。关于"阿央白"造像，根据1999年云南大学与北京大学的联合考古考证，该窟内有"兰若观世音……造像主"等题字。题记上称造像主，那么该窟原来应该雕刻的是佛像，又有"观世音"的字样，说明该窟内原为观世音菩萨，那么"阿央白"的造像应该系原有主像被毁后，重塑上去的。这并不影响该窟所反映的白族生殖崇拜，而更是一种独特的融合。因为该窟仅为主像被毁，而其他部分如莲花座、两侧的童子，都依然还在。这更是两种文化交融的产物，当地人能够接受这种不同崇拜不同文化的融合，说明在他们眼中生殖崇拜，和对其他观音的崇拜摆在同样重要的地位。

五、总　结

随着国家"一带一路"倡议的提出，大理南诏国作为在中国西南出现、存续时间最长的文明，在建设"一带一路"的过程中不论在地理位置还是在文化传播上，都有十分重要的地位。大理地区南诏文化作为铸牢中华民族命运共同体不可分割的一部分，文化璀璨且多样，其中佛教是一个十分重要的文化元素，同时佛教也影响着全世界，特别是东南亚和东亚国家，对于佛教的研究可以让我们通过这一切入点，更好地让世界了解大理。南诏国依偎着喜马拉雅山脉，在中国大唐和周边各国中间，同时又与吐蕃有着联系，形成了一个独特的文化接触地带。在这个接触地带中佛教密宗与白族文化相互影响相互渗透产生出了其独特的文化特质。如同石钟山石窟一、二号窟里表现出的政治和宗教的和谐关系，佛教在进入南诏国并对南诏国产生影响的同时，白族文化也改造着当地的佛教文化。反观整个石钟山石窟，前朝的帝王作为本主、外来的菩萨作为主流同时兼顾作为原始崇拜之一的生殖崇拜在此也有着最直白的表现。这是多种文化在此联系、契合、相互渗透、相互交融的接触地带所产生的最为直观结果。

参考文献

［1］杨斯斐.大理白族观音形象变化背后的信仰变迁研究［J］.大理大学学报，2020，5（07）：15-20.

［2］林超民，李婧.白族形成新论［J］.云南民族大学学报（哲学社会科学版），2019，36（02）：135-141.

［3］朴城君.云南剑川及石钟山石窟的异域信息［J］.艺术评鉴，2017（04）：162-163.

［4］沈海梅.西方人类学领域的喜马拉雅研究学术史［J］.西南民族大学学报（人文社科版），2015，36（08）：1-9.

［5］黄正良，张锡禄.20世纪以来白族佛教密宗阿吒力教派研究综述［J］.大理学院学报，2013，12（07）：1-6.

［6］李东红.剑川石窟与白族的信仰民俗［J］.世界宗教研究，2006（03）：137-144.

［7］张锡禄.佛教对白族民俗的影响［J］.中国宗教，2003（07）：39-41.

［8］剑川石窟考古研究课题组.剑川石窟——1999年考古调查简报［J］.

文物，2000（07）：71-84.

　　[9]李东红.佛教密宗阿叱力教派与白族文化[J].云南民族学院学报（哲学社会科学版），2000（02）：56-60.

　　[10]李东红.阿叱力教派与白族本主崇拜[J].思想战线，1999（04）：45-51.

　　[11]赵橹.藏传密教与剑川石钟山石窟[J].西藏研究，1994（02）：83-90.

　　[12]杨学政.密教阿吒力在云南的传播及影响[J].云南社会科学，1992（06）：84-92.

　　[13]查尔斯·巴库思，林超民.南诏国的民族[J].民族译丛，1984（01）：41-45.

　　[14]沈海梅.中间地带——西南中国的社会性别、族姓与认同[M].北京：商务印书馆，2012.

　　[15]平川彰.印度佛教史[M].庄昆木，译.北京：北京联合出版公司，2018.

物质性崇拜视域下对白族水崇拜文化的考古学分析

吴佩桦 ①

物质性崇拜，即英文"fetish"。中国学术界有很多其他译名，其实大家都对它不陌生，亦即拜物教、灵物崇拜、物恋等。在国外物恋的语言谱系起源于16～17世纪之间非洲西海岸多文化交叉的地区，是在对非洲人类学的研究中发展起来的。它牵涉到不同的主题，最初在15～16世纪的人类学家眼中，物恋意味着这些前现代人前逻辑式的认知，是原始宗教的一种世界观，而后来的人类学家、哲学家、社会学家、心理学家发展出了更深的内涵。孔德和比纳（Alfred Binet）认为物恋的起源在于人与所欲求的物之间存在的张力。在物恋的观念里，历史中特定的社会行为在诸多异质性的事物中创造了某种自然实体（natural unity）的幻象。② 这个观念吸引了马克思运用物恋概念创立了商品拜物教理论，他运用这一术语来命名某种特定的现实体制的力量，这种力量将人的意识遮蔽在物的幻想之下。③ 对这一词进行解释和运用的著名学者还有鲍德里亚、法兰克福学派、梅洛庞蒂、弗洛伊德等。它一直活跃在对人精神世界进行解释的核心领域，毕竟人从来都是经由物的媒介来与世界互动的，无论是物的呈现还是人的意向。

从人与物互动的物恋关系上来说，物恋源于多文化遭遇，具有不可祛除的物质性、独特性（singularity）以及重复性（repetition）。物恋所具有的力量在于不断重复着它将自身与其他某种异质性存在物相融合的起源。其与人的关系阶段一定意义上也是不断重复的，即任意选择性阶段（第一遭遇，无依赖）；历史化/地域化/人性化阶段（纳入当地宇宙观的想象体系）；持存与唤醒集体记忆（内

---

① 吴佩桦，云南民族大学社会学院人类学系硕士研究生。

② 威廉·皮埃兹.物恋问题［M］//孟悦，罗钢.物质文化读本.北京：北京大学出版社，2008：59-76.

③ 威廉·皮埃兹.物恋问题［M］//孟悦，罗钢.物质文化读本.北京：北京大学出版社，2008：63.

化于主体，并在危急时刻被意识到）。^①

文化因素分析也是本文的重要方法论，它分为两种传统，一是人类学传统，威斯勒的文化区理论，二是中国考古学实践中逐渐成型的基于类型学的文化因素分析方法。文化因素有层次层级之分，前者认为文化因素层级为由文化特质到文化丛到文化区及其中心；后者认为考古学文化因素分析法就是对特征相似的遗迹、遗物的关联性进行讨论，对遗迹（布局、形制）、遗物（纹饰、制作工艺）的特征、文化因素进行分析，其中有高低层次之分，从高层次中找到区域大传统文化的相似性，从低层次中找到小传统的差异性。^②

我们的研究材料离散在考古学遗物、历史时期文献与图传和当代寺庙与神话文本三种来源中。而通过文化因素分析法，我们将这些离散的水崇拜相关的文化因素、文化特质，绑定在大传统和小传统上下交互的变迁过程的各个文化丛、文化区，各种文化结构和层次中，这样或许能从白族文化发展各个分期的时空，来一窥其人与物、物恋关系的交互方式及其可能的动因。这篇文章便是想从物质性崇拜、物恋、人与物互动的关系视域下，以文化因素法的细致视角，初步观察和讨论作为自然物的水相关的离散的文化元素是怎样逐步变化形象融入过去及现在的一些物质性遗存。

一、白族、水与物质性崇拜

水崇拜何以称之为物质性崇拜，它又有什么样的特点？

关于原始宗教，大家最耳熟能详的理论便是"万物有灵论""自然崇拜"等。物质性崇拜与其基本同义，但有不同的内涵侧重。在本文中，物质性崇拜是一种侧重强调人物交融的情景。如前文，物恋或者说物质性崇拜具有不可祛除的物质性、独特性以及重复性。

水崇拜的物质性，首先在于水的物质性本身，作为自然物，它的一部分不为人的意识所转移、不为人的意识所完全认知，它有着自身的能供性和惯性。能供性是指它作为人所处环境的组成部分，所能供给给人与其互动的可能性和一种情景的潜能，比如说对某种树虱来说，森林里除了经过的哺乳动物的血，可供养育

---

① 威廉·皮埃兹.物恋问题［M］//孟悦，罗钢.物质文化读本.北京：北京大学出版社，2008：59–76.

② 桑栎.文化因素分析方法的省思——以二里岗文化的研究为例［J］.南方文物，2017（1）：170–176.

后代，其他环境和它没什么关系。^①人们在与物的相处中，不断以自己的地方性知识或者说认知结构去开发物的能供性。物质性的特征在任意选择性阶段中体现最多，环境有着诸多的物各自有各自的能供性，而为什么这一个氏族或族群选择这一个物的元素进行崇拜，人类学家们提出"第一遭遇"（first encounter）来解释这个选择，现实的物与人突然相遇，由此使得某物成为神圣的象征。非洲报道人在被问及自己信仰多少神时曾经对人类学家说："是无止境，不可计数的——我们所有人将所有的物都认为是重要的，最初我们四处寻找能被指认的神，我们将第一个闯入眼帘的东西视为神。"^②而当遭遇发生之后，在这个遭遇场景中的这个元素就被当地的精神体系主动纳入了，它被归类和认知。一个地域可能有一个行政的部落而可能有多个氏族，它们遭遇了不同的物，形成了各自的崇拜。从后来白族家族的崇拜来说，除了我们将要讨论的和水有关的蛇，还有虎和金鸡。随着氏族之间的势力角逐，不同的物的象征性元素可能成为一时盛行的文化因素，作为核心要素形成一个新的组合物，也可能成为日渐缺席的素材库。而权力角逐的过程是持续的，重复的，这个组成过程是在特定族群和特定场景的遭遇中持续建构的。随着这个族群镂刻在物中的历史性越来越多，我们看到的越是一种更加完整的情景化的，有故事性的物，它逐渐地拟人化成为神明，参与各种事件构成地方的祖源和神话记忆。

二、白族水崇拜文化因素分析

本章要讨论即白族群众是如何与水在不同的特定文化场景中遭遇的，他们是如何把水与其他因素组合在一起，持续建构，并体现在了哪些物质性遗存中。根据马曜先生的观点，白族文化可以分为这样五个发展阶段，殷末洱海文化、战国到西汉的滇文化、滇中和滇东的西爨文化和隋唐后的南诏大理文化。^③本章根据这四个分期来叙述白族文化时空情景，以及水元素的组合物及其社会位置是怎样被白族群众所安置的。

第一个分期是殷末洱海文化。洱海史前有诸多遗址，如白羊村、海门口、

---

① 钟蔚文.从行动到技能：迈向身体感［M］//余舜德.身体感的转向.台北：台湾大学出版中心，2015：37–55.

② 威廉·皮埃兹.物恋问题［M］//孟悦，罗钢.物质文化读本.北京：北京大学出版社，2008：63.

③ 马曜.大理文化的源和流（上）——《大理丛书》序［J］.云南民族学院学报（哲学社会科学版），1994（1）：16–23.

银梭岛等。它们在考古学分期上都呈现出断裂。它们各自分散，虽有联系，但各自皆有区别，不能合并为一种考古学文化类型。但整体上的趋势是一致的，这一时期以海门口遗址为代表来分析文化因素。海门口遗址一期的陶器纹饰点线组合纹，与永平新光遗址、大理银梭岛遗址一期、宾川白羊村、永仁磨盘地、元谋大墩子遗址属同类纹饰；刻划组合纹饰和楚雄永仁菜园子、兰坪马鞍山遗址出土陶器上的刻划组合纹饰相似；出土的两面划槽成孔的石刀和西藏昌都卡若遗址出土的一致。海门口遗址二期的陶系发生变化，以灰陶为主，双耳、彩绘双耳器最具代表性，与甘青地区青铜时代的齐家、辛店文化相近；遗址三期出土陶器和鳌凤山墓地相似；纺轮、陶片制网坠、陶支座和银梭岛遗址四期出土相似。海门口遗址三期，与南方银梭岛文化显著相关。[①] 海门口遗址一、二期，新石器时代和青铜文化早期为一支文化，但与后来的洱海区域青铜文化之间存在断裂性。而后者才是白族先民的主要源流。公元前 1000 年左右洱海区域进入青铜时代，开始出现拟水纹饰，即波浪纹等。新石器时代的洱海区域的居民是以稻作为中心的湖滨文化，而其青铜文化可能皆来自于外来的族群进入。外来族群有几种可能的来源，北来的氐羌集团、东来的濮越集团以及东北来的巴蜀集团。新石器时代土著族群在刚开始接触其他文化的时候，可能保持了自身部分独立性，只是接受了部分器物，而随着族群演化，可能在部落、氏族战争中失败，土地被氐羌系的族群所占据，最终西南夷呈现出司马迁所述图景。为什么公元前 1000 年才出现拟水纹饰的盛行？可能是稻作湖滨文化并不看重水本身，没有将其符号化，反而是有缺水记忆的氐羌系半游牧半定居的族群将其刻在陶器上，从而为未来对水元素的发现与新的生成开启源点。在铁器和瓷器时代来临之前，陶器的纹饰几乎是先民表达其精神世界的核心手段之一。青铜时代出现阶级分化，这一段时期精英传统与大众传统开始分离，精英传统开始以青铜器作为符号载体，陶器在这一时期也依旧表达着大众传统的精神世界，而在青铜时代之后，陶器转向衰落、粗糙化、火候低化。

第二个分期是战国到西汉的滇文化。而来到洱海区域青铜文化，这里的连续性就开始明显，基本可以归纳为从海门口到石寨山，从洱海到楚雄到滇池，从昆明（氐羌系）到靡莫之属到滇僰到楚滇。这个时期的重要历史事件是战国中期末楚国庄蹻入滇，这意味着云南、洱海、滇池地区与华夏大传统的文化正式会面，进入了其史书。石寨山遗址的遗存中有滇金印，滇金印其上是一条盘踞着的蛇，

---

① 闵锐.剑川海门口遗址综合研究［J］.学园，2003（15）：8.

还发现了大量嵌刻有蛇形象的青铜礼器和贮贝器。这里的蛇符号可能有两种解读路径，一是蛇作为水符号的固定化、清晰化，二是可能是伏羲的祖先蛇的意味。基本可以肯定有着伏羲最早形象的楚帛书与石寨山遗址存在共存的时间，它们的年代同为战国中期晚末期。水与蛇为何会在绑定在一起？可能由于其形似，根据弗雷泽的模仿律，与水同样曲折有着波纹的蛇，被白族先民认为拥有着水的力量，同时，有一只以蛇为图腾的氏族成为了当时云南滇国区域的掌权氏族。庄蹻及其后代作为滇王对伏羲蛇形象的认识，可能与原住民的崇拜契合，从而生成了这样一个强力的象征符号，挤下了其他符号，且体现在了滇王之印上。而对于中原王朝来说，他们自身有龙作为价值象征，蛇与龙正好成为中原王朝地位高上的体现。石寨山遗址的生物遗存，体现了当时云南坝子社会捞螺蛳、捕鱼是其生计方式的重要组成部分，这些食物可能渐渐沉淀为生计所供给的符号库存，逐渐被历史化赋予更多的象征意义。

 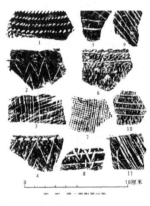 

图 1　银梭岛遗址第一期陶器纹饰（公元前 3000—前 2400 年）　图 2　银梭岛遗址第二期陶器纹饰（公元前 1500—前 1100 年）　图 3　银梭岛遗址第三期陶器纹饰（公元前 1200—前 900 年）

第三个分期是滇中和滇东的西爨文化。整体而言可以概括为一个汉化的过渡时期。经过两汉之际僰人大起义失败后，从东汉开始，以滇池和洱海为中心的内地坝区，东来的汉文化逐步占据主导地位。白族先民面对汉文化开始尝试构建自己的文化习俗加强凝聚及认同，不过这个时候还分散和不明显。当时汉文化主要是通过宜宾到昭通进入云南的，如朱提（昭通）、堂狼（会泽、巧家）洗常以双鱼为图案。《孟孝琚碑》上段残缺，周围有龙纹及鱼纹，与内地常见的"四神"

图案中龙龟画法一样。① 马先生所举汉化的例子恰巧举的亦是水符号相关的数种文化因素,双鱼图案、龙纹及鱼纹。汉地的水符号得以进入滇地,可能开始与原有符号产生互动和交融。在这个初接触的阶段,环境使得新的能供性出现,而杂合符号或者说组合物还没有成型,一切都在孕育。

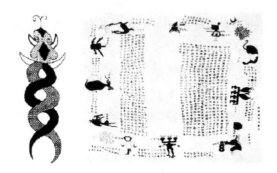

图4　楚帛书　　　　　　　　　　图5　滇王之印

　　第四个分期是隋唐后 – 南诏大理。并且在这个时候发展出极具独特性的民族文化体系。隋唐之际,洱海地区分布着"河蛮"和"六诏",前者居住于洱海周围的坝区,亦称白蛮和"下方夷",后者主要居住于山区和半山区,亦称乌蛮。南诏是"乌蛮别种"和白蛮大姓建立的联合政权。② 白族由南诏此成型。政治上的变迁不多赘述,我们想追踪的是与水相关的文化因素的沿袭。南诏大理时期的重要历史资料是《南诏图传》和《白古通记》,两者都对西洱河河神进行了描述和描绘,《南诏图传》表现出的洱海神灵是蛇、金鱼和玉螺;《白古通记》则对金鱼和玉螺进行了描述,"点苍山脚插入洱河,其最深长者,惟城东一支与喜洲一支。南支之神,其形金鱼戴金线;北支之神,其形玉螺。二物见则为祥。"③从这段文字中我们可以看见南金鱼与北玉螺的二分。其水神形象的变迁反映了一体的白族的内部分化,蛇作为曾经的强势图腾记忆被承认用以象征族群的疆界,而内部则分化为南北两支。另一方面,为什么这时候才出现金鱼和玉螺的形象呢? 金鱼和玉螺貌似都并非本地的符号,本地的符号库里,像前面所提及的,确实白族先民有过相应的生计活动,但本地鱼并非这种更像汉文化中的红鲤鱼,螺

　　① 马曜.大理文化的源和流(上)——《大理丛书》序[J].云南民族学院学报(哲学社会科学版),1994(1):16-23.

　　② 同上。

　　③ 王叔武.云南古佚书钞(增订本)[M].昆明:云南人民出版社,1996:58.

蛳也并非这种极似佛教法螺的玉螺，这就体现出这两者是汉文化和佛教文化两个大传统与白族地方传统组合而形成的结合物。本来地方性的符号被升格了，与两个大传统组合起来。

第五个时期可以说是当代。白族彻底形成了自己的神灵体系，即海纳儒释道的本主系统。这个时期从南诏大理延伸到当代，云南受到四面八方的文化冲击。虽然现在并没有明面上极其统一的水的强势象征物了，但各种水文化因素依旧潜藏在各种类型之中。佛教地方化的脉络里受到白族水崇拜影响和内化的有各种形象的观音，以及佛教大量的龙形象，甚至是大鹏金翅。一方面是较为独立的白族佛寺所使用的更有边界感的神话系统，另一方面是本主神话系统拥有各种本土及三教角色的各种故事情节，例如《观音伏罗刹》《段赤城斩蟒》的故事。另外一些可以分析的情景类型，比如说大理地区建筑上具有水元素的瓦当纹饰，莲花纹、太极阴阳鱼纹和水字纹，前两者遍布大理，而水字纹主要分布于巍山和喜洲镇。[①] 比如说本主神庙背后的三龙、云纹水纹、各种龙的神话传说。

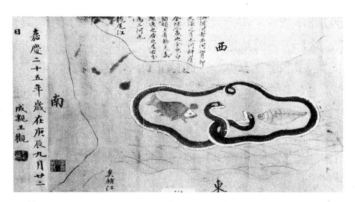

图 6　《南诏图传·洱海图》

三、时空流变下的人—物关系——多态多元的水性

洱海区域整体生态的生态地理单位可以概括为高原湖泊盆地，而从其生态与人群的适应关系、功能关系可以归纳出水的物质性与社会性发生的不同时空情景。

首先是水的物质性，它作为水源，是人类饮用水、灌溉用水和牲畜用水；它作为涝灾，会给人群带来灾难记忆；作为环境的云，成为鲜明的视觉身体感的

---

① 李慧.云南大理地区瓦当研究［D］.昆明：云南大学，2017.

氛围组成部分。由其物质性的相关成为符号，水生环境的环境及在其环境中繁衍的物种，由水的必需性和灾难性形成当地人群的危机记忆成为神话故事的情节构成危机仪式的动机，而水本身的柔与刚引入了更多利用它的角色，例如赤蛇、玉螺、金鱼、九隆神话、段赤城、红山本主、各种正派或反派的龙。

其次是基于物质性在历史中累积起来的水的社会性及其约束力。对于水的危机记忆和危机仪式形塑了集体记忆，它重复的事件让其部分成为族群惯性，水的包容性和多变性又不断为文化因素库存扩容。水在物质性空间中亦由其特殊的功能成为安置洱海社会阶序的重要面向，例如，上苍山与下洱海，苍山水在水的阶序里在上层，而洱海是脏污的终汇之处，水的高低层次，上下游位置成为人群阶序分类的依据；例如，干白子与海民子，洱海渔民与在坝地、坡地稻作的族群亦产生了阶层上的划分。①

从人—物关系性质转换的情景来讨论，水元素在白族物质性崇拜中可以归纳为三种阶段，这和白族自身文化时空记忆的物质性载体的发展相关。

首先，像所有还没发展出持存记忆手段，比如语言、文字、纸张的史前社会一样，初期它应当是作为一种多形态的，未被固化形象的自然物。对待这样状态的水有两种可能的态度，一开始就生活在水资源丰富的族群，可能因为资源充足而忽视它，而感知到水资源的难得的族群可能会尤其珍惜它。弗雷泽认为巫术的两大律是"模拟"和"交感"。基于珍惜和希望拥有，于是当这样的史前族群拥有了陶器技术的时候，可能就会将它的形象通过模仿、模拟体现在纹饰上。白族先民据考证应当是氐羌系族群为多，从西北少水的地方来到洱海区域这样水资源丰富的地方，这样的时空可能就导致了洱海区域青铜文明对波浪、漩涡等水纹饰的运用。

其次，白族先民渡过史前阶段，逐渐进入大传统文化的文化版图，从楚滇文化到西爨文化。原本在山间、山麓半游动的氐羌族群遭遇坝子之后转定居稻作，与多种文化体系相遇，不断选择着不同的物的组合嵌合着它们互相的内涵面对着我群与他者发挥着不同的作用，例如，水与蛇、蛇与族、蛇与青铜、铜鼓、铜贮贝器等等。而发展到南诏图传的阶段，当地选择蛇、鱼、螺作为水的象征物，记录在民俗记忆、历史文本和绘卷上。

最终，大传统小传统的交互造就各有其位而杂糅多元的本主信仰体系。庙

---

① 沈海梅.空间、物与洱海区域白族人的族性［J］.西南民族大学学报（人文社科版），2010（7）：42-49.

宇、神像、历史文本、仪式、神话传说、民歌各种历史文物民俗艺术品成为其多样化的物质性载体。

四、结　语

水崇拜的地方传统不同阶段不同物质形式的变化，都是由于接触了新的宇宙观想象体系的文化因素形式而产生的，但曾经主流的文化因素却没有被完全抛弃，而是以互喻或其他方式以新的喻体进入新的物质性载体中。

一个主观的解读：当保有缺乏水资源的记忆，氐羌民族一支的白族先民将它无形的象征刻画在陶器上；当转为稻作文明，为了在文化接触中区分自己，他们"偶然"遭遇了紫灰锦蛇，将其当做族群的"图腾"，成为其"祖先蛇"；历史上汉族和佛教文化的传入深刻影响了当地的认知系统和原本的水神体系，蛇与非本地的玉螺与金鱼构成某一时空下白族新的水神图景；如今的本主体系涵盖各类文化因素，从佛教为主糅合三教的宇宙观为当地人群抽取文化因素，再从地方性知识出发构建人们的保护神。

物质性崇拜所具有的力量在于不断重复着它将自身与其他某种异质性存在物相融合的起源，它不只是原始宗教的缘起和部分学者认为已经被淘汰的术语（自然崇拜、拜物教），在物质文化研究内依旧是有自身解释力的阐释视域，能为我们提供一种新的可能视角。

参考文献

[1] 王叔武.云南古佚书钞（增订本）[M].昆明：云南人民出版社，1996.

[2] 云南省博物馆.云南宾川白羊村遗址 [J].考古学报，1981（3）.

[3] 云南省文物考古研究所，大理州文物管理所，剑川县文物管理所.云南剑川县海门口遗址 [J].考古，2009（7）：18–23+2+104.

[4] 云南省文物考古研究所，大理市博物馆，大理市文物管理所，等.云南大理市海东银梭岛遗址发掘简报 [J].考古，2009（8）：23–41+97+103–106.

[5] 闵锐.剑川海门口遗址综合研究 [J].学园，2003（15）：6–9.

[6] 段渝.西南酋邦社会与中国早期文明 [M].北京：商务印书馆，2015.

[7] 桑栎.文化因素分析方法的省思——以二里岗文化的研究为例 [J].南方文物，2017（1）.

［8］威廉·皮埃兹.物恋问题［M］//孟悦，罗钢.物质文化读本.北京：北京大学出版社，2008：59-76.

［9］胡阳全.近年国内白族研究概述［J］.云南民族学院学报（哲学社会科学版），1995（03）：36-41.

［10］马曜.大理文化的源和流（上）——《大理丛书》序［J］.云南民族学院学报（哲学社会科学版），1994（01）：16-23.

［11］马曜.大理文化的源和流（下）——《大理丛书》序［J］.云南民族学院学报（哲学社会科学版），1994（02）：11-19.

［12］杨跃雄.白族水神的历史嬗变及其意义［J］.民族学刊，2020，11（02）：110-117+147-148.

［13］杨德爱，杨跃雄.白族"洱水之神"段赤城庙宇的人类学考察［J］.民族论坛，2019（03）：97-104.

［14］沈海梅.空间、物与洱海区域白族人的族性［J］.西南民族大学学报（人文社科版），2010（07）：42-49.

［15］李福军.白族水崇拜与农耕文化［J］.云南师范大学学报（哲学社会科学版），2004（04）：9-12.

［16］杨跃雄、王笛.《南诏图传·洱海图》与白族的"祖先蛇"崇拜［J］.昆明学院学报，2018（04）：108-115.

［17］杨德爱.多元的层叠：白族水神信仰体系的现实建构［J］.大理大学学报，2020（03）：1-8.

［18］李晓珏.甲马与大理白族的水神信仰［J］.西南边疆民族研究，2018（01）：96-103.

［19］李慧.云南大理地区瓦当研究［D］.昆明：云南大学，2017.

南诏大理国时期若干梵文塔砖中《缘起偈》的整理

黄原竟[①]

云南遗存了大量的梵字铭文，其年代从南诏大理国时期一直延续到明代，内容大部分由丰富多样的陀罗尼和经文组成。"缘起偈"（ye dharmā stanza）作为佛教世界最广为流传的偈颂之一，在南诏大理国遗存梵文中亦较为常见。本文试图通过整理若干塔砖上的"缘起偈"，窥探南诏大理佛教面貌之一斑。

一、"缘起偈"的流布与研究现状

在汉译经典中，"缘起偈"的名字比较多样，除了"缘起偈"，还被叫做"缘起法颂""法颂舍利""法身偈""四句偈"等，依佛经译者和出处而异。在非汉语的学术文献中，十九世纪英国东方学者 Rhys Davids 翻译律典时称之为"佛教信条"（the Buddhist Creed），至今仍有西方学者循其先例。当下的学术讨论中，以"ye dharmā stanza"或者"Pratītyasamutpāda Gāthā"（"缘起偈"之梵文）指代最为常见。

该偈文的流布最早被近现代学者注意，应当是沃德尔 1895 年出版的《西藏佛教》，该书记载了它在佛教造像上的广泛存在[②]。然而，或许是因为其无所不在，流布过于广泛，让学者习以为常，关于该偈颂的研究缺乏系统性和专门的兴趣。虽然在佛教文物、考古研究中不断发现新的缘起偈的踪影，但缺乏关于它的专门研究。Peter Skilling 发表于 2004 年的论文《佛法留踪：东南亚大陆上的一些梵巴"缘起偈"研究》[③]较为广泛地收集了东南亚佛像上"缘起偈"的各

---

① 黄原竟，大理大学民族文化研究院博士。

② Waddell, L. Austine. The Buddhism of Tibet or Lamaism. London：W. H. Allen & Co，Limited，1895，p.133.

③ Skilling, Peter. "Traces of the Dharma：Preliminary Reports on Some ye dhammā and ye dharmā Inscriptions from Mainland South-East Asia"，Bulletin de l'École française d'Extrême-Orient，2003-2004，Vol. 90/91（2003-2004），pp. 273-287.

种版本，Kyaw Minn Htin 则系统整理了缅甸阿拉肯地区有关"缘起偈"的考古发现①。但即使如此，该领域只是有一个粗略开端，还有待更多的细化研究。

该偈颂的出处是巴利律藏，是五比丘之一的马胜比丘将此偈颂作为佛法精义转告给舍利弗，舍利弗当下得到初果，他又将此精义告知目犍连，后者亦得初果。不过，除了律藏中的这个记载，它罕见于三藏其他地方。再加上它并非佛说，而是佛弟子转述，似乎欠缺后来广泛流行的必要条件。然而，由于该偈颂一语道出"十二缘起"的精义，又经过后世一系列经典的"提携"，与佛塔崇拜紧密联系在一起，其重要性也被提升到与佛身舍利相当。如唐地婆诃罗所译《佛说造塔功德经》中将它与"如来所有法藏十二部经"相提并论：

> 尔时，世尊告观世音菩萨言："善男子！若此现在诸天众等，及未来世一切众生，随所在方未有塔处，能于其中建立之者……或置如来所有法藏十二部经，下至于一四句偈。其人功德如彼梵天，命终之后生于梵世。于彼寿尽，生五净居，与彼诸天等无有异。善男子！如我所说如是之事，是彼塔量功德因缘，汝诸天等应当修学！"
>
> 尔时观世音菩萨复白佛言："世尊！如向所说，安置舍利及以法藏，我已受持。不审如来四句之义，唯愿为我分别演说！"
>
> 尔时世尊说是偈言：
>
> "诸法因缘生，我说是因缘，因缘尽故灭，我作如是说。"

又，义净译《浴佛功德经》中将它称为"法颂舍利"，供奉它与供奉"身骨舍利"的功德是相当的：

> 世尊具有三身，谓法身、受用身、化身。我涅槃后，若欲供养此三身者，当供养舍利。然有二种：一者、身骨舍利；二者、法颂舍利。即说颂曰：
>
> "诸法从缘起，如来说是因，彼法因缘尽，是大沙门说。"
>
> 若男子、女人、苾刍五众应造佛像，若无力者，下至大如麸麦，造窣观波形如枣许，刹竿如针，盖如麸片，舍利如芥子，或写法颂，安置其中如上珍奇，而为供养，随己力能，至诚殷重，如我现身，等无有异。

① Htin, Kyaw Minn. "Early Buddhism in Myanmar: Ye dhammā Inscriptions from Arakan". In Early Interactions between South and Southeast Asia, edited by Pierre-Yves Manguin, A. Mani, Geoff Wade. Singapore: ISEAS, 2011, pp. 381-401.

该偈颂以各种各样的介质在佛教世界广泛流传，其介质包括佛塔、塔模、佛教塑像、手稿、印章等。其流布范围覆盖印度次大陆、东南亚、中亚，包括印度、尼泊尔、印尼（尤其是爪哇群岛）、越南、泰国、柬埔寨等。在中国则多混合其他佛教经文与陀罗尼见于金石之上，藏传唐卡上也非常普遍。其语言文字的载体也和其介质一样丰富。就语言而言，目前相关学者已发现的包括巴利语、梵语、俗语（Prakrit）三大类版本。其文字除了悉昙体、城体、兰札体等源于印度的字体，还有藏语、泰语、越南语、高棉语等多种在地化书写①。

在南诏大理国的有字文物中，该偈颂以大约十世纪的城体梵字书写，以佛塔塔砖上的模印铭文为最主要载体。该偈颂很短小，大多数情况下与其他陀罗尼"拼配"在一起。值得一提的是，在大理遗存梵文金石资料中，梵字塔砖作为一个重要子类，大致年代要早于大量见于元明的梵字火葬碑，或能反映出南诏大理佛教早期发展阶段的独特面貌。以下将对南诏大理国时期若干"缘起偈"文本做一个整理和分析。

二、南诏大理国梵字塔砖中的《缘起偈》

1. 罗荃寺塔砖

罗荃寺的始建年代尚未确定，但目前相关学者基本同意其年代属于大理地区的早期佛塔。《大理海东罗荃塔塔基发掘报告》根据史料和所发掘梵文砖、器物、塑像推测，"罗荃寺塔的时代当在南诏（唐）中晚期，至少不晚于崇圣寺千寻塔"②，可资参考。

罗荃寺梵字塔砖有多种制式，但是跟其他大理古塔的梵字塔砖相比有一个显著的特点，就是《缘起偈》占有突出地位。目前面世的罗荃寺早期塔砖中，基本都将它放在首要或者中央位置，配以其他短小真言或者其他陀罗尼的不完整片段。在较晚时期的塔砖中，这种情况较罕见。现取四个罗荃寺塔砖上的《缘起偈》为样本进行文本分析，并与大理较晚的各种介质上的《缘起偈》进行比

---

① Skilling, Peter. "Traces of the Dharma: Preliminary Reports on Some ye dhammā and ye dharmā Inscriptions from Mainland South-East Asia", Bulletin de l'École française d'Extrême-Orient , 2003-2004, Vol. 90/91（2003-2004）, pp. 273-287.

② 李学龙，孙健. 大理海东罗荃塔塔基发掘报告［J］. 文物，1999（3）: 43-48，91.

较①。下文中塔砖 A 和 C 上的文本在李华德 1947 年的论文《云南的梵字铭文（一）》中已经得到了转写，但他忽略了塔砖 A 的讹误，直接将它转写成了正确的拼法，亦没有对罗荃寺塔砖上讹误的统一性置评。

图 1　塔砖 A②

（第一行第二字《缘起偈》起）

namaḥ ye dharmā hetuprabhava

heton teṣān tathāgatā |

hyavdat eṣāc cha yo nir ū dha

evaṃ vadi mahāśram ā ṇaḥ ||

（第六行《缘起偈》止）

图 2　塔砖 B③

（第二行《缘起偈》起）

namaḥ ye dharmā hetuprabhava

hetun teṣā tath ā gato

hy avadat eṣāṃ ca yo nirūdha

evaṃ vādī mahāśram ā ṇaḥ||

（第六行第一字《缘起偈》止）

① Walter Liebenthal, "Sanskrit Inscriptions from Yunnan I", Monumenta Serica, Vol. 12（1947）, Maney Publishing, pp31-32.

② 图片来源：李学龙，孙健《大理海东罗荃塔塔基发掘报告》，《文物》1999 年第 3 期，第 47 页。

③ 图片来源：Walter Liebenthal, "Sanskrit Inscriptions from Yunnan I", Monumenta Serica, Vol. 12（1947）, Maney Publishing, p38.

图 3　塔砖 C①
（第一行第二字《缘起偈》始）
na * * dharmā hetuprabhava
hetu teṣā tathāgāto
hy avadat eṣāṇ ca ya nirudha
evan vādī mahā ‖
（第五行《缘起偈》未完即止）

图 4　塔砖 D②
（第二行第三字《缘起偈》始）
namaḥ ye dharmā hetuprabhava
hetun teṣān tathāgato
hy avadat eṣā ca yo nirudha
evam vādī mahāśramaṇaḥ|
（第八行第二字《缘起偈》止）

在拼写上，每块砖上的书写都不一样，这些差异主要存在于尾音的连音变化中，从这些拼法的差异和讹误可以看出，书写者应为不同的人，他们显然都具备一些基本的梵文读音和书写的知识，并且能够自如地将自己认为正确的读音用字母记录下来。基于以上写法，可以得出一个罗荃寺塔砖《缘起偈》的校订版，方便与其他文本进行比较：

（namaḥ）ye dharmā hetuprabhava

① 图片来源：李学龙，孙健《大理海东罗荃塔塔基发掘报告》，《文物》1999 年第 3 期，第 48 页。

② 图片来源：Walter Liebenthal，"Sanskrit Inscriptions from Yunnan I"，Monumenta Serica，Vol. 12（1947），Maney Publishing，p.37，plate Va.

hetun teṣān tath ū gato

hyavadat eṣaṇ ca yo nirūdha

evaṃ vādī mahāśramaṇaḥ |

这几块砖有一个显著的共通性错误，就是涅槃一词都表现为 nirūdha/nirudha 而非 nirodha。Nirūdha 这个词在梵语中也是存在的，但它是一个文法现象专词，表示"死隐喻"，与"涅槃"毫不相干。类似混淆 nirūdha/nirudha 和 nirodha 的写法，在印度和东南亚的各种缘起偈版本中都没有见到。考虑到 u 和 o 两个元音在念诵中很难混淆，以及涅槃作为一个佛教名相的无上重要性，这个错误就很匪夷所思了。若无更多材料支撑的话，在大理地区的塔砖中，将"涅槃"写作 nirūdha/nirudha 这个错误仅在罗荃寺塔砖中短暂出现。考虑到罗荃寺塔的王室背景，不能不让人怀疑这种拼写错误更像是低层次的游僧所传，在罗荃寺建塔时期，大理佛教的发展可能还在较初期阶段，与当时有能力从印度传译煌煌巨著并进行经院派研究的中原王朝形成鲜明对比。

2. 弘圣寺塔砖

大理弘圣寺塔年代亦无史料弘圣记载，目前相关学者通过其塔的形制和考古发掘的器物等依据，判断其始建年代应是大理国时期[①]，晚于罗荃寺塔应该无疑。根据《大理丛书·考古文物篇》中所载弘圣寺塔砖拓片，有两种塔砖包含《缘起偈》[②]。这两个文本书写一致，与罗荃寺塔砖版本非常相近，唯有"涅槃"一词变为正确写法：

（Namaḥ）ye dharmā hetuprabhava

Hetun teṣān tathāgato

Hyavadat eṣāṇ ca yo nirodha

Evam vādī mahāśramaṇaḥ |

这两处出现在弘圣寺塔砖上的偈颂都在偈前书写"缘起偈"这一名称，值得回味。如前所列，该偈颂在汉译经典中有许多名字，使用"缘起"二字者，有义净在《南海寄归内法传》中以"缘起法颂"[③]命名，还有输波迦罗（即善无畏，

---

① 田怀清，黄德荣.大理丛书·考古文物篇［M］.昆明：云南民族出版社，2009：2598.

② 田怀清，黄德荣.大理丛书·考古文物篇［M］.昆明：云南民族出版社，2009：2595.

③ CBETA 2022.Q1, T54, no. 2125, p. 226c17–23.

Śubhakarasiṃha）所译《苏婆呼童子请问经》中称之为"缘起法身之偈"①。但真正大量使用"缘起偈"这个名称的，还属不空。其译本中每每提及，或称"缘起偈"，甚至简称"缘起"，从未加以解释，亦不见附偈颂于后，原因或许是仪轨中使用频率太高，若每次都详列就过于冗繁了。不空之后，"缘起偈"这个用法在藏经中出现频率明显降低。该词两度出现在弘圣寺塔砖上，佐证了在不空振兴下达到兴盛顶峰的唐代密教对南诏大理佛教的影响。

3. 高陀山塔砖

在南诏大理国梵字塔砖中，除了罗荃寺塔大量使用《缘起偈》且以它为主，目前仅发现姚安的高陀山塔有类似的情形。高陀山塔砖形制较多，其中大多数模印有竖排从左到右书写的"缘起偈"，这种书写方式在南诏大理国梵字铭文中非常罕见。

图 5　高陀山塔砖

跟大多数梵字塔砖不同，高陀山塔砖大量使用了"大宝六年甲戌"的纪年。"大宝"是大理国皇帝段正兴的第二个年号，"大宝六年"当为 1154 年。由于笔者未见过整砖，现从不同碎砖上将高陀山塔的"缘起偈"拼凑如下：

（namo）ye dharma hetuprabhava

Hetun teṣā tathāgato

Hyavadat eṣā ca yo niroddha

Evam vadī mahāśramaṇaḥ |

相较罗荃寺塔砖，高陀山塔砖制作工艺更加精良，质若金石，字迹清晰若雕凿，其梵文字体亦体现出书写者的艺术发挥，有的甚至颇有隶书的意趣，与汉字纪年的字体相呼应，显示出书写者对梵汉书法的驾驭已经到了悠游自在的境界。除去"涅槃"一词，这个偈颂跟罗荃塔版本相当一致。高陀山塔砖虽然种类较多，但是该偈颂书写比较统一，不似罗荃寺砖充满个人化差别。这或许是因为书写者为一人，亦可能是因为高陀山建塔时期的大理佛教发展到了更加成熟的阶段，大阿阇黎的学识和修养已经远超罗荃寺建塔时期的僧人，所用佛教文本也就更加标准化。

---

① 　CBETA 2021.Q4，T18，no. 895b，p. 745c27–28.

4. 千寻塔所发现泥质印章

姜怀英、邱宣充所著《大理崇圣寺三塔》中刊印了若干千寻塔出土的印章，其中一枚上面亦是一首完整的"缘起偈"[1]：

图 6 千寻塔泥质印章

namaḥ ye dhamā hetu prabhavā
hetuṃ teṣaṃ tathāgatā
hyavadat eṣā ca yo nirodha
evam vādī mahāśramaṇaḥ

该印章字形并非大理地区典型梵字，这样的印章在大理地区似乎也发掘不多。而类似印章是一种常见的小供奉品和吉祥物，在北印度和东印度的古代佛教圣地都有大量发掘。经过比对，该印章和大英博物馆所藏一枚在那烂陀发掘的印章[2]和四枚吉尔吉特发掘的印章[3]都有相近之处，而这些印章上所印的都是"缘起偈"。因此，它很可能是舶来品，其体积小巧，或可作为装藏放置于小型泥塑佛塔中，被人作为祈福物从印度带了过来，不宜被归为大理本地所产出的梵字金石铭文范畴。

5. 与敦煌木版印刷陀罗尼中的"缘起偈"的比较

施坦因 1907 年于敦煌莫高窟第 17 窟获得一木刻印刷陀罗尼，现藏于大英博

① 姜怀英，邱宣充. 大理崇圣寺三塔 ［M］. 北京：文物出版社，1998 年，图版一七三。

② 大英博物馆收藏，馆藏号 1937，0414.14。

③ 大英博物馆收藏，馆藏号 2005，0802.2–5。

物馆[①]，其年代被认定为五代时期（926 ~ 975）[②]。该印品中也含有"缘起偈"。

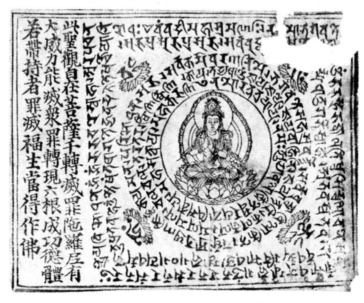

图7　陀曼尼印章上的"缘起偈"

ye dharma hetuprabhavā

hetuṃs teṣaṃ tathāgato

hy avadat teṣaṃ ca yo nirodhaḥ

evaṃ vadī mahāśramaṇaḥ

　　若与大理罗荃寺塔砖的"缘起偈"相比较，罗荃寺塔的修建年代很可能与该敦煌木版经文相差不远，且后者很可能更晚出。但是该木刻版经文的字形更接近约八世纪的悉昙梵字，体现出更多的悉昙体的楔形头特征，而罗荃寺塔砖的字形却更加完全地"城体化"。此外，该敦煌版本中的若干尾音变化也很特殊，从未在大理遗存梵文中见到。无论是从字形还是拼写上的差异来看，这两个"缘起偈"的版本应该来自于不同的传播途径，也凸显出大理的城体梵字的来源问题仍然有待解答。

---

　　① 大英博物馆收藏，馆藏号 1919、0101、0.248。

　　② Hidas，Gergely."Two dhāraṇī prints in the Stein Collection at the British Museum"，Bulletin of the School of Oriental and African Studies （77）（1）（105–117），Cambridge，2014，p105.

三、结　语

虽然大理所存"缘起偈"确实具有一些独特的云南特点，但是更多的证据都将它与中原佛教关联起来，从而进一步突出大理佛教文本与唐密的联系，但本文暂时无能力将这些内容放进讨论范围。侯冲教授认为，大理密教属于汉地密教系统，是汉地密教在云南的传播。从本文中所罗列的大理"缘起偈"所呈现出的种种特点来看，似乎是对该观点的一种回声。但是，本文只是非常粗浅的尝试，要得出可靠的论证，还有待对大理的梵文塔砖进行更加深入全面的搜集、整理和研究。

论大黑天神的形象

——以《大黑天神道场仪》与大黑天神本主传说为切入点 [①]

朱安女 [②]

一、问题的提出

密教在八世纪传入云南，带来了大黑天神信仰。在云南昆明、大理、剑川、洱源、鹤庆、巍山等地的白族村寨将大黑天神尊奉为本主的情况十分普遍。本主庙的神台上供奉着三眼六臂、胸挂骷髅璎珞的大黑天神塑像，逢大黑天神的诞辰、忌日等，村中都要举行朝会，各村的大黑天神本主会期时间不一，会期也就不同。如有的把农历六月十六、十七、十八为大黑天神成道日，要做大黑天神会，祭祀大黑天神；有的把农历正月初五作为大黑天神的诞辰日，举行庆诞会，朝贺大黑天神。 [③]

大黑天神在佛教万神殿占有一席之地，但在中国的流传不像佛菩萨飞天等那样广泛在中原形成主流信仰，仅在云南较为特殊。 [④] 学界关于云南大黑天神的研究主要从造像、民俗、民间信仰、神话等方面展开。如朱悦梅《大黑天造像初探——兼论大理、西藏、敦煌等地大黑天造像之关系》分析与对比了大黑天造像在中国境内尤其在云南大理不同地区的特点，探讨了其源流及不同地区大黑天造像之间的关系。李翎《大黑天图像样式考》对大黑天神造像的样式演变进行梳

---

① 国家社会科学基金项目《云南阿吒力教经典文体研究》（项目编号：18XZW035）阶段性成果。

② 朱安女，大理大学民族文化研究院教授。

③ 笔者在田野调查中了解到，剑川甸南农历六月十六、十七、十八为大黑天神成道日，要做大黑天神会。剑川石龙村把农历正月初五作为大黑天神的诞辰日。参见李晓勤《本主崇拜的村落记忆——对滇西南石龙村大黑天神信仰的个案考察》，《民俗研究》2013年第2期，第115-116页。

④ 朱悦梅. 大黑天造像初探——兼论大理、西藏、敦煌等地大黑天造像之关系[J]. 敦煌研究，2001（04）：75.

理，说明大黑天神的来源、早期样式及后期的变体。李晓勤《本主崇拜的村落记忆——对滇西南石龙村大黑天神信仰的个案考察》认为剑川石龙村大黑天神信仰民俗活动具有程式化和固定性。黄璜《南诏大理国观音和大黑天信仰关系考——以剑川石窟和〈梵像卷〉为中心》提出大理国时期大黑天信仰逐渐融释到观音信仰中，成为观音信仰的一个子信仰的观点。傅光宇《大黑天神神话在大理地区的演变》认为大理地区的大黑天神神话是对印度文化、内地文化的吸收与融铸。①

《大黑天神道场仪》于 1956 年在大理凤仪北汤天董氏宗祠发现，为宋代大理国阿吒力僧用科仪，现藏云南省图书馆。1998 年侯冲先生对《大黑天神道场仪》进行了整理并发表于《藏外佛教文献》第六辑。《大黑天神道场仪》对七种大黑天神形貌有详实的记述，是研究云南大黑天神的第一手资料。② 由于研究者对《大黑天神道场仪》关注不足，对《大黑天神道场仪》的研究较少。

本文将《大黑天神道场仪》与大理白族民间大黑天神传说相结合，在对《大黑天神道场仪》与民间传说中大黑天神形象对比分析的基础上，阐释民间信仰对宗教神祇进行附会的心理机制，展现地方民间信仰文化生态中法事文本与民间传说之间的关系。

二、《大黑天神道场仪》中大黑天神的形象

首先，《大黑天神道场仪》对大黑天神的形象进行了概述："外现天神七变，芥纳须弥；内实毗庐一真，性含大地。形容忿怒，扫除外道天魔；心地慈悲，指示莲境。"③ 这段描述言大黑天神作为密教护法神，示现忿怒相实则怀慈悲之心，其神职是扫除外道天魔。

其次，《大黑天神道场仪》对七种不同大黑天神形象及其神职进行分述。具

---

① 朱悦梅：《大黑天造像初探——兼论大理、西藏、敦煌等地大黑天造像之关系》，《敦煌研究》，2001（04）。李翎：《大黑天图像样式考》，《敦煌学辑刊》，2007（01）。李晓勤：《本主崇拜的村落记忆——对滇西南石龙村大黑天神信仰的个案考察》，《民俗研究》，2013（02）。黄璜：《南诏大理国观音和大黑天信仰关系考——以剑川石窟和〈梵像卷〉为中心》，《云南社会科学》，2014（02）。傅光宇：《大黑天神神话在大理地区的演变》，《思想战线》，1995（05）。

② 侯冲．大黑天神道场仪［M］//方广锠．藏外佛教文献：第六辑．北京：宗教文化出版社，1998：372.

③ 侯冲．大黑天神道场仪［M］//方广锠．藏外佛教文献：第六辑．北京：宗教文化出版社，1998：373.

体如下：

> 虎目龙牙，钟眉□□□□□□□□□□□□□□□□□□□□□□□①

> 身垂臂六，面示目三。左上手持钺斧而电光，中戟叉之下慧剑；右上手执持层鼓而雷响，中绢索之下髑杯。足踏七星，裙皮一虎。②

> 面张二眸，身垂四臂。左上托日智，下智③骷髅之杯，右上捧月轮，下牵戟枪之杖。④

> 首分三面，体具一身。面各三眸，身同六臂。左上手持铃而传三界，中螺杯而下弓；右上手持杆智而动十方，中螺杯而⑤下箭。一龙捧座，二足摄莲。⑥

> 面示三眸，身垂八臂。左上手持尺，而中印次索下柳枝；右上手持铎，而中印次铃下盂钵。体钏蛇蝮，足踏象猪。⑦

> 金阙一身，玉躯二臂。右手执吉祥之宝印，左手伸童子之圣人。⑧

> 身垂八臂，面现三眸。左上手⑨持杆，而⑩中轮次弓并下索；右上手执剑，而中轮次箭及下叉。□捧金轮，座乘狮子。⑪

《大黑天神道场仪》对七种不同大黑天神形象的司职各有表述，言："殊

---

① 侯冲.大黑天神道场仪［M］//方广锠.藏外佛教文献：第六辑.北京：宗教文化出版社，1998：373.

② 侯冲.大黑天神道场仪［M］//方广锠.藏外佛教文献：第六辑.北京：宗教文化出版社，1998：374.

③ "智"，疑作"持"或"捧"。

④ 侯冲.大黑天神道场仪［M］//方广锠.藏外佛教文献：第六辑.北京：宗教文化出版社，1998：374–375.

⑤ "而"，底本作"亦而"，据文意删。

⑥ 侯冲.大黑天神道场仪［M］//方广锠.藏外佛教文献：第六辑.北京：宗教文化出版社，1998：375.

⑦ 侯冲.大黑天神道场仪［M］//方广锠.藏外佛教文献：第六辑.北京：宗教文化出版社，1998：376.

⑧ 侯冲.大黑天神道场仪［M］//方广锠.藏外佛教文献：第六辑.北京：宗教文化出版社，1998：376.

⑨ "手"，底本无，据文意补。

⑩ "而"，底本残，据文意补。

⑪ 侯冲.大黑天神道场仪［M］//方广锠.藏外佛教文献：第六辑.北京：宗教文化出版社，1998：377.

盛迦罗"主司"利生除疫"；^①"安乐迦罗"（安乐药叉）"掌人间之寿命，添六籍之星官。扫除外□□魔，卫护中围国家"；^②"加持日月迦罗"主司"勇降贼寇，心寒胆颤，顿除强窃之徒；仁被冤亲，根净身清，解释我人之债"^③"金钵迦罗"主司"官非免狱刑，灾害蠲苦恼"；^④"冢间大圣迦罗"则是"统御冥司"；^⑤"帝释迦罗"主司"拔度生死，运化古今""降伏邪魔"；^⑥"宝藏迦罗"主司"足食足兵，息天下之干戈；除瘟除疠，绝人间之涂炭"。^⑦这里，大黑天神掌管疫病、人之生死夭寿、护国、震慑邪恶、免除牢狱之灾、统领冥界、降服邪魔及战神等，这些职能与每一种大黑天神的形象有着一一对应的关系。

在佛教中，大黑天梵文音译为摩诃迦罗，本为印度教湿婆神，后来被佛教密宗吸收，成为密宗的护法神，其示现黑色忿怒相，以骷髅为璎珞，形象一般为一面八臂、三面六臂等。在《大黑天神道场仪》中大黑天神的第一种形象为"殊盛迦罗"，第二种"安乐迦罗"又名"安乐药叉"，第三种为"加持日月迦罗"，第四种为"金钵迦罗"，第五种为"冢间大圣迦罗"，第六种为"帝释迦罗"，第七种为"宝藏迦罗"。可以看出，这七种形象各有特点，面部尤其是眼睛、手臂的数量及所持法器也有区别。

在佛经中，大黑天专门守护三宝，司饮食，还可授人世间复归及官位爵禄。《大黑天神法》言："有大黑天神……与诸鬼神无量眷属，常于夜间游行（尸）林中，有大神力，有诸多珍宝，有隐形药，有常年药、游行飞空诸幻药。与人贸

<hr>

① 侯冲.大黑天神道场仪［M］//方广锠.藏外佛教文献：第六辑.北京：宗教文化出版社，1998：373.

② 侯冲.大黑天神道场仪［M］//方广锠.藏外佛教文献：第六辑.北京：宗教文化出版社，1998：374.

③ 侯冲.大黑天神道场仪［M］//方广锠.藏外佛教文献：第六辑.北京：宗教文化出版社，1998：375.

④ 侯冲.大黑天神道场仪［M］//方广锠.藏外佛教文献：第六辑.北京：宗教文化出版社，1998：375.

⑤ 侯冲.大黑天神道场仪［M］//方广锠.藏外佛教文献：第六辑.北京：宗教文化出版社，1998：376.

⑥ 侯冲.大黑天神道场仪［M］//方广锠.藏外佛教文献：第六辑.北京：宗教文化出版社，1998：377.

⑦ 侯冲.大黑天神道场仪［M］//方广锠.藏外佛教文献：第六辑.北京：宗教文化出版社，1998：377.

易，唯取圣人血肉。若飨祀，唯人血肉。"①可见在佛经中，大黑天神是夜间游行于（尸）林中的大力神，掌管珍宝和诸种幻药，无论是与人交易或是享受祭祀均以人肉为食。同时，大黑天神也具有赐福的神力。唐代神恺《大黑天神法》言："大黑天神者，大自在天变身也。五天竺并吾朝诸伽蓝等所安置也。有人云：'大黑天神者，坚牢地天化身也。伽蓝安之，每日所饮饭，上分供养此天。誓梦中语词之中曰：若吾安置伽蓝，日日敬供者，吾寺中令住众多僧，每日必养千人之众，乃至人宅亦尔宅也。若人三年专心供吾者，吾必此来，供人授与世间富贵，乃至官位爵禄，应惟悉与焉。吾体作五尺，若三尺，若二尺五寸亦得通免之。肤色悉作黑色，头令冠鸟帽子，悉黑色也。令着绔，驱塞不垂，令着狩衣，裙短袖细，右手作拳令收右腰，左手令持大袋，从背令悬肩上。'其袋之色为鼠毛色，其垂下裎余臀上。如是作毕，居大众食屋礼供者，堂屋房舍必自然之荣，聚集涌出。"②这段文字言，大黑天神像的特点是通体黑色，头戴之冠也为黑色，人们若能三年专心供奉大黑天神，便可获得其授予的富贵、官爵、利禄。如在屋中供奉大黑天神，也会获得基业繁荣，家道兴盛的福报。

可见，《大黑天神道场仪》承续了佛教典籍对大黑天神的形象与职能的描述。而较之佛教典籍，《大黑天神道场仪》则更显详细。

三、《大黑天神道场仪》与大理本主传说大黑天神形象的比较

本主为本境之主或是福主之意，本主是白族村寨的守护神。大黑天神在大理多被称为"伽蓝"，仅大理十个镇有 34 个村、洱源 9 镇 57 个村、剑川县 5 个乡镇 83 个村供奉大黑天为本主。③民间流传着不少大黑天神本主传说，这些传说故事让大黑天神的形象变得有血有肉、生动有趣。

（一）大理本主传说中的大黑天神形象

从总体而论，大理大黑天神本主传说大致可分为两个类型：一是清官或义士与'成仙洞'的恶蟒斗，为民献身除害，如大理五里桥村、洱源三营及牛街一带的传说；一是天神'吞瘟丹'、救人类，如大理湾桥一带、剑川狮河村、巍山等

---

① 《大正藏》第 21 册，第 356 页。
② 《大正藏》第 21 册，第 355 页。
③ 杨恒灿.白族本主［M］.昆明：云南科技出版社，2010：218–219.

地的传说。①

第一种故事为：清官或义士与"升天台"恶蟒斗而献身除害成为大黑天神的传说，主要流传在洱源县牛街一带，大理县也有流传。"牛街的传说有好几份记录稿，有的说：明朝万历年间，张本端进京赶考，路过莲峰坝三营，见老百姓吹吹打打，抬着两乘花轿往东北角山洞走去。追上一问，得知是送年老夫妇'升天'。他心中骇异，想弄个究竟。花轿抬到山洞里，人们将'谢蔬菜'和熟公鸡丢下洞底，白雾立即上升，年老夫妇跪在升天台上，人们慢慢退去。张本端一直等候着，白雾升到升天台，越来越浓，出现了一个张着血盆大口的怪物，两个老人慢慢朝前滚去。待至雾散，只见洞底有条大柱子般粗的蟒蛇。张本端回村约上小伙子打了百把小钢刀，磨得十分锋利，并涂上毒药。第二天，他把钢刀扎在身上，小伙子们带上火药石灰，照老办法去到升天台。张本端在蟒蛇肚子里横戮直滚，毒药发作，蟒蛇很快就死了。小伙子们划开蟒肚救出张本端，他却因毒药而全身变黑死去了。人们再也不去升天台，并为张本端盖庙，奉他为本主。"② 大理的传说则说升天台在雪人峰的百丈岩，"升天"之谜终于为人们所发现，在五里桥村商议治蟒办法时，是一个远方小生意人献计自愿献身除害，情节与前二说大体相同，也有大黑天神下凡显圣之说。③

第二种以大理湾桥流传的大黑天神的故事为例，故事是这样的：天上的玉皇听到耳目神的谎奏，认为大理百姓很坏，便命天神去散布瘟疫符章，让生灵死掉一半。天神来到湾桥，知道玉皇错怪好人，不忍百姓惨死，心想莫如自己一个来承担，就把瘟疫符章一气吃了，霎时全脸发黑，倒在路旁。当地的蛇来医救天神，用嘴去吸瘟毒，因而在天神身上吸出了许多洞。后来人们建祠塑像，将天神

---

① 张文勋.白族文学史（修订版）[M].昆明：云南人民出版社，1983：124.此处"成仙洞"另说为"升天台"，见傅光宇《大黑天神神话在大理地区的演变》，《思想战线》，1995（05）。

② 傅光宇：《大黑天神神话在大理地区的演变》，《思想战线》，1995（05）。少峰（施灿）整理，1957年《大理文化通讯》第三期。又见1959年剑川《民间故事选》，转载于《云南民族文学资料》第九集，第137–139页。

③ 杨兴廷记录稿，未刊。转引自傅光宇《大黑天神神话在大理地区的演变》，《思想战线》，1995（05）。

奉为"本主",因为脸黑,故称"大黑天神"。①在剑川上河村的故事为:玉帝临朝发现不少大仙私逃人间,于是拨开云头观看人间。见人间一幅生气勃勃的春景,心生忌妒,不能容忍人间胜过天宫,于是叫瘟癀昊天大帝送来一瓶瘟药,派身边侍者把它撒到人间,让人间人亡畜死,树枯水干!侍者心地十分善良,不忍伤天害理毁灭美好的人间,但又不能违背玉帝圣旨,最后决心牺牲自己,拯救万方生灵,便把瘟药全喝到肚里去了。侍者被烧得黑糊糊的像个马蜂窝,跌倒在上河村的山上。太上老君把这事托梦告知村人,为他盖庙,奉为"大黑天神"。②

可以说,大理地区大黑天神的两种故事均对大黑天神的由来进行了解说,但也有不同:第一种故事的两个不同地区版本中主人公虽不同,但情节基本相似。故事情节将主人公张本端(小生意人)与大理本土段赤诚斩蟒的故事进行了糅合,突出的是张本端大无畏英雄形象。张本端最终"因毒药而全身变黑死去了"被奉为大黑天本主神,与佛教中大黑天神的外在形象契合。第二种故事中,大理湾桥流传的说法是大黑天神不是佛教天神,而是天界的神仙。他奉玉皇大帝之命到人间散布瘟疫,但因看到人们生活安居乐业不忍下手。为了挽救人间,他喝下了瘟药,浑身变黑而死,牺牲了自我,挽救了苍生。故事从不同的角度解释了大黑天神命名的原因是因其"脸黑"。在两种类型的故事中,大黑天神为救世表现出来的大无畏牺牲精神、崇高的道德情操令人难忘。白族将这位天神尊为本主,世代供奉。

(二)《大黑天神道场仪》与本主传说大黑天神形象之异同

对比《大黑天神道场仪》与大理民间大黑天神本主传说可以看到:第一种类型是人们对佛教中的大黑天神进行"地域化"附会的结果;第二种类型中人们对大黑天神进行"佛教化"的附会。前者让大黑天神着上了浓郁的地域、民族文化的色彩;后者让大黑天神成为佛道融合的形象。这两种故事类型角度不同,但均可以理解为故事中的主人公成为大黑天神之前,即大黑天神在证得佛果前,对其在人间历劫修行中积累善行过程的喻指。昙无谶所出《大般涅盘经》卷十五《梵行品》言:"何等名为《阇陀伽经》?如佛世尊本为菩萨修诸苦行,所谓比

① 马泽斌记录,中国作协昆明分会民间文学工作部铅印:《云南民族文学资料》第九集,1962年,第136–137页。又周百里搜集整理,载《白族本主神话》第33–38页,有大黑天神考察从善恶、告诉善心人避灾方法之情节,中国民间文艺出版社,1988年。

② 陆家瑞.白族民间故事[M].昆明:云南人民出版社,1982:146–147.

丘当知，我于过去作鹿、作罴、作獐、作兔、作粟散王（国王人数众多，犹如粟米）、转轮圣王、龙、金翅鸟，诸如是等行菩萨道时所可受身，是名阇伽陀。"①这段文字说明在佛陀证得佛果之前，无论是动物中的鹿、罴、獐、兔，还是神异世界中的龙，佛教中的金翅鸟，人间的粟散王、转轮圣王均是佛陀作为菩萨经历轮回转生的对象。佛陀转生的历劫过程中，其行菩萨道，积累功德，所受报应之身，即形成"本生"。从这一角度来说，因为民间故事中张本端舍身杀蟒、天神为救天下百姓吞下瘟药故事的附会，解说了大黑天神成神之前积功累德的业绩即"本生"的叙述。

对比之下可以看出，大理地区民间传说突出的是《大黑天神道场仪》中大黑天神掌管疫病、护佑黎民的宗教司职。可以说当大黑天这位密教护法神进入白族民间本主信仰的场域之后，其宗教形象被人们定位为正义和大无畏精神的化身，并赋予了更多的世俗性。明代《三堂圣域记》言：

> 三堂者，三利森木之祠也。□□□□□□□□□□□□□□□之□也，故所非述文以圣域阳宪非□圣知□□千千，授记万万□□，所以放光现瑞，万法之因缘之终始，今昔流传。□□无灭陆拾□□□乃不运俱同一时也。显毘卢之智体，化迦罗之妙仪。大悲广济，除邪去恶，听敷荫覆之华，舍育利生之苦，观照护民，果愿难量。广化众生，救度□品。发弘誓愿，拯昏迷性。自汉至唐，六百余载。今于壬戌年，本村信士李品、□节、王宗，总甲杨治、段成、段太，请移土地于顶上，家家同蒙恩，富乐□愿□祈祷，祷皆从□□慈尊之嘉会，速成四德，趣乐土之玄□□□能穷，永贻后代云尔。伏愿龙天之扶佑，保人民之根基，护民稼穑，年年丰熟，永蒙圣恩，德垂玉毫，万善千祥，家家安乐。□□□通银溪乡郡，俊秀贤良，宜仕公门，聪利哲绩，更愿帝君万寿，公霸千秋，四海澄清，风雨顺时，世世生生，莫落别境，人人增寿，保守苍洱无穷也。

> 三堂大圣，土地迦罗。掌握三界，镇压邪魔。利济郡生，家家快乐。护持乡俊，丰蒸稼苗。退瘟救投，如日冰消。子嗣聪秀，累世贤豪。出入倍利，公私两和。立石之后，劝善戒恶。不依碑人，切切磋磋。生生世世，永保山河。

---

① ［北凉］昙无谶译：《大般涅槃经》卷十五。

应役里长陈应并递年里长乡老人等同立。

正统捌年岁次癸亥仲秋八月良日立。

石匠杨隆刊。

庙主张让。①

碑言"显毗卢之智体，化迦罗之妙仪"，言三堂神祠供奉的"土地迦罗"即大黑天神，也是毗卢遮那佛的化身。《大毗卢遮那成佛经疏》言："所谓大黑天神也，大毗卢遮那以降伏三世法门，欲除彼故，化作大黑神。"②碑文对民间对大黑天神的崇拜进行了叙述。碑言："自汉至唐，六百余载"，这里从时间上说明，村民崇奉大黑天自汉代延续至唐代。明代信士李品等人重修了大黑天神本主庙，并祈求大黑天能够一如既往地护佑当地居民。碑文对大黑天神的神力进行了详细的描述，认为大黑天神作为土地迦罗掌管"掌握三界，镇压邪魔"，具有"利济郡生，家家快乐。护持乡俊，丰蒸稼苗。退瘟救投，如日冰消"的神力。碑言"家家同蒙恩，富乐□愿□祈祷，祷皆从□□慈尊之嘉会，……公霸千秋，四海澄清，风雨顺时，世世生生，莫落别境，人人增寿，保守苍洱无穷也"。人们祈求大黑天本主神消灾免难，而且可以保佑庄稼年间丰收，家庭安乐。这一寄望带有农业社会生活的气息。而从"速成四德"一语可知，人们祈望天神保佑村民具有良好的道德风尚，增添了大黑天神的伦理色彩。人们还希望天神保佑本村不仅多出贤良之才，而且能够仕途进取，创建功勋，荣耀乡里。最后，人们希望天神能够永久地保持神力，而且不离弃本境，使得苍洱之境永享太平。

大黑天神成为本主神之后，民间流传的故事中，还可见对这种认同的强化。在剑川的石龙村流传着这样的一个故事。光绪二十二年（1896），剑川县甸南乡上宝甸村有一个叫金顺的男子，平日好逸恶劳，专事嫖赌。他游荡到石龙村后，与一有夫之妇勾搭成奸，久居于此。金顺练过武功，又见那妇人的丈夫懦弱可欺，愈发肆无忌惮。村民们欲严惩这对奸夫淫妇以伸张正义，遂派本村塾师李茂才到金华镇，求教于廪膳生员张会庭。张会庭并非官门中人，只因在县城孔庙内春秋两季的祭典上担任司仪，素来为石龙村民所敬重。他闻听此事，拍案怒道："你们只管杀了这畜生，若是官府问罪下来，由我承担！"李茂才回村转告，村民们遂依言行事，当晚就派了几个青壮年潜入那妇人家，乘金顺酣睡之际，以草

---

① 杨世钰.大理丛书·金石篇［M］.北京：中国社会科学出版社，1993：44.

② （唐）一行译：《大毗卢遮那成佛经疏》，《大正新修大藏经》第39册，No.1796，第687页。

又锁喉将其制伏，与那妇人一并捆绑起来，待到次日天明，便将二人游街示众，然后活埋于村外。此事并未就此平息，很快官府查办此案，将主谋张会庭缉拿受审。张会庭当时乃意气用事，谁料竟会惹火烧身？于是他出尔反尔、百般狡辩，将罪责全推给李茂才，咬定李茂才与那妇人有染，因与金顺争风呷醋，遂假传其话以煽动村民行凶。县官草草审过，便判李茂才充军。张会庭因惊吓过度，出狱不久即病故。后李茂才被押至昆明按察司听从发落，当晚按察使梦见天井中忽然踏入一青色巨足，朝上望去竟是大黑天神，醒来后百思不解。次日升堂时，按察使见李茂才跪于堂下，不由随口问道："你村本主是何方神圣？"答："大黑天神。"按察使暗想："莫非此人有冤，才惊动神灵昨夜显化？"遂细加盘问，李茂才趁机将藏于身上的诉状呈上申冤。最后案情大白，李茂才被无罪释放。李茂才回村后，村民对此啧啧称奇。原先石龙村以仁里溪为界分南坡、北坡，两边各奉其本主像，经此磨难后，两边的人同心协力、不复分彼此。本主庙亦被合二为一，迁至东边村口处（即本主庙现址），从此香火不断。① 在这个故事中，由于大黑天神显灵所以主人公的命运得以扭转，而其显灵的前提是李茂才伸张正义却受到不公正的待遇。李茂才无罪释放，回到村中。

综上所述，通过对比《大黑天神道场仪》与大理民间传说中大黑天神的形象和功能可以看到，人们在民俗仪式与民间传说两个层面对大黑天神的表述既有不同又有重合，《大黑天神道场仪》中的大黑天神形象与其佛教护法神的形象更为切近，而民间传说中则在宗教护法神的形象上附会了更多地域性、人间性。

四、结 论

《大黑天神道场仪》与民间传说中的大黑天神形象，共同说明了密教中的大黑天神被赋予了神圣性与世俗性的双重品格，祂既是神坛上被信众崇拜的神祇，同时又是百姓生活中惩恶扬善的英雄。《大黑天神道场仪》与民间传说中大黑天神的交叉重合之处也印证了这样一个规律，佛教作为一种外来的宗教文化，在传入中国后，在与中国本土文化碰撞融合的过程中，通过将本土文化的某些方面与之联系、进行比附，以此达到理解和诠释佛教文化的例子屡见不鲜。在民间传说的世界中，无论是现实世界中的人类、动植物还是信仰世界中的神祇、虚幻世界中的妖怪、精灵等等都活跃于故事中，被纳入到因缘果报的链条中，彼此之间是

---

① 李晓勤.本主崇拜的村落记忆———对滇西南石龙村大黑天神信仰的个案考察［J］.民俗研究，2013（2）：115–116.

关联的、相互影响的。我们也看到，因为民间故事的流传，人们对大黑天神形象或是将相干者进行联系，或是强化某种意识甚至偏离原有的宗教意义而多种加工处理。这些情况反映出佛教在信仰层面出现的复杂多变性，而这些变化性正是信仰生命力的体现。

大理地区近年考古新发现

大理州文物管理所所长　孙健

近年来，随着考古工作的进一步开展，大理白族自治州文物管理所在州境内取得了一系列重要的考古发现。在旧石器时代考古领域，剑川象鼻洞遗址、鹤庆蝙蝠洞遗址、鹤庆龙潭遗址、鹤庆财丰河流域遗址群发现了一系列旧石器时代遗存，填补了大理白族自治州旧石器考古的空白。在南诏大理国时代考古领域，大理灵山寺遗址、大理茶博院、大理颐老院二期、洱源旧州村等地发现了该时期的佛教、建筑遗存，丰富了人们对南诏大理国时期历史文化的认知。现将以上发现简述如下。

一、旧石器时代

长久以来，大理地区的旧石器时代考古一直处于空白状态，大理州境内多个地区虽有古脊椎动物化石，并采集到零星打制石器，但一直没有发现地层明确的旧石器时代遗址，人们对于大理州境内古人类演化和文化面貌等方面信息一直缺乏了解。随着文物工作者的不断努力和业务水平不断提高，大理地区的旧石器考古有了重大突破。

1. 剑川象鼻洞遗址

2008 年调查发现的剑川象鼻洞旧石器遗址是大理州境内首次发现和确认的旧石器时代中晚期遗址，它的发现填补了大理州旧石器时代遗址的空白。经省州县文物部门 2008 年、2009 年和 2013 年的三次调查和勘探工作，共发现石制品标本100 余件，可分为砍砸器、刮削器、石锤、石核、石片等类型，石器类型丰富，种类较多，另有动物碎骨 500 余件。象鼻洞遗址目前新的测年数据为距今约 5 万年。

图 1　象鼻洞遗址远观

2. 鹤庆财丰河流域遗址群

2010 年，云南省文物考古研究所、大理州文物管理所和鹤庆县文物管理所等部门在输油管道沿线开展文物调查时，在鹤庆县黄坪镇财丰河流域发现了 3 处旧石器遗址。以此为线索，2013—2016 年，省州县联合考古调查队在鹤庆县境内开展了多次旧石器考古专项调查工作，在黄坪镇境内发现了旧石器遗址 10 处，以及多个遗物采集点，调查发现打制石器数千件，并将此遗址群命名为"财丰河流域旧石器遗址群"。2010 年、2013 年和 2016 年先后在天华洞遗址开展了野外调查和勘探，勘探位置为洞前缓坡区域，地层堆积可划分为 5 层，其中 2—5 层为遗址文化层，属红色亚黏土沉积。遗址文化层沉积结构稳定，年代数据分布在距今 9.5 万—5 万年之间。在该遗址共发现石制品 1122 件，以玄武岩为主要原料。石制品组合的内涵丰富，剥片技术和工具类型多样，一些特殊类型的石制品标本，如预制石核、长石片、似 - 勒瓦娄哇石片、盘状石核石片、似 - 基纳型刮削器等代表了天华洞遗址石工业独特的技术文化面貌，也表现出西方旧石器时代中期文化的一些技术特点和因素。

3. 鹤庆蝙蝠洞遗址

该遗址位于鹤庆县金墩乡邑头村委会境内，原为一处完整的洞穴遗址，但其洞顶、洞口和洞穴前部已遭破坏。2019 年 4 月，在接到当地农民报告的线索后，州县文物部门进行了初步调查，并及时报告省考古研究所，省考古研究所调查发现了包含大量石制品和动物化石的原生洞穴堆积，从而确定蝙蝠洞为一处重要的旧石器时代遗址。在与鹤庆县达成相关协议后，2019 年 5 月至 8 月，省州县文物部门联合对鹤庆县金墩乡蝙蝠洞旧石器遗址开展了抢救性考古发掘。

图 2　蝙蝠洞遗址

图 3　蝙蝠洞遗址出土遗物

该遗址地层堆积可划分为文化堆积和洞穴下部裂隙堆积两部分，其中文化堆积厚2.3米，共包含上下两期堆积的10个文化层。本次发掘在文化层内共计出土石制品1000余件和动物碎骨化石6万余件，在下部裂隙堆积中出土动物化石900余件。遗址下文化层出土石制品数量较多，在工具组合中既包含砾石石器，也包含石片石器；上文化层出土工具以石片石器为主。遗址文化层出土动物碎骨化石的种属以鹿和牛为主，共包含100多个个体，另外还有犀牛、羊、鬣狗、熊和竹鼠等动物种属。部分碎骨化石表面还分布有人工痕迹。目前初步测年结果显示，遗址文化层的年代分布在距今约17万—5万年。值得重视的是，在遗址两个文化层内还出土有人类化石数件，这些人类化石在早期人类演化中的系统地位目前尚需深入研究。

蝙蝠洞遗址为目前在滇西地区发现时代最早的人类文化遗址，它的发现和发掘将大理地区人类活动的历史提前到距今17万年前的中更新世，大大扩展了大理地区人类历史的时间尺度。遗址出土的人类化石为西南乃至东亚地区更新世早期人类起源和演化的研究提供了重要线索。遗址出土的打制石器在技术上所表现出来的独特面貌和变化发展模式为西南地区史前文化多元共存现象的研究提供了全新的研究素材。总之，蝙蝠洞遗址的发现、发掘和研究具有重大的学术价值和意义。

发掘工作结束后，省州县文物部门对保留的遗址区域进行了保护性回填，在对遗址的处理问题上，州县政府接受了文物部门的意见，修改了矿区生态恢复项目规划，把遗址保护下来。大理州人民政府已于2020年9月将鹤庆蝙蝠洞旧石器遗址公布为第七批州级文物保护单位。

4. 鹤庆龙潭遗址

该遗址位于大理州鹤庆县黄坪镇财丰村委会定光自然村簸箕湾以北约20米处的缓坡耕地内，分布范围约2000平方米，为金沙江中游地区财丰河旧石器遗址群的代表性遗址之一。2019年11月至2020年1月，省州县文物部门联合对鹤庆县黄坪镇龙潭旧石器遗址开展了考古发掘，在旧石器文化堆积内出土打制石器3000余件。遗址出土石制品以青灰色的石英正长斑岩为主要原料，另有少量石制品以安山岩、花岗岩、玄武岩、角岩、矽卡岩、燧石、石英和玛瑙等为原料打制而成。

图4 龙潭遗址航拍图

遗址发现的石制品多以中型砾石作为素材，原料很可能来源于财丰河的河滩。石制品以锤击制品为主，砸击制品亦有少量，另外还发现运用压制法进行剥片的迹象。石制品类型包括石核、石片、工具和废料等。而工具可分为陡刃刮削器、凹缺器、普通刮削器、锯齿刃器等。目前的测年数据显示，遗址的年代分布在距今6万—4万年，遗址性质为古人类的石器加工地。

二、南诏大理国时期

近几年，由云南省考古所牵头，大理州、市文管所配合的太和城考古发掘、1806小镇考古五指山遗址发现等工作，使南诏大理国时期考古有重要发现和突破，同时州县市文管所也有大理国时期考古发现，这里主要介绍大理州文物管理所的部分发现。

1. 大理灵山寺善业泥

灵山寺，位于苍山兰峰之麓，银桥镇北阳村西北，距大理古城约5千米。相传始建于唐代，寺庙以灵山寺为主寺，另有普光寺、慈宁寺、太文庵及太文塔等，此构成一庙宇群落，可惜在历史长河中，寺庙几经遭毁。20世纪90年代初，在当地群众和以净戒师父为首的佛教弟子共同努力下开始重建恢复，到现在灵山寺已粗具规模。灵山寺主持净戒师父在2002年重建恢复三圣宝殿时，在地表下约30厘米、方圆1米左右的范围内，发现一批模印泥质佛像，部分出土佛像保存基本完好，少量损毁，数量近千件，由于缺乏专业知识，判断不出这批佛像的时代和价值，没有引起重视，在寺庙塑佛像时大部分出土佛像被捣碎，掺入塑佛像泥中使用，只留下一小部分，曾经有文物贩子闻讯前来购买，被净戒师父严词拒绝。

2019年3月2日，大理市天然大理石协会会长、鹤阳村乡村医生杨俊斌来到灵山寺，看到了这批佛像，拍照后将照片发给大理州文物管理所的孙健，孙健看后初步判断这是一批古代的善业泥，类似现在藏区存在的"擦擦"。3月20日，州文物管理所的孙健、张灿磊、杨森、王海宁在杨俊斌医生带领下来到灵山寺，灵山寺净戒师父无偿将这批佛像捐献给州文物管理所，州文物管理所将这批佛像带回所里妥善保管。

经初步整理，这批佛像为黄泥模印，数量近300件（块），有4种规格，包括一佛二协士、自在观音等，由于是烘焙或直接晾晒，佛像保存得不是很好，其材质、题材等和西藏流传到现在的"擦擦"基本一致。经云南省文物鉴定专家委员会主任张永康教授、秘书长陈浩等权威专家鉴定，这批善业泥的时代约在11

至 13 世纪，风格上和西藏地区的有差异，以汉传为主流，并具有大理地区独特风格。早先在大理地区零星发现过善业泥像，但这是第一次大批量发现，此发现对当时佛教的研究提供了新的资料，价值非常重要。

2. 大理茶博院遗址

大理茶博院建设项目位于阳和村村西，东邻苍山大道，西靠苍山，紧邻州级文物保护单位马龙遗址，北接龙溪，南连清碧溪，总面积 280867 平方米。大理白族自治州文物管理所牵头于 2020 年底对茶博院建设区域开展文物考古勘探调查工作。

勘探区域发现民国和清代时期堆积，主要有文化堆积层和石室墓葬，还在清碧溪北岸发现台地东侧有一段保存完好的民国至清代的茶马古道。区域内发现明、元代时期的堆积，但不明显，在明清文化层中发现零星陶片。在建设项目南侧清碧溪北岸的台地上发现南诏大理国时代文化遗存，地表上随处可见南诏大理国时期时代特征明显的绿釉砖、绳纹砖残块和瓦片，瓦片中有一定数量的有字瓦、滴水、瓦当等遗物。勘探后可以明确遗址位于项目建设区域南部的清碧溪北岸，初步发现的遗迹有石砌挡墙、建筑基础、排水沟、夯土、路等，遗物有有字瓦、瓦当、滴水绿釉砖、绳纹青砖、陶器，遗址面积 20230 平方米。

在勘探区域的中部、北部均发现了青铜时代的文化层堆积，但北部堆积不连片，堆积范围很小，为零星堆积。中部区域属马龙遗址的东边缘，所以堆积层次略好，堆积厚度 35—65 厘米，发现的遗迹有石砌基础柱洞、灰坑、居住面等，遗物有夹砂红褐色陶片、陶网坠、石刀残件等，时代特征明显。遗迹面积约 3000 平方米，文化堆积略厚，面积约 1000 余平方米。综合上述情况，得出结论：从青铜时代开始，该区域均有人类在此进行生产、生活。到了南诏大理国时代，这里是南诏大理国政权在此建造的等级高、规模大的作为别都、王家寺院或者衙署之类官方建筑的基址。另外，唐、宋、元、明、清、民国乃至 20 世纪五六十年代，这里还是滇藏茶马古道的必经之地，更是大理坝子的南北通衢大道，具有极其重要的历史价值、文化价值和科学价值。现场勘探工作结束后，州文物局组织专家评审，对发现的南诏大理国遗址区域进行回填保护。

3. 大理颐老院二期遗址

大理颐老院二期（太保家园·大理国际乐养社区二期）项目位于大理市大理镇上末村委会，项目规划面积为 58462.63 平方米，建筑占地面积为 19951.58 平方米，用地性质为医疗卫生用地。大理州文物管理所联合大理市文物管理所组成专业考古队，于 2021 年 3 月至 4 月对此地块进行田野考古调查勘探，在北部区域地块勘探调查时共发现房屋建筑基址 7 处，磉礅 6 处，石墙 8 处，另外还发现的保存较好的绿釉方砖铺墁面，遗址占地面积 4831 平方米。勘探中发现的遗物有有字瓦、瓦当、滴水绿釉砖、绳纹青砖、陶器等，另外还发现一件指戒式降魔杵。根据大理州、市文物专家现场评审，此处遗址被确认为南诏大理国时期的建筑遗址，保存状况较好，需在文物分布界线处订立永久性文物界桩，原址保护。

4. 洱源旧州天平宝塔

天平宝塔（旧州一塔），位于洱源县邓川镇旧州村北，与其附近的制风塔、象鼻塔一起，三座塔被称为"旧州三塔"。据史料记载，天平宝塔原为真济禅寺内的建筑，始建于南诏（唐）蒙氏保和十二年（835 年），明永乐七年（1409 年）、清康熙年间曾对其实施保护修缮，1958 年"大跃进"时真济禅寺作为造纸厂使用，"文化大革命"期间寺庙、碑石全被拆毁，塔底层部分塔砖被盗走，仅存古塔保存下来。

图 5　旧州天平宝塔

塔由基座、塔身和塔刹构成，为密檐式十一级方形砖塔，葫芦形塔刹。全塔高 17.82 米，塔基宽 5.7 米，高 2.2 米；塔身高 14.12 米，最下层宽 2.5 米；塔刹高 1.5 米。塔身二至十一级每层四面均设有小佛龛一个，该塔形制与大理的千寻塔、佛图塔、弘圣塔等南诏大理国时期塔极为相似。由于天平宝塔年久失修，塔基垒石松懈，塔身出现纵向裂缝，粉刷层剥落，塔身十级和十一级歪闪，塔刹破损严重，存在很大的安全隐患，需及时对天平宝塔实施揭顶抢救修缮。

图 6　旧州天平宝塔发现的降魔杵

2015 年洱源县文体局组织修缮工作，12 月 25 日，施工队对天平宝塔塔顶修缮时，刚好州县文物专业人员在场，在拆除原宝顶后，塔中心安放一根塔柱，柱上朱书梵文。顺着塔柱往下拆至塔顶时，在塔柱旁发现了一个糟朽严重的木函，由于突然遇到这种状况，专业人员只能进行抢救性清理。塔顶区域内除发现木函外，另有卷径杆、丝绢包裹的包袱等，在中心柱下部的凹槽内发现完好的手握式降魔杵1件。经初步整理，塔顶发现素面铜镜（1面）、铜质圆形方孔祥符元宝（1枚）、铜质金刚杵（1件）、铜质印（2件）、铜镯、铜指环、铜饰品、海贝、玛瑙残品、破损严重的经卷、经卷卷轴、丝织品、琥珀残品、佛珠（若干）以及香料五谷等。另外在维修塔身时还发现明成化年间的石质佛像、碑刻等一批文物，可以说这批文物是三塔、佛图塔、弘圣塔修缮出土文物以后又一次南诏大理国文物重要发现。

（感谢云南省考古研究所阮齐军提供旧石器相关照片，洱源县文物管理所吴翀惶提供旧州天平宝塔照片）

"南诏大理历史文化与文物艺术研讨会"会议综述

朱安女　吕余萍　黄俊杰 ①

2021 年 12 月 6 日—9 日，由南诏大理历史文化国际研究中心、云南省博物馆、大理大学民族文化研究院、大理面向南亚东南亚辐射中心（澜湄合作）研究院联合主办的"南诏大理历史文化与文物艺术研讨会"在云南大理古城召开。来自云南省文化和旅游厅、云南省博物馆、云南民族博物馆、云南省文物鉴定专家委员会、云南省文物考古研究所、大理州博物馆、大理州文物管理所、大理市博物馆、巍山县南诏博物馆、丽江市博物院和四川大学、上海师范大学、南京信息工程大学、广州美术学院、云南大学、云南民族大学、大理大学、大理州白族文化研究院等多家科研机构、文博院所与高校的专家学者 50 人，以线下、线上视频会议的方式参与了大会交流和评议，会议收到论文 38 篇。

7 日上午，会议开幕式由大理大学特聘教授李东红主持。云南省博物馆马文斗馆长致辞，认为此次会议汇集了众多的专家学者，议题集中、针对性强，对提高南诏大理历史文化的认知和激发文化自信有积极意义。大理大学民族文化研究院寸云激院长回顾了南诏大理历史文化研究的历程，认为此次会议对于南诏大理历史文化的研究具有继往开来的意义，新时期南诏大理历史文化的传承及科学研究任重道远。新加坡云氏基金的贺词言南诏大理历史文化研究越来越引起国际社会的兴趣和关注，通过更多的研究、探索、合作、交流和信息分享能更好彰显南诏大理历史文化的风采。英国诺森比亚大学贺词希望此次会议能更好地加强中国、英国、新加坡在国际文化交流的对话与合作，对未来南诏大理历史文化艺术研究取得丰硕成果产生促进作用。

会议先后举行了两场大会发言和两个分会场四场小组讨论，专家学者们讨论热烈、发言踊跃，交流了南诏大理历史文化与文物艺术研究的新成果。兹将会议

---

① 朱安女，博士，大理大学民族文化研究院教授，硕士生导师，主要从事白族古代碑刻、西南边疆少数民族历史文化研究。吕余萍，大理大学 2020 级民族学硕士研究生。黄俊杰，大理大学 2021 级民族学硕士研究生。

讨论情况综述如下。

一、南诏大理研究与铸牢中华民族共同体意识

铸牢中华民族共同体意识是当代民族工作的热点，云南民族大学王东昕教授从整体论视角对铸牢中华民族共同体意识进行了阐释，认为单一民族隶属于中华民族，单一民族的研究应置于中华民族共同体的整体背景之下，从不同层次把握五十六个民族与中华民族的关系。云南大学廖国强教授认为清代云南大规模的改土归流既可视为"以汉化夷"治边方略指导下的重要产物，又为"以汉化夷"的顺利、全面实施提供了政治保障，"以汉化夷""因俗而治"共同促成云南"多元一体"地域文化的形成。大理大学寸云激研究员认为坝子是云贵高原地区经济社会发展的基本骨架，元明清建立的朝贡体制把山区和坝子与国家体制和地方能动性结合起来，确保了朝贡交通的安全，促进了东南亚和长江流域的沟通，体现了边疆和外国对中原王朝的认可。赵敏主任编辑认为南诏大理国主动认同中华文化"书同文，行同伦"的标准，崇尚中华金石碑铭传统，尊奉"天命观""仁孝观""崇德思想"等中华伦理文化，对多民族共同体融入"多元一体"的中华民族产生了促进作用。黄正良研究馆员以大理凤仪遗存的《唐代天宝随留后李宓征南殉节参谋张公之墓碑》等碑刻为切入点，对天宝战争中唐将李宓的部将张参谋的身世、儒风土主信仰进行研究，认为儒家思想对大理地区民族融合与民间信仰影响深远。何俊伟研究馆员认为中原谱牒文化对南诏大理国社会产生了深刻影响，南诏大理国的谱牒文化体现了中国谱牒文化的基本特征，这是南诏大理国与中原交往交流交融的结果。

二、南诏大理历史文化

四川大学张泽洪教授通过对南诏大理国时期各族群神话的综合分析，认为巍山立国神话佛教、道教母题的转换，反映了明清之际阿吒力教衰落、道教发展的历史现实。南诏大理国神话借助于幻想、神化的语言和手法，讲述族群对梵僧传教、老君点化、土主威灵的认识和理解。他指出，从神话所见南诏大理国多元宗教的考察，有助于深度解读南诏大理国的社会历史文化。大理大学张锡禄研究员介绍了对南诏大理国碑刻、金石铭文搜集整理的成果，认为德政碑、经济碑、宗教碑、墓志铭是研究南诏大理历史的宝贵资料。殷群教授以南诏民间传说《柏洁夫人》在大理凤羽、邓川两个坝子的不同讲述，讨论了坝子在交通网络、空间体系、市场结构等方面存在的共生与博弈的关系以及地方社群的形成脉络和地方社

会文化的关系。大理白族自治州白族文化研究院张云霞研究员从前人对大理与敦煌佛教文化关系的研究、佛教民俗活动调查与敦煌遗书等多层面，探讨大理与敦煌佛教文化之间存在的相似性和传承性。云南省博物馆熊燕副研究馆员探讨了不同社会背景下白族九隆传说被解读和重构的历程，认为九隆传说祖先故事是构建于文化之上的集体记忆，折射出时代政治文化的变迁。大理大学朱安女副教授基于对云南古代可考见的第一个少数民族文学家族——元代大理总管段氏家族文学作品的综合分析，认为其创作体现了段氏从归附中央政权、臣服到抗衡的复杂心路历程，具有浓厚的现实主义风格。

南京信息工程大学李晓岑教授认为，南诏时期云南较早在中国出现稻麦轮作的一年两熟制，对提高农田单位面积的产量有重大意义。由于一年有两次收获，《新唐书·南诏传》记载"二收乃税"是指一年两次收获后再交赋税，即田赋，"人岁输米二斗"指的是人头税。由于实行稻麦复种制，南诏的农田税收也得到大幅度提高，进一步促成南诏成为崛起于中国西南、对周围国家和地区产生重大影响的强大政权。大理大学颜文强副研究员将《南诏图传》和大理崇圣寺千寻塔出土的绢帛符咒图联系分析，认为南诏大理国已经具备了"五星七曜""北斗七星"等天文学知识。何畏助理研究员通过对文献的梳理分析，认为南诏大理历史地理研究缺乏系统、专门的学术总结，尤其是政治地理、农业地理、民族地理、文化地理等方面的研究相对薄弱，学术价值尚待发掘。云南民族大学硕士研究生吴佩桦从威斯勒的文化区理论和类型学的视角，探讨了多样态的水与社会时空的变迁对白族水崇拜的重要影响力。李钊铭基于克里斯托弗·冯·菲雷尔－海门道夫接触地带理论讨论了大理剑川石钟山石窟对佛教密宗和白族文化的交融折射。

三、南诏大理佛教艺术

南诏大理佛教艺术研究一直备受学界关注。近年来海外文物艺术品呈现出集中回流之势。云南省文物鉴定专家委员会张永康研究馆员认为艺术品拍卖市场出现的大理国铜鎏金药师佛立像、大理国阿嵯耶观音像、大黑天立像等大理佛均属海外回流文物，并在长期鉴定的基础上，提出了"大理佛"的概念。云南省博物馆赵云副研究馆员通过对比研究，认为云南省博物馆收藏的一尊密宗造像为难得一见的大理国时期大黑天铜鎏金造像，修正了此前的判断。张永康、赵云认为，在南诏大理佛教造像中，存在"大理国官造式样"，这一认识深化、丰富了学术界对南诏大理国佛教造像的认识。

上海师范大学侯冲教授指出，对于古书的旋风装之前有不同的认识。大理国写经中保存的一批旋风装实物，为"旋风叶子"和"旋风装"的研究提供了新资料，因此入选《国家珍贵古籍名录》。《大理国梵像卷》中保存的大理国时期的旋风装图像，与大理写经中的实物互相印证，推进了"旋风装"的研究。二者都是中国书史研究的珍贵遗存。广州美术学院邓启耀教授分析了《大理国梵像卷》和《法界源流图》在整体结构和表现细节的差异，认为这一从原作到摹本的"仿制"式艺术重构，实际上已经成为统一国家意志下的政治规训和文化再造事件。两件视觉历史文本，显示了不同时代不同身份在意识形态、图像认知和艺术表现上的微妙差异，透露出中国社会变迁和文化认同的丰富历史信息。

大理大学民族文化研究院副院长罗勇研究员探讨了《南诏图传》的绘画过程及官方如何认识南诏境内的佛教源流的问题，认为《南诏图传》的核心内容是在寻找南诏佛教的来源，而不是解释南诏权力的来源。

大理州博物馆馆长杨伟林研究馆员对比分析了大理崇圣寺千寻塔和弘圣寺塔出土的大理国时期亭阁式和密檐式的塔模，指出其雕有形象生动的五方佛是金刚界曼陀罗信仰的主要特征，具有深厚内涵和丰富寓意。剑川县文化遗产研究院段鹏博士考释榆林窟第19窟"大礼平定四年"题记，通过与大理国写经、碑刻的综合分析，认为南诏大理国僧人带俗姓制度是调节佛教与本土社会的文化模式与社会需求的互动条件下产生的一种特殊制度。大理大学阳珺助理研究员认为南诏大理国佛教的相关研究已有不少成果，但在区域佛教史修撰领域层面，尚无专题性研究成果问世，南诏大理佛教的重要性有待彰显。

四、南诏大理文物考古

云南省文化和旅游厅邱宣充研究员认为云南文物考古事业有三个亮点：一是以晋宁石寨山为代表的古滇青铜文化，二是以元谋猿人遗址为代表的古猿及早期人类起源研究，其三是南诏大理文物。认为南诏大理王陵遗址的探索、弥渡白崖城址、腾冲西山坝南诏城址、西开寻传的探讨、梵文资料的收集、整理和研究尚有较大的学术空间。云南省博物馆副馆长樊海涛研究员通过大量的考古案例论证云南是青铜文化早期遗址比较丰富、年代序列基本完整的地区，大理作为云南青铜文化的重要起源地之一，其青铜文化的成就与影响应重新认识。云南省文物考古研究所闵锐研究馆员主要分享了近年自己参与南诏都城阳苴咩城遗址考古发掘的新成果，通过论证，总结出南诏大理时期阳苴咩城具有布局规整、区域地层有堆积的特点，他呼吁要加强对城址的保护。大理州文物管理所所长孙健研究员介绍了大理剑川象鼻洞等旧石器时代遗址及大理茶博院、洱源旧州天平宝塔等南诏大理国时期遗址的考古新发现，指出大理灵山寺出土的"善业泥"（擦擦）是近年来大理文物的一次重要发现，为研究南诏大理国佛教文化提供了新资料。大理大学李学龙研究馆员分门类梳理了南诏大理的考古发现，并对近年来南诏大理考古研究进行了系统综述。大理州博物馆田怀清研究馆员回顾了巍山岴峁图城的两次考古发掘，认为巍山岴峁图城发现的南诏大理文物对佛教艺术研究有重要价值。大理大学黄原竟助理研究员认为早期大理地区塔砖"缘起偈"的短暂辉煌可能与东南亚文化"印度化"相关，相对更晚的塔砖内容则多体现中原佛教巨大的向心力。

大理大学菊红研究员以西藏林芝地区的门巴族、珞巴族和僜人为例分析了人口较少民族的非物质文化遗产保护的问题，认为应当跳脱以民族为单位的保护思路，代之以区域性的文化空间为单位来进行思考，使非遗的保护和发展处在完整的活态"文化场"中。大理巍山博物院刘喜树副研究馆员从规划、立法、理念、文化及社会参与等多方面分享了国家级历史文化名城巍山保护利用取得的成功经验。大理大学谢斐讲师基于对扎染等大理传统手工艺技能型非物质文化遗产保护与旅游融合发展现状的调查分析，从产品设计、项目开发、商业运营及顾客需求等方面提出融合发展的对策和建议。

在圆满完成全部既定议程之后，举行了闭幕式。王东昕教授、罗勇研究员对分会场的讨论进行综合评议。马文斗馆长和李东红教授分别致闭幕辞。

马文斗馆长致辞以《南诏大理历史文化国际研究中心的设立和发展规划》为题，言"南诏大理历史文化国际研究中心"旨在推动全球对云南南诏大理历史、文化、艺术等方面的研究及文化遗产保护，它既是公益性学术研究机构，也是为中外学者提供科研服务的合作平台。研究中心成立后，在建立了南诏大理历史文物收藏资料数据库、《南诏大理历史文化研究》出版等方面取得了实质性进展。在2022年将通过举办南诏大理佛教艺术专题展、全国各地巡展及国外展览，出版论著，召开"南诏大理历史文化国际学术研讨会"等多维度推进研究中心的发展，将携手各方为促进南诏大理历史文化与文物艺术研究工作走向深入而努力。

李东红教授致辞以《建设南诏大理学》为题，认为学术界有关"南诏大理学"学科建设的论述由来已久，费孝通在多次深入大理民族调查后提出"研究中国，北有敦煌，南有大理"的重要思想。李霖灿《南诏大理国新资料的综合研究》提到，"他日历史学家广辑群书，考古学家挥动锄头，民族学家展开调查，益之以更多的南诏大理遗物自博物馆中剖析发现出来，那南诏大理研究的前途是充满光辉的。"李东红强调，研究南诏大理历史文化、建设南诏大理学，其核心目标是在"四个共同"语境下，深入、系统地揭示各民族共创中华的伟大历史，生动地呈现中华民族多元一体的历史事实。铸牢中华民族共同体意识，深入开展包括南诏大理在内的历史上边疆民族政权的研究，具有伟大意义与现实价值。大理大学已将南诏大理学作为特色学科进行建设，并获得各方面的支持，目前已经形成省部级科研平台两个、省级创新团队一个，并在学位点建设、课题研究、学术成果发布、国际交流等方面，取得显著成绩。

最后，马文斗馆长和李东红教授表达了对专家学者及工作人员的感谢，感谢各方为大会成功举办所做的努力，认为与会专家学者的学术关注与研究，视野开阔，对南诏大理历史文化的研究勇于探索、富于创新。闭幕式由大理大学民族文化研究院党委书记殷群教授主持。